KB063698

목재 이삼환과 호서지방 성호학통

목재 이삼환과 호서지방 성호학통

강 세 구 지음

혜안

책머리에

필자는 처음 성호(星湖) 이익(李瀷)과 성호학파에 관한 것을 공부하면서 특히 성호학파내의 역학관계와 성호학파가 후대로 어떻게 전승되어 갔는가에 관심을 두고 분석해 보았다. 성호학파 내의 역학관계에서는 성호학파를 구성하고 있는 주요 인물들의 상호관계를 분석하면서 성호학파가 어떻게 움직이고 변천되어 가고 있던가에 주목하였다. 주요 성호문인들의 동향과 교류, 문인 상호 관계에서 보인 학문적 사상적 갈등과 영향, 정치적 환경 변화에 따른 성호학파의 움직임과 대응, 성호학파의 분열 등이 주된 고찰대상이 되었다.

성호학파의 전승에서는 성호문인으로부터 계승되는 여러 계열이 있지만 먼저 안정복 계열 성호학통에 주목하여 고찰하였다. 이익→ 안정복(安鼎福)→ 황덕길(黃德吉)→ 허전(許傳)→ 허전문인들로 이어지는 사승적 계보가 후대로 전승되는 성호학통의 대표적인 계열이라고 보았기 때문이다. 그동안 성호 이익으로부터 허전문인들에 이르기까지 주요 인물들을 중심으로 몇 편의 논문 발표를 통하여 안정복 계열 성호학통의 사승적 전승의 과정과 특징을 검토 분석하였다. 이를 다시 보완하고 정리하여 1999년

소책자『성호학통 연구』를 출간하였다. 이로써 미진하지만 18세기 성호학파의 한 분파인 안정복 계열 성호학통에 관한 실체가 개략적이나마 밝혀졌다고 생각한다.

안정복 계열 성호학통을 고찰하면서 호서지방 성호학통에 관한 연구의 필요성을 느끼게 되었다. 호서지방에서도 근기(近畿)의 안정복 계열 성호학통처럼 독립된 성호학통이 20세기 초까지 건재해 왔다는 사실을 알게 되었고, 안정복 계열 성호학통과 호서지방 성호학통이 성장 발전하여 오는 과정이 서로 무관하지 않다는 사실 또한 여러 사료에서 자주 접하였기 때문이다. 특히 성호의 종손으로 성호의 교육을 받았고, 정산(貞山) 이병휴(李秉休)의 양자로서 충청도 덕산지방에서 일생을 보낸 목재(木齋) 이삼환(李森煥)이 주목되었다. 그리하여 2000년 이후 이삼환을 중심으로 이 지역 성호학통을 고찰해 본 결과, 이삼환이 초기 호서지방 성호학파 종장의 위치에 있었다는 확신도 얻었다.

그동안 고(故) 유탁일(柳鐸一) 전 부산대학교 교수님의 성호문집 편찬과 관련된 자료 제공과 조언이 큰 도움이 되었다. 그리고 언젠가는 이삼환을 중심으로 호서지방 성호학통을 정리해 보겠다는 생각을 지니고 있었으나 사료 부족으로 차일피일 이제까지 미루어 왔다. 이제 불완전하지만 기존의 연구를 일단 정리하여 문을 열어 놓고 미진한 나머지 부분은 자료가 확보되는 대로 보완해야 되겠다는 생각을 하게 되었다.

　보잘 것 없는 이 작은 책자를 발간하며 필자의 성호학파 연구에 주춧돌을 세워 주신 서강대학교 고(故) 이광린(李光麟) 선생님과 실학 개념 형성에 남다른 가르침을 주신 동국대학교 고(故) 원유한 (元裕漢) 선생님께 깊은 감사를 드린다. 또한 본 연구에 직간접으로 도움을 준 목재 이삼환의 후손 경희대학교 이효성 교수님, 그리고 전혀 수익성 없음에도 불구하고 이 책을 기꺼이 발간해 주신 도서출판 혜안에 감사드린다.

　　　　　　　　　　　　　　　　　　　2016년　3월
　　　　　　　　　　　　　　　　　　　지은이 강 세 구

목 차

서 론

　18세기 성호학파는 조선 후기 대표적인 실학파로 성호(星湖) 이익(李瀷, 1681~1763)과 그의 문인들에 의하여 형성되었다. 이들 성호문인들 가운데에는 그들이 거주하는 곳에서 후학을 양성하며 성호학통을 전승시켜 나아간 이들이 있다. 그 대표적인 인물이 인천의 윤동규(尹東奎, 1695~1773), 경기도 교하의 신후담(愼後聃, 1702~1761), 충청도 덕산의 이병휴(李秉休, 1710~1776), 경기도 광주의 안정복(安鼎福, 1712~1791) 등이다. 그러나 1763년 성호가 안산에서 타계하자 성호의 조카이자 문인인 충청도 덕산(德山)의 이병휴가 윤동규와 안정복의 협조아래 성호학파를 사실상 이끌어 가게 되었다. 덕산이 성호학파의 새로운 본거지로 등장하게 되면서 성호학파의 환경도 달라지는 모습을 보였다.

　이병휴는 매우 개방적인 학문 성격을 지닌 학자였다. 그리하여 당대 성호학파 내 유능하고 신사조에 관심이 많던 젊은 학자들이 이병휴의 문을 자주 드나들게 되었다. 그 대표적인 인물이 권철신(權哲身)을 비롯하여 이인섭(李寅燮)·이기양(李基讓)·한정운(韓鼎運)·심유(沈浟) 등이다. 이들 가운데 권철신과 이기양은 양명학과 천주교 사상에 큰 관심을 보인 인재로 성호학파를 이끌어 갈

재원으로 인정받고 있었는데, 옛 스승으로 정통 유학을 고수하려는 안정복과 학문적 성격 때문에 심한 갈등을 빚게 되었다.

1776년 이병휴의 사망과 점차 확산되어 가는 천주교 전파는 성호학파의 진로에 큰 영향을 주었다. 이병휴 없는 덕산에 이제 더 이상 성호학파 젊은이들이 드나들 필요가 없게 되었고, 1780년대에는 여주 이씨 당내의 성호문인들도 거의 사망하여 이병휴의 양자 이삼환이 종족을 이끌어 갈 형편이었다. 더욱이 이 지역은 초창기 한국 천주교 전파가 다른 지역에 비하여 활발하였기 때문에 종족 보호 차원에서도 이삼환은 천주교 배척에 적극성을 보이게 되었다. 이삼환이 여주 이씨 종족과 성호학파를 동시에 이끌어 나아가야 할 책임을 지게 되었던 것이다.

이 무렵 노년기 안정복이 천주교 문제로 권철신과 갈등을 겪으면서 적극적으로 벽위 노선을 걷게 되자, 성호학파는 벽위 노선을 고수하는 안정복 계열과 천주교에 관심을 두고 안정복의 만류에 등을 돌린 권철신 계열로 분열되어 있었다. 그나마 성호학파의 상징적 존재였던 원로 안정복마저 1791년 사망하자, 문인 황덕일·황덕길 형제가 스승 안정복의 유지를 받들어 경기도 양천에서 성호학통으로서의 활동을 하고 있었다. 이리하여 1790년대 성호학파는 크게 황덕일·황덕길 형제가 근기(近畿)에서, 이삼환이 호서지방에서 재기를 위한 활동을 하는 동안 크게 위축되어 있었다. 권철신 등 천주교와 관련된 성호학파 젊은이들은 정부의 박해 여파로 활동의 제약을 받는 상황에서 성호학파로서의 역할을 기대할 수 없는 형편이었고, 윤동규나 그 밖의 성호문인 후학들은 두드러진 활동을 보이지 못하였다. 이렇게 볼 때 1790년대 성호학을 내세우며 성호학파를 이끈 인물을 거론한다면 근기지방에서는 양천의 황씨 형제를, 호서지방에서는 덕산의 이삼환을 대표적으로 꼽을 수 있을 정도였다.

지금까지 안정복 계열 성호학통 황덕일·황덕길 형제에 관하여는 여러 학자들의 관심과 함께 어느 정도 그 실상이 분석 고찰되었으나, 성호 사후 성호학파의 제2 본거지가 되었던 호서지방 덕산에서, 이병휴 사후 이곳 성호학파를 이끌었던 이삼환에 관하여는 관심을 두었던 학자들이 그리 많지 않은 실정이다. 이병휴－권철신 계열에 관하여 언급되면서도 실제 이곳 호서지방에서 성호학통 계승의 문을 연 이삼환에 관하여는 크게 주목을 하지 못한 것이 사실이다. 아마도 이병휴－권철신 계열 성호학통의 그늘에 묻힌 때문일까? 이삼환이 이병휴의 양아들로서 집안을 지키는 역할 이상이 아닐 것이라는 예단 때문일까?

필자는 이삼환이 이병휴의 학통을 승계하지도 않았을 뿐 아니라, 당대 그 지역 유림들도 이병휴와 이삼환을 학문적으로 연결시켜 언급하는 사람이 없고, 오히려 이삼환을 성호의 적통이라고 말하는 사람들이 있는 것으로 미루어, 덕산에서 후대로 승계되어가는 성호학통은 이삼환으로부터 출발하였다고 보는 것이 합당하다고 생각해 왔다. 특히 이삼환은 안산 섬곡장에서 태어나 이병휴의 양자로 입후되어 덕산으로 떠날 때까지 줄곧 성호로부터 직접 가르침을 받으며 살았고, 비록 이병휴와 양부 양자 사이지만 이삼환은 정통 유학을 존중하고 고수한 반면, 이병휴는 개방적인 학문적 성격을 소유한 학자로서 부자간 학문적 성격도 달랐다. 그리고 이병휴는 이삼환을 양자로 맞이하였지만 이삼환의 학문에 관하여 그리 큰 관심을 보이거나 기대하지 않았다. 또한 이삼환 역시 이병휴의 가족을 희생하여 돌보는 처지였지만 이병휴의 학문에 대하여는 거의 언급이 없고 성호의 언행을 절실하게 언급하며 실천하려고 노력한 학자였다는 사실에서도, 이삼환 역시 이병휴로부터 큰 가르침과 영향을 받지 않았다는 것을 시사한다. 필자의 관점으로는 이삼환은 성호의 종손이면서 직제자였다는 사실에 주목해야 할 것으로 생각된다.

이에 필자는 이삼환이 이병휴 사후 호서지방 성호학통의 실제 종장이었다는 사실을 염두에 두고, 이삼환과 성호학통의 관계에 관하여 그동안 나름대로 연구한 성과[1]를 토대로 다시 고찰 보완하여 정리해 보고자 한다. 이하 그 내용을 모두 3장으로 나누어 고찰한다. 제1장에서는 그의 탄생으로부터 사망까지의 행적과 저술 및 연보를 정리해 보고자 한다. 제2장에서는 이삼환이 정리한 성호의 언행을 분석하여 제1장에서 본 행적과 비교하면서, 그가 성호의 언행에서 본보기로 삼은 내용, 그리고 실천 등을 살펴보려 한다. 특히 성호의 학문적 영향을 구체적으로 분석하여

---

1) 강세구, 「丁若鏞의 星湖學派 再起 試圖에 관한 一考察」 『京畿史學』 제4호, 京畿史學會, 2000 ; 「李森煥의 〈洋學辨〉 저술과 湖西지방 星湖學統」 『실학사상연구』 19·20합집, 무악실학회, 2001. 6 ; 「湖西地方 星湖學統의 展開」 『경기사학』 제5호, 경기사학회, 2001. 12 ; 「木齋 李森煥의 湖西地方 星湖學統 嫡統性」 『역사와 실학』 제56호, 역사실학회, 2015. 4.

성호학의 적통성을 검증해 보고자 한다. 이어 그의 저술 「양학변
(洋學辨)」을 중심으로 서학인식을 검토해 보고, 그가 쓴 응지소(應
旨疏)를 분석하여 그의 현실개혁론에 관하여도 고찰해 보고자
한다.

　제3장에서는 18세기 말 쇠미해진 성호학파를 재기하기 위한
그의 노력을 1795년 정약용이 주선하고 이삼환이 주관화여 개최
한 서암강학과 1799년 성호 영당 건립 내용을 중심으로 고찰해
본다. 더불어 쇠미해가는 성호학파의 재기를 고민하는 정약용이
안정복 계열 성호학통 황덕길에 거는 기대에 관하여도 살펴보려
한다. 이어 19세기 말에 이루어지는 성호문집 간행 과정을 통하여
이삼환으로부터 출발한 호서지방 성호학통이 19세기에 전개된
정황을 유추해 보고자 한다. 1813년 이삼환이 사망한 이후 1890년
호서지방 성호학통 유림들이 성호문집을 다시 편교할 때까지
사승적 전승이 이어졌으리라 추측된다. 그러나 지금으로써는
사료의 미비로 그 전개 과정을 자세하게 정리할 수 없지만 어느
정도 가늠할 수는 있으리라 생각하여 성호문집 편교와 간행 자료
를 분석해 보기로 하였다.

　이 글로 안산에서 발원한 성호학파의 본거지가 이병휴가 거주
하던 호서지방 덕산으로 옮겨진 뒤 다시 호서지방 성호학통으로
출발하여 전개되는 실마리를 이해하는 데에 어느 정도 도움이
되지 않을까 기대해 본다.

제 1 장

이삼환의 삶과 행적

제1절 삶의 여정¹⁾

1. 가계와 출생

이삼환(李森煥, 1729~1813)은 호가 목재(木齋) 또는 소미(少眉)이고,²⁾ 자(字)는 자목(子木), 본관(本貫)은 여주(驪州)이다. 경기도 안산(安山) 첨성리(瞻星里) 섬곡장(剡谷庄)에서 죽파(竹坡) 이광휴(李廣休, 1693~1761)와 해주(海州) 정씨(鄭氏)의 셋째 아들로 태어났다.³⁾ 매산(梅山) 이하진(李夏鎭, 1628~1682)에게는 은진(殷鎭)·주진

---

1) 본 절은 필자의 논문 「목재 이삼환의 호서지방 성호학통 적통성」(『역사와 실학』 56집, 역사실학회, 2015. 4), 285~302쪽 내용을 대부분 전재하였다.

2) 木齋와 少眉 모두 自號이다.(木齋는 『少眉山房藏』 권2, 詩, 附崔上舍原韻. "然而 花藥果蔬 皆木之類也 則木齋之以木自號 固美矣 而木齋譬諸木 則何木也" 참조.) 특히 이삼환이 스스로 少眉라고 부른 데에는 각별한 까닭이 있다. 태어날 때부터 매우 수려한 두 눈썹이 그가 마음으로 흠모하던 眉叟 許穆의 긴 눈썹을 닮았다 하여 스스로 소미라 하였다고 한다.(『少眉山房藏』, 少眉山房藏序. "昔眉叟許文正公 眉長覆眼 手握文字 先生亦生有秀眉 手有文字 竊慕眉叟 老先生 且居懿豐之 蛾眉山下故 嘗自號少眉" ; 같은 책, 卷1, 詩, 記夢詩 幷序. "森煥 生而眉秀 自以少眉號焉, 蓋心慕眉叟老先生云" ; 같은 책, 附錄, 行狀에도 유사한 내용이 수록되어 있다.)

3) 『소미산방장』 부록, 행장. "先生 以英宗己酉六月二十九日卯時 生於安山之瞻星里."

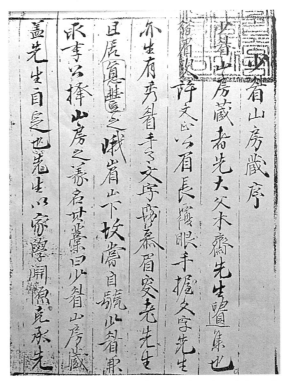

『소미산방장(少眉山房藏)』서(序)(국립중앙도서관 소장)

(周鎭)·국진(國鎭)·명진(明鎭) 네 명의 아우가 있었고, 해(澥)·잠(潛)· 서(漵)·침(沉) 등 네 아들이 있었다. 이광휴는 이하진의 넷째 아들 이침(李沉, 1671~1713)의 장자이다. 마침 이하진의 넷째 동생이며 이침의 숙부인 이명진(李明鎭, 1641~1696)이 후사가 없자 이침이 그에게 입후되었다. 그런데 일찍이 이하진의 맏아들 이해(李澥, 1647~1673)가 후사없이 27세로 사망하였는데 뒷날 이광휴를 입후 (入后)하여 봉사(奉祀)토록 하였다. 결국 이하진의 직계 종손으로

이광휴가 입후해 옴으로써 이삼환은 이하진의 종손 계통이 되었다. 이삼환은 조부 이침의 양부 이명진이 거주하던 충청도 덕산이 아닌 안산 첨성리에서 출생하고 그 곳에서 성장하였다. 혹 부친 광휴가 일찍이 덕산에서 거주한 사실이 있는지는 모르겠다. 따라서 이삼환은 1763년 숙부 정산(貞山) 이병휴(李秉休, 1710~1776)에게 입후되어[4] 덕산으로 이사할 때까지 안산 첨성리에서 태어나 이곳에서만 살았다.

이하진의 종손이 된 이광휴는 첨성리에서 성호의 집과 서로 마주보는 가까운 곳에 살았는데,[5] 성호의 보살핌과 가르침을 받으며 종산(宗山)과 집안 묘역을 관리하는 일을 하였다.[6] 20대 초반까지는 성호의 보살핌을 받으며 살다가 성호의 모친 권씨(權氏) 부인(1646~1715)이 별세한 뒤 성호가 재산을 나누어 주어 분가시켰던 것이다.

이삼환은 어려서부터 다병하여 12살에야 학업을 시작할 정도로 허약한 체질이었다.[7] 다행히 아버지 이광휴가 이철환(李嚞煥, 1722~1779)·이정환(李晶煥, 1726~1764)·이삼환 삼형제를 기르며, 학문연구와 후학을 양성하고 있던 종조부 성호 이익과 첨성리 섬곡장에서 살았기 때문에 이들 모두 직접 성호로부터 교육을

---

4) 『소미산방장』 부록, 행장. "癸未服緦闋 季父貞山先生喪配許夫人而無嗣 先生入爲後而服喪." 癸未는 1763년이다.
5) 李森煥, 『星湖先生言行錄』, 건국대학교출판부, 2013. "先生與我本生先人 叔姪 兩家同巷相望而居."
6) 『星湖先生言行錄』. "我本生先人 專掌禁養松楸之事."
7) 『소미산방장』 부록, 행장. "幼而多疾 年十二始就學於從祖星湖先生."

24

받을 수 있었다.8)

驪州 李氏 志安系 後孫 系譜

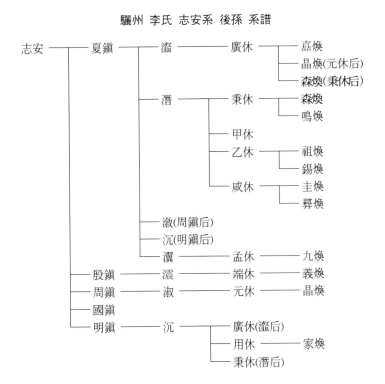

8)『소미산방장』권3, 墓誌銘, 仲兄淸溪公墓誌銘 ; 같은 책, 부록, 행장 참조.

撰 有
日

二月五日墓祔
女洪瞻漢
豊山人父濟輔子
羲玄縣監

子潛
顯宗庚子生字仲淵
號剡溪有遺稿忌
丙戌九月二十五

氏
都
乙
墓

子秉休
生父沈
收

肅宗庚寅生字景協
號眞山有遺稿禮
書心解等書忌丙
申七月二十七日
墓竹坡公塋后麓
酉坐

子森煥　上六　方岡
生父廣休

子鳴煥
號六

女朴長溫
密陽人父齊恒系

贈執義壘敬憲公塋
左戌坐有碣忌山
李萬敷撰

配　贈淑人同福吳
配陽川許氏辛卯生
子孝兢雉子

이삼환 소재『여주이씨족보』

2. 섬곡장에서 성호의 교육을 받다

어려서 같은 또래의 친구들은 이미 공부를 시작하여 앞서 가고 있었으나 이삼환은 병약하여 그렇지 못하였다. 그러나 비록 늦게 시작한 공부지만 그는 열심히 노력하여 1년이 안 되어 먼저 시작한 친구들의 공부를 따라 잡을 수 있을 정도로 재능이 뛰어났다고 한다.[9] 성호는 이삼환의 글을 보고 기뻐하며, "이 아이는 재능이 있고 의지가 굳어 뒤에 반드시 크게 될 것이다. 굳은 지조가 기대할만 하다"라고 칭찬하자, 이후 성호의 문하에서 재능있는 인물로 알려졌다고 한다.[10] 뒷날 이삼환 스스로도 성호 제문을 통하여 이와 같은 성호의 칭찬과 기대를 기억하면서,[11] 여러 여건과 사정 때문에 대성하지 못하였음을 안타까운 마음으로 술회한 바 있다. 어린 시절 이삼환에게 성호는 물론 주변에서 매우 기대가 컸음을 알 수 있다.

성호는 유소년 시절 이삼환을 남달리 생각하고 두 살 아래인 친손자 이구환(李九煥, 1731~1784)과 가까이 하며 친밀하게 지내

---

9) 『소미산방장』 부록, 행장. "時群兒之先受學者 皆出其右 先生發奮忘寢刻意 孜孜 不朞年已及於群兒."

10) 『소미산방장』 부록, 행장. "星湖先生見其作 喜曰 此兒有才有心 後必大成 金石可期 其見知於師門已如此." 한편 이삼환이 저술한 『星湖先生言行錄』 에는 "森煥 自幼受知最深 屬意鄭重 每曰 是子有心 他日必能有成"이라 기록되어 있다.

11) 『소미산방장』 권3, 祭文. 祭從祖星湖先生文. "小子侍先生 不爲不久 平昔受 知者 又不爲不深 丱角爲文 己以金石期許 且以爲是子有心 他日必能有成 愛育敎導 視己孫無異."

도록 배려하는 등 각별한 관심을 두었다. 청년이 되어 결혼한
뒤에도 성호는 친손 이구환과 종손 이삼환을 친형제와 같은 특별
한 관계를 맺어 주었다. 이러한 사실을 이삼환은 이구환 제문(祭文)
에서 다음과 같이 기록하였다.

> 나와 원양(元陽)[12]은 사실은 종조(從祖)께서 맺어준 형제인데 종조
> 성호 선생께서 말년에 서로 절하도록 하여 친형제로 만들어 주셨다.
> 어려서는 함께 뛰어 놀고 어른이 되어서는 또한 동문(同門) 동지(同志)
> 가 되었으며, 누가 더 낫고 못하지 않고 의견도 갈리는 일이 없었으며,
> 마음으로 서로 아끼고 기뻐하였다. 이는 천속(天屬)과 의합(義合)이
> 합치되어 하나가 된 것이다. 무릇 천속은 세상에서 형제되는 자가
> 모두 이 경우이고, 의합으로 이루어진 형제 또한 때로 있다. 천속이면
> 서 의합인 경우는 백세(百世)를 지나도 많이 볼 수 없다. 오직 나와
> 원양이 그런 일을 맞이하게 되었으니, 세간의 모든 형제들 가운데
> 우리 두 사람과 같은 자가 어디에 있을까?[13]

그리고 이삼환이 쓴 성호 제문(1764)에서는,

---

12) 元陽은 성호의 손자 이구환의 字이다.
13) 『소미산방장』 권3, 제문, 祭再從弟元陽九煥文. "余與元陽 實爲從祖兄弟
    以從祖先生末命相拜 爲親兄弟 幼而同嬉 長又同門同志 不阿不歧 心相愛悅
    是合天屬義合而一者也 夫天屬則世之爲兄弟者 皆是也 義合兄弟 亦時有之
    惟天屬而義合者 歷百世不能多見 惟與元陽 可以當之 然則凡世間一切兄弟
    孰有如吾兩人者哉."

28

  (선생께서) 사랑으로 기르고 가르쳐 인도하기를 자기 손자와 다름 없이 하셨습니다. 일찍이 원양-선생의 손자 구환의 자(字)임과 함께 친형제 가 되도록 정하여 주셨고, 또한 손부(孫婦)에게는 나가서 서로 절하도 록 하여 친수숙(親嫂叔)14)으로 맺어 주었으니 정녕 기대하고 바라는 뜻이 역시 지극하셨습니다.15)

라 하였다. 두 기록을 요약하면 성호가 말년에 들어 종손 이삼환과 친손 이구환을 친형제로 맺어 주었다는 사실과, 나아가 재종 제수인 이구환의 부인(성호의 손부)더러 이삼환에게 친 아주버니 의 의례를 갖추도록 하였다는 것이다. 그만큼 한 가족처럼 가까이 하여 친밀하게 지내도록 하기 위함이었을 것이다. 또한 성호가 이삼환을 친손자 이구환과 함께 얼마나 아끼고 돌보며 교육하였 는가를 엿볼 수 있다. 이처럼 이삼환은 어려서부터 성호의 특별한 돌봄과 가르침아래 성장하였던 것이다.

  이삼환은 성호뿐만 아니라 성호의 외아들 이맹휴(李孟休, 1713~1751)로부터도 돌봄을 받으며 수업하였다. 이삼환이 쓴 이맹휴 제문을 보자.

---

14) 嫂叔은 형수와 시동생 관계로서 여기에서는 이삼환이 이구환보다 나이가 많으니 재종간 제수와 아주버니 관계라 하겠다.
15) 『소미산방장』 권3, 제문, 祭從祖星湖先生文. "先生 … 愛育敎導 親己孫無異 嘗命與元陽(先生孫九煥字) 定爲親昆弟 又出孫婦相拜 結爲親嫂叔 其丁寧 期望之意 亦至矣."

불초(不肖)는 공(公)에게 종부(從父) 곤자(昆子)입니다. 어려서부터
공의 집에서 자라 이곳에서 공으로부터 십 수 년을 수업하였으니,
과연 불초와 같이 공을 아는 사람이 없기에 불초가 더욱 공의 죽음을
슬퍼합니다.16)

제문에 따르면 이삼환은 어려서부터 맹휴의 집에서 자라면서
맹휴로부터 10여 년을 공부하였기 때문에 맹휴가 어떤 사람인가
를 누구보다도 잘 안다고 하였다. 맹휴는 1742년 정시(庭試) 문과(文
科)에 장원 급제하여 한성부주부(漢城府主簿)·예조정랑(禮曹正
郎)·만경현령(萬頃縣令) 등을 역임하다가 1751년 39세로 병사하였
다. 이러한 사실로 미루어 이삼환이 어릴 때에는 성호의 돌봄
아래 이구환과 함께 맹휴로부터 직접 배우고, 맹휴가 관직에
나가 있을 때 이후에는 전적으로 성호의 가르침을 받았던 것으로
생각된다.

그런데 성호가 특히 손자 이구환과 종손 이삼환을 친형제처럼
가까이 두고 돌보려 하였던 까닭은 무엇일까? 우선 가정환경의
변화를 생각해 볼 수 있다. 1750년 전후 성호의 가정은 매우
적막한 형편이 되어 있었다. 성호 본인도 병환을 겪고 있는 데다가
1746년 부인 목씨(睦氏)와 사별하였고, 5년 뒤 1751년에는 관직에
나가 있던 외아들 맹휴마저 39세로 병사하였던 것이다. 장래가

16) 『소미산방장』 권3, 제문, 祭從叔員外公文. "不肖於公爲從父昆子 自幼長於
公家 受業于公十數年于玆 則知公宜莫如不肖 而不肖則別有爲公悲者."

촉망되었던 맹휴의 죽음은 성호에게는 감당하기 힘든 충격이었고, 점차 기울어가는 가세에 손자 구환과 함께 기거하면서 문인들과 접촉하며 노년을 보내고 있었다. 성호도 노환에 시달리고 있었기 때문에 가세를 책임져야 할 손자 구환의 장래도 염두에 두면서 두 사람의 재종형제 관계를 더 가까운 친형제나 친수숙 관계의 인연으로 맺어주어 서로 의지하는 버팀목이 되도록 배려해 준 것이 아닐까 짐작된다.

당시 성호가 살던 곳에는 성호 본가와 언덕 하나 사이의 가까운 곳에 거주할 만한 별장과 같은 집이 있었다. 마침 이삼환이 나이 30이 되도록 거처할 집이 없자,[17]

방을 만들어 머무를 만하다. 또한 기꺼이 너희 형제 두 사람이 언덕을 넘어 다니며 서로 어울려 강학하기 편리하고 가깝다.[18]

라 하면서, 별장에 거주하도록 배려하였다. 성호는 이삼환이 자기의 가르침을 잘 받아들여 경전이나 예문(禮文)을 깊이 파고드는 공부에 애착하고 있음을 알고 별장 일부를 주어 거처토록 하여 편리하게 왕래하며 가르침을 받도록 하였던 것이다.[19] 더불어

---

17) 『성호선생언행록』. "余疎放 年三十 未有居第."
18) 『성호선생언행록』. "足以築室居止 且喜汝兄弟兩箇 越岡相從 講學爲便近."
19) 『修堂集』 권9, 墓誌銘, 木齋李先生墓誌銘(李南珪 撰). "先生薰炙切磨其間 凡經旨誌微奧 禮文之繁簡 無不究極其歸 星湖以此益愛之 割別墅以處之 俾便往來講學."

손자 이구환과 매일 조석으로 상종하며 공부하도록 배려해 주었
던 것으로 생각된다.[20]

　이삼환이 회고하였듯이, 성호로부터 친손자와 다름없는 남다
른 사랑을 받으며 교육을 받고 있던 청소년 시절의 이삼환은
학문과 명성 그리고 가학(家學)을 일으키는 데에 관심을 두면서
과거시험 공부에도 열중하였다. 그러나 이는 성호가 바라는 바가
아니었다. 성호는 이삼환에게 명예와 영달을 위한 학문보다는
자기 수양을 위한 학문에 매진할 것을 독려하였다. 성호 제문(祭文)
을 통하여 나타낸 이삼환의 다음 글을 보자.

　　스스로 생각해 보니, 입지가 굳지 못하고 근본이 우둔하여 깨우침도
　어려운데, 학문에 정성을 쏟고 명성에 뜻을 두고 노력하며 가학(家學)
　의 문로(門路)를 스스로 꾀하였습니다. 선생께서는 오히려 나의 몸가
　짐을 깨우쳐 돌아보도록 이끄시고 차마 포기하거나 버리지를 못하시
　며, 만년에 이르러서는 세심한 일의 가르침에 더욱 힘쓰시어, 매번
　"만약 언젠가 반드시 내 말을 생각해 보면 후회하여도 성공하지
　못할 것이다"라고 말씀하셨습니다. 지금까지 소자 5년 동안 상을
　당하여[21] 온 몸이 메마르고 백에 하나도 나아감이 없고 세상에서

---

20) 『소미산방장』 부록, 행장. "星湖先生有別墅 越崗而近 擧而與先生使居曰
　喜汝兄弟 朝夕相從 講讀之爲便近也 其期望愛護之意 類如此矣."
21) 1761년 생부 광휴, 1763년 양부 이병휴의 부인, 그리고 같은 해 성호가
　별세하였다. 이듬해 1764년에는 이삼환의 부인 權씨와 중형 晶煥이, 다음
　해 1765년에는 이삼환의 생모 鄭씨가 사망하였다.

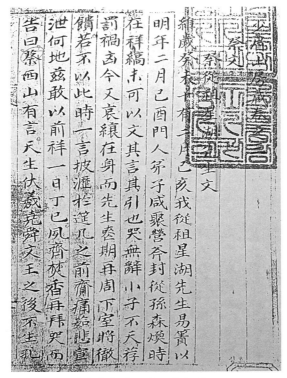

이삼환이 쓴 「성호선생 제문」

버려진 사람으로 여겨 왔습니다. 남기신 가르침을 조용히 생각하며 마침내 깨달았으나 이미 지나간 일이라 이루기 어려우니, 뼈에 사무 치도록 한스럽고 골수를 휘감도록 아픕니다.[22]

---

22) 『소미산방장』 권3, 제문, 제종조성호선생문. "自惟立志不固 鈍根難化 靡精詞藻 騖意聲華 自畫于家學門路 先生猶提撕警省 不忍棄斥 逮夫晩歲 不屑之誨彌勤 每日 若異日必思吾言 悔無及矣 于今小子五年苦埿 神精枯落 百不一就 自分天地間棄物 靜思遺訓方覺 旣往難追 恨入骨而痛纏髓."

성호의 가르침에 대한 회고를 하며 자책하고 있는 이삼환의 심정이다. 그가 펴보려 하였던 학문과 명성에 대한 포부가 성호가 원하는 방향과는 거리가 있었음을 알 수 있다. 성호는 과거시험을 위한 공부보다는 도학에 힘쓸 것을 권하였던 것이다. 그리고 연이어 일어나는 집안의 상사(喪事) 또한 이삼환의 포부와 진로에 걸림돌이 되고 있음을 나타내고 있다. 위 사료로 보면 30살을 전후하여 자신의 포부는 이루어지지 않고 잦은 상사 때문에 한동안 갈피를 잡지 못하여 방황하고 있었던 사실도 엿볼 수 있다.

여러 기록에 따르면 그는 21세에 진사시험을 비롯하여 이후 과거에 응시하였으나 뜻을 이루지 못하였던 것 같다. 비록 벼슬길에는 오르지 못하였으나 문사(文詞)에 능하여 명성을 쌓아갔다고 한다.[23] 성호 제문에 나타나 있듯이, 성호가 자기의 말을 순순히 따르지 않는 이삼환에게 언젠가 자기의 말을 떠올리며 후회할

---

23) 『소미산방장』 부록, 행장. "年十八魁國子試 二十一二十六皆發解 雖皆見黜 於有司 文詞日就 聲望大播 皆以朝夕 靑雲期待焉." 18세에 국자시에 응하여 장원하였다고 하였으나 어떤 종류의 국자시인지 모르겠으나 생진과 즉 소과는 아닌 듯하다. 또한 이삼환의 소과 응시 횟수가 사료에 따라 차이가 있다. 후손 李昰鉄이 쓴 행장에는 21세와 26세 두 번 응시한 것으로 기록되어 있다. 그리고 李圭煥이 쓴 이삼환 壽序에는 이삼환에 대한 기대를 자타가 공인하였는데 불행하게도 잦은 상사로 인하여 여러 번 응시하였으나 뜻을 이루지 못하였다고 하였다.(『소미산방장』 부록, 壽序. "爲人所推重 早晚富貴 公所自有 人所亦期 不幸屢擧不得志 荐摧喪戚 服除 不復擧業"). 이삼환 스스로 쓴 기록(『소미산방장』 권2, 詩, 謹次韓同知 (德樹)回榜宴韻竝序. "往昔己巳歲 余與公俱解禮部試 越明年庚午 公登進士第 而余見黜於有司 歷六十年 公年已九十六")에는 21세(1749)에 응시한 사실만 기록되어 있다. 아마도 2회 이상 응시하였던 것이 아닌가 짐작된다.

것이라고 경계한 것을 이삼환이 뒤에 깨달았다는 내용으로 볼
때, 성호가 살아 있을 때 즉, 이병휴의 양자로 입후되지 않고
섬곡장에서 공부할 때만 하여도 순수 학문을 독려하는 성호의
말에 순응하지 않았던 것으로 보인다. 성호의 가르침은 출세를
위한 학문이 아니었던 것이다. 이러한 성호의 가르침은 성호가
타계하고 11년 뒤 44세가 되어서야 생원시험에 합격한 친손 이구
환에게도 예외가 아니었을 것으로 생각된다.[24] 포부가 이루어지
지 못하면서 자주 발생하는 상사(喪事)와 같은 주변 환경의 변화,
허약한 체질, 그리고 성호의 과거시험을 위한 공부 만류와 자기
수양을 위한 학문 권유 등은 그가 과거에 전념할 수 없는 여건과
환경이었다고 볼 수 있다. 그 후 이병휴의 양자로 입후되어 충청도
덕산으로 거처를 옮기면서 그는 과거를 위한 공부를 아예 접어야
했다.[25]

이삼환은 1729년 태어나 1763년 양부 이병휴를 따라 덕산으로
이사할 때까지 35년 동안 줄곧 안산 첨성리 섬곡장을 떠나 살지
않았기 때문에, 섬곡장에서 성호의 일상생활을 보면서 성호로부
터 많은 가르침을 받았다. 그리고 섬곡장을 드나드는 성호학파의
여러 학자들과도 쉽게 접촉할 수 있었다. 부친 광휴가 언제 종손

---

24) 이구환은 1774년(44세) 생원시에 100명 가운데 14위로 합격하였다.
25) 修堂 李南珪는 이삼환이 국자시에 여러 번 합격하였으나 과거에는 뜻이
없었다고 하였다.(『修堂集』 권9, 墓誌銘. 木齋李先生墓誌銘. "屢中國子試
而擧業非其志也") 그러나 이는 이삼환이 여러 가지 사정으로 대과 응시를
준비할 사정이 못되어 포기한 이후를 말한 것으로 생각된다.

이해(李瀣)에게 입후되었으며 언제부터 첨성리에서 거주하게 되었는지는 확실하게 알 수 없으나, 성호 모친 권씨 부인이 타계한 뒤 분가시켰다는 사실로 미루어,[26] 어린 나이에는 성호 밑에서 보살핌을 받다가 20대 후반 쯤 독립하지 않았을까 추측된다. 결국 아버지 광휴도 성호의 가르침과 도움을 받아 살았고, 아들 삼형제, 즉 철환·정환·삼환도 노년기 성호 밑에서 교육을 받고 자랐는데, 앞서 보았듯이 삼환이 특히 성호의 보살핌과 가르침이 컸던 것이다.

　이삼환은 재종형제 이구환과 함께 어려서부터 성호의 가르침을 받았기 때문에 부모의 영향보다는 성호의 영향을 많이 받았던 것으로 생각된다.[27] 여러 방면에 걸쳐 영향을 받았을 것으로 생각되나,[28] 여기에서는 언행과 학문 방법에 관한 것을 간략하게 소개해 본다. 우선, 성호의 일상생활에서 나타나는 언행을 본보기로 삼았다. 이는 그가 쓴 성호 제문이나 『성호선생언행록(星湖先生言行錄)』에 잘 나타나 있다. 성호의 규칙적인 일상생활에서 나타나는 몸가짐, 검소하고 내핍된 생활 방식, 지극한 효성, 대인관계에

---

26) 『성호선생언행록』. "我本生先人 幼不能幹家 先生獨自在家 侍養權太夫人 及權太夫人下世 我本生先人亦其長成 將析産 先生曰 宗祀爲重 何恤餘人 擇田地之膏沃婢僕之少健可役使者 悉付宗家 使奉祭祀."
27) 『소미산방장』 권3, 제문. 祭從祖星湖先生文. "小子無似 幸生門庭之內 常陪杖屨之間 自幼而壯, 非出未嘗離左右 審先生日用言動."
28) 이삼환은 성호 제문에서 성호의 모든 면을 17가지로 요약해서 제시하였는데, 구체적인 내용은 뒤에서 언급하기로 하고 여기에서는 주목되는 부분을 간략하게 소개하기로 한다.(祭從祖星湖先生文 참조)

36

나타나는 예절, 가숙에서의 교육 방법, 친족과 이웃에 대한 구휼 실천 등을 직접 체득하였다. 그 가운데에서도 성호가 검소하고 내핍된 생활이 일상화 되었었다는 것은 이미 잘 알려져 있다. 대표적인 예로 성호가 창안하여 종족간에 실천에 옮긴 삼두회(三豆會)를 들 수 있다. 이는 흉년에 식생활의 어려움을 해소하려는 대책이었다. 삼두회는 경제적으로 풍족하지 못한 상황에서 여러 식구가 연명하기 위해 성호가 짜낸 지혜라고 할 수 있다. 이삼환은 섬곡장에서 살며 삼두회에 직접 참여하여 실천한 장본인이다. 이삼환이 설명하는 삼두란 첫째, 누런 콩을 끓여 만든 죽, 즉 콩죽이고, 둘째, 황두채(黃豆菜)를 담아 만든 김치, 즉 콩나물이고, 셋째, 누런 콩을 삶아 메주를 만들어 그것으로 만든 장, 즉 콩간장을 말한다. 성호는 이 삼두회를 조직하여 매년 하루 집안 사람들을 한데 모아 삼두를 만들며 즐겁게 지냈다고 한다.29)

　이삼환이 양부 이병휴가 사는 덕산으로 이사온 뒤, 일생을 홀로 살면서 양모와 이복동생 가족을 이끌며 검소한 생활에 익숙하고 오히려 남을 돕는 일에 앞장섰던 것도 성호 밑에서 체득한 영향이 컸다고 볼 수 있다. 성호가 만년에 집안 사정이 더욱 퇴락하여 채근(菜根)의 묽은 죽을 먹는 등 보통 사람들로써는 감내하기 어려운 처지에서 어려운 내색을 나타내지 않고 안락한

29) 『소미산방장』권1, 시, 三豆會詩. "星湖先生於剡谷庄 煮黃豆汁爲粥 淹黃豆菜爲葅 沉黃豆豉爲醬 合以爲需 大會宗族 做一日合宗之樂 歲以爲常 名其會曰 三豆會云耳." ;『星湖僿說』권16, 人事門, 三豆會. "余近作三豆會 黃豆爲粥 黃豆爲葅 與豆醬 爲三矣."

모습을 보였다 하여 매우 감동하였던 일을 이삼환은 잊지 않고
회고하였다는 사실에서도 그의 삶에 성호의 영향이 적지 않게
영향을 주었다고 볼 수 있다.30) 그가 평소 소식(小食)을 습관으로
하였던 것도 성호의 절제된 식습관에서 영향을 받지 않았을까
생각된다. 그는 우리 나라 사람들은 아침저녁으로 대식(大食)을
한다며 지적하고, 혹 다른 음식으로 양껏 취하고 배부르게 먹었다
면 식사 때가 되었다 하더라도 식사를 하지 않아도 되는데, 상을
차리게 하여 억지로 한 두 수저 먹고 배나 채우는 식사를 하는
것은 식량을 낭비하는 것이라고 비판하였다.31) 이 내용은 이삼환
이 처음 이야기한 것이 아니고 성호가 전에 집안 사람들에게
경계한 말을 이삼환이 듣고『성호선생언행록』에 쓴 내용이기도
하다.32) 이렇게 이삼환은 성호의 그늘에서 성장하면서 학문 외에
성호의 모든 일상생활을 보며 자라 본보기로 삼았다고 할 수
있다.

　그리고, 비록 성호가 이삼환에게 과거를 위한 공부를 만류하였
지만, 성호의 학문과 공부방법을 그대로 전수하여 뒷날 그가
학문하고 후학을 양성할 때 활용할 수 있었다. 독서와 사색을

---

30)『소미산방장』권3, 제문, 제종조성호선생문. "晩年家益旁落 菜根稀粥
　　人不堪其苦 處之晏如終無幾微難色 此先生之安樂也."
31)『소미산방장』부록, 행장. "嘗曰 我國人 以朝夕飯爲大食 雖醉飽他饌 必曰
　　大食不可廢也 强擧一二匙而止 盖食取充腹而已也 何必浪費粮穀也."
32)『성호선생언행록』. "先生於是日 令家內不設飯嘗曰 食以充腸 則斯已矣 其
　　餘皆濫也 今人雖醉飽之餘 必以朝夕飯爲大食 不可廢 强擧一二匙 狼藉及於
　　諸羞 此何意義."

중히 여기고, 자득을 통한 정밀한 공부를 권장하며, 화려한 문장보
다는 실천을 중시한 학문을 강조하는 등 성호가 가르쳐 온 학문
방법을 이삼환은 성호로부터 자주 들어 익혀 왔다.[33] 또한 성호는
말년에 손자 이구환에게 『성호사설(星湖僿說)』 등을 정리하게
하였다. 성호 밑에서 이구환과 함께 공부하고 생활한 이삼환도
서재에서 성호의 저서 『성호사설』 등을 이구환과 함께 정리하며
성호가 소장하고 있던 많은 서적을 섭렵할 수 있었다. 성호의
실학이 『성호사설』에 집적되어 있기 때문에 자연스럽게 성호
실학사상을 익힐 수 있었음은 말할 것도 없다. 더불어 그가 유난히
가학(家學) 문로에 관심을 두었다는 것도 선대로부터 전해오는
가문의 내력과 전승으로 알 수 있었겠으나, 성호의 강학을 통하여
그리고 성호의 서재를 출입하며 공부한 영향이 더욱 컸으리라
생각된다. 이상과 같이 이삼환은 성호의 일상생활과 서재를 통하
여 성호의 도학과 실천을 통한 가르침을 누구보다도 철저하게
받았던 것이다.

3. 덕산으로 이주하다

이삼환이 안산 첨성리를 언제 떠났는가는 확실하게 알 수 없으
나, 1763년 이병휴에게 양자로 입후된 후 곧 충청도 덕산(德山)

---

33) 이러한 내용은 이삼환이 쓴 『성호선생언행록』에 모두 들어 있다.

장천(長川)으로 이사한 것으로 보인다. 이 무렵 이삼환의 주변 상황의 변화를 잠시 살펴보자. 1761년 아버지 광휴가 죽고, 1763년 2월 당시 계부(季父) 이병휴의 부인 허씨(許氏)가 후사가 없이 죽자 곧 바로 이삼환이 입후되어 상주(喪主)가 되었으며, 그 해 12월 성호가 안산에서 타계하였다. 그 이듬해 1764년에는 이삼환의 부인 권씨(權氏)가 덕산에서 사망하였고, 상중(喪中)에 둘째 형 정환이 사망하였으며, 1765년에는 생모 정씨(鄭氏)가 사망하였다.34) 5년 사이에 부모와 부인, 성호와 사별하였고, 그 사이에 덕산에 살고 있던 이병휴에게 입후되었던 것이다. 그런데 1764년 4월 부인 권씨가 죽은 뒤, 이삼환이 쓴 부인 제문(祭文)에는, "호서(湖西)로 이사한 이후 생활이 좀 나아져 아주 군색하지는 않았다"고 한 내용으로 보아, 적어도 1763년 2월 입후로부터 1764년 4월 부인 권씨 사망 사이에 덕산으로 이사하지 않았나 짐작된다.35) 그런데 당시 덕산의 이병휴는 허씨 부인을 사별하고 후사가 없었기 때문에 상주 역할을 한 이삼환이 처자를 안산 첨성리에 둔 채 덕산에서 여막(廬幕)을 지키며36) 이병휴의 가사를 돌보아야 할 처지에 놓여 있었다. 따라서 그동안 성호의 만류와 연이은

---

34) 『소미산방장』 부록, 행장. "辛巳喪本生考竹坡公 癸未服纔闋季父貞山先生 喪配許夫人 而無嗣 先生入爲後而服喪 其十二月星湖先生卒 甲申喪配權夫人未及葬 而又喪仲兄淸谿公 乙酉喪本生妣鄭夫人."
35) 『소미산방장』 권3, 제문, 祭亡室權夫人文. "君連産數子不育 常憂無嗣 晚得女 若男愛重甚至 今不及見其長成 又苦家貧 每患朝夕之難繼 自入湖而就衣食貲用稍足 不至甚窘."
36) 『성호선생언행록』. "森煥嘗守廬湖西 留妻子剡中."

흉사로 매진할 수 없었던 과거시험도 아예 포기하고, 덕산으로 내려가 양부 이병휴의 가사를 돌보며 살게 되었던 것으로 볼 수 있다.[37]

1764년 부인 권씨가 죽은 뒤 이삼환의 혈족으로는 딸과 병약한 어린 아들 한 명이 있었다. 수년 사이에 흉사를 여러 번 겪은 이삼환은 매우 어려운 처지에 놓여 있었다. 부인을 잃고 어린 아들마저 병을 앓아 백방으로 치료에 힘을 기울였으나 끝내 살리지 못하고, 자신도 병고를 겪고 있었다. 나이 40도 안되었는데 백발이 될 정도로 건강이 극도로 나빠지자 본인의 수명이 얼마 남지 않았다고 실망하면서 스스로 모든 것을 포기하는 상태가 될 정도였다고 한다.

이 무렵 1764년 이후 양부 이병휴는 성호 유고를 정리하며 성호학파의 학자들과 교류하고 있었다. 성호가 사망한 이후에는 이병휴가 소재하고 있던 덕산이 사실상 성호학파의 본거지가 되었고, 첨성리 성호장은 성호의 손자 이구환이 지키고 있었다. 성호 유고 문제로 성호의 수제자 윤동규(尹東奎) 및 광주의 안정복(安鼎福)과 서신 교환을 하는 한편, 이병휴를 추종하던 권철신(權哲身)과 이기양(李基讓) 등 젊은 성호학파 학자들이 그의 문을 자주

---

37) 『소미산방장』 부록, 행장. "先生有一子 幼而失恃 又嬰奇疾 先生躬親撫養 百方藥治 而竟不育 先生又患五歲痎瘇 荐罹凶禍 喪威震剝 繼以憂病綿綴 百苦纏身 先生雖晏然若 固有之 而氣血內耗 旣卒喪 年已四十 未老而髮已斑白 自知不久於世 遂絶意名場 棄擧子業 不復再娶 居鰥五十年 韜光鏟彩 遂隱居養親於德山之長川."

출입하며 이병휴의 성호 유고 정리를 도왔다. 이들과 비록 나이 차이가 적지 않았지만, 덕산으로 내려온 이삼환도 이들과 접촉하였다. 주로 이병휴는 성호 유고 정리에 매진하면서 성호학파의 원로로서 활동하고 가사는 이삼환이 돌보았던 것으로 생각된다.

이병휴는 양자 이삼환의 학문에 대해서는 성호와는 달리 별로 관심을 두지 않고 학문적 대화 보다는 가정적 교훈에 치중하였던 것으로 보인다.[38] 이병휴는 1763년 상처하고 이듬해부터 주로 성호 유고를 정리하며 성호학파를 이끌며 학문활동을 하고, 10년 뒤에는 재혼한 신씨(愼氏) 부인에게서 늦게 생자(生子)를 얻어 가정을 사실상 이삼환에게 맡겨 이끌어가는 형편이었던 것으로 생각된다. 또한 이병휴는 본시 개방적인 학문적 성격을 지닌 학자였기 때문에 당대 신사조에 관심이 많던 성호학파의 유능한 젊은이들이 추종하였는데, 특히 성호 사후 덕산을 드나들며 이병휴와 자주 접촉하였던 것이다. 이삼환은 양부의 가사를 돕는 입장으로 이병휴의 문하를 드나드는 성호학파 후배 젊은이들과 접촉하였지만 적극적인 학문적인 교류에 심혈을 기울일 처지는 못되었을 것으로 판단된다. 나이도 훨씬 아래인데다 학문적 사상적 성향도 달랐기 때문이다. 그러나 가사를 돌보면서도 이삼환은 서가에 많은 책을 소장하고 학문을 계속하며 동몽 교육에도 소홀하지 않았다.[39] 이병휴의 문을 드나드는 젊은 학자들의 학문

---

38) 『수당집』 권9, 묘지명. 목재이선생묘지명. "先生以穎異之資誠篤之志 貞山旣誨之義方."
39) 『소미산방장』 부록, 壽序. "斷意名場 滿架經籍 不以貧賤改其樂 窮道學之淵

성향과는 달리 서학이나 양명학에 깊이 접근하려 하지 않았고
성호 예학(禮學) 등에 전심하였던 것으로 짐작된다.

　이와 같은 생활 환경에서 이삼환은 자신이 펼치지 못한 울적한
마음을 달래기 위해 꽃과 대나무를 가꾸거나 낚시를 하며 친구를
불러 술을 마시면서 시를 읊기도 하고, 등산이나 여행하는 일을
소일거리로 삼았다고 전한다.40) 노년에 들어 그는 덕풍(悳豊)
아미산(峨眉山)에 기거할 초가(草家) 산방(山房)을 마련하고, 비록
외롭게 살면서도 이곳을 훌륭한 정원으로 꾸며 각종 나무와 꽃,
약초를 심고 여러 곳에서 채집해 온 수석(水石) 등을 갖추어 유유자
적 하며 살았다.41)

　이렇게 이삼환은 홀아비로 양부의 가사를 돌보았고 양부 이병
휴는 둘째 부인 신씨를 맞이하여 그 사이에서 1773년 64세의
나이에 명환(鳴煥)이 탄생하였다. 이 무렵 이병휴는 성호 유고를
거의 마무리하여 이듬해 1774년 손수 쓴 발문을 붙여『성호선생문
집』이라는 이름으로 완성하였다.

　그러나 2년 뒤 1776년 이병휴가 4살 먹은 아들 명환과 양모
신씨를 남기고 세상을 뜨자, 홀아비 이삼환은 이후 이들을 양육해
야 하는 막중한 책임 때문에 실로 고단하고 힘든 삶을 이어가게

　　源 究義理之蘊奧 敎諸生而解其頤."
　40)『소미산방장』부록, 행장. "講學修道 敎授生徒 蒔花栽竹以資娛樂 釣魚川澗
　　　以暢湮鬱爲酒齩 速朋舊詠詩談文 … 登山越海 周遊歷覽以窮山水之勝 此先
　　　生晦迹消遣之事也."
　41)『소미산방장』祭文, 祭族姪士重(載坤)文. "自余築于小眉山中 以蒔花栽藥
　　　爲事 松塢芌圃 堆石助奇."

되었다. 이병휴는 임종이 가까워지자 이삼환을 불러 "내 혈통을
이을 피붙이는 단지 이 어린 아이 하나뿐이다. 아무쪼록 잘 기르고
가르쳐 일으켜 세우기 바란다"[42] 하고, 유언을 하였다. 이병휴의
장례를 치르고 48세의 이삼환은 양부의 유언에 따라 명환을 돌보
며 직접 가르치고, 당시 33세였던 양모 신씨를 봉양하는 데에
여념이 없게 되었다. 뒷날 명환이 일찍이 사마시(司馬試)에 합격한
것도 이삼환의 희생적인 가르침 때문이었다.[43] 1801년 무렵, 그의
나이 70대까지만 하여도 이삼환은 신씨와 명환 가족을 부양하며
여러 노복을 거느리고 산 것을 보면, 다행히 그 때까지만 하여도
경제적으로는 그리 어렵게 살지는 않았던 것으로 보인다.[44]

　이삼환의 효우(孝友)는 천성으로 극진하였고 동기간 사이에도
우애가 돈독하였다. 명환이 장성하여 장천에서 약 10리 떨어진
석교(石橋)로 이사를 가자, 이삼환은 여전히 양모 신씨를 모시기에
극진하였다. 3일에 한번씩 들러 살펴보았는데, 반드시 맛있는
음식을 장만하여 전대에 넣고 가서 양모 대접하기를 몹시 춥거나
더운 날씨를 가리지 않고 그치지 않았다고 한다. 동생 명환이

---

42) 『소미산방장』 부록, 행장. "年甫四歲 歲丙申 貞山先生卒 臨終囑先生曰
　　吾之血屬 只此一塊兒也 須善養善敎 以期成立."
43) 이명환이 司馬試에 합격한 해는 26세(1798) 때이다. 생원 100명 중 26위이
　　다. 이삼환 행장에는 이명환이 진사시험에 합격한 것으로 기록되어 있으나
　　이는 誤記라 생각된다.(『소미산방장』 부록, 행장. "文藝夙成 早年捷進士
　　此皆先生敎導之力也.")
44) 이삼환의 나이 73세(1801)에 작성된 이삼환의 「準戶口」에 보면 남녀노소의
　　노비 50여 명을 거느리고 있었다.

허약하여 이상한 중병에 걸리자 이삼환은 의서(醫書)를 연구하고
약물을 구하여 곁에서 극진히 치료하였으나 병이 이미 깊어 불행
하게도 37세(1809)로 세상을 떴다.[45] 이때 이삼환의 나이 81세이
고, 양모의 나이는 66세로 15세나 아래였지만 노모를 모시듯이
지성으로 하였고, 명환의 상제(喪祭)는 자신이 노환을 앓고 있음에
도 불구하고 제사 때에는 몸소 재계(齋戒)를 하며 제례에 어긋나지
않게 하였다고 한다.[46]

　명환이 세상을 뜨자 이삼환은 가문의 유지를 위해 자신을 돌볼
사이도 없이 더욱 희생하며 계속 명환 가족의 생계를 책임지게
되었다. 가산은 탕진되어 가고 생활에 희망이 없었으나 맨손으로
땅을 일구어 흉년에도 굶기를 면하게 하고 조카 딸들의 혼기를
놓치지 않고 결혼시켰다. 신부인은 모든 것을 오직 이삼환에
의지하는 형편이었다.[47] 이와 같이 이삼환은 자신이 봉양을 받아

---

45) 『소미산방장』 부록, 행장. "先生孝友根天 事親之節 盡其敬愛 同氣之間
極其友愛 及謙齋公移居於石橋 而愼夫人就養 距長川十里也 兩家家契漸剝
落 甘旨難繼 先生三日一省 省必有饁 饁必有物 以供甘旨 歲以爲
常 不以祁寒暑雨而或廢 年迫耄耋 疾恙侵尋 筋力不能自强 則或使不肖兄弟
輩替行 病間必躬往 未嘗一時一念之忘親 謙齋公少有宿痾 源委深重 先生審
症投藥 深得其宜 賴以稍安 涯過歲月 至己巳 疾大革 先生年八十一 夜不解
衣 三朔調治 及其不起疾."
46) 『수당집』 권9, 묘지명. 목재이선생묘지명. "弟遘奇疾 先生旁究黃岐之書
手致藥物得以少延 病旣革 愼夫人憂不食 先生泣被面 持食請進 辭甚懇摯
時先生已八十一 母年六十六矣 母亦泣 爲之强食 先生篤於孝奉養居喪 一致
誠禮 每祭齋素三日躬親視牲器 旣老病未堪拜跪 猶冠帶俯伏 以竢卒事."
47) 『소미산방장』 부록, 행장. "謙齋公殯葬終畢 家産蕩殘 生活無望 先生乃赤手
經紀白地 營辦八口契活 能免大飢 兩女婚嫁 皆不失時 愼夫人不欲離次而就

야 할 처지에서 양모와 이복동생 가족을 위해 일생을 희생하며
혼자 살았다. 이즈음 그의 가세가 전에 비하여 점차 기울어지면서
경제적으로 어려움에 처하였던 것으로 보인다.

4. 문중과 성호학파를 이끌며 지키다

1776년 양부 이병휴가 사망한 이후, 이삼환은 양부의 가정을
부양해야 하는 어려운 형편인 데다가 1780년대 즉 그의 나이
50대에 들어서는 덕산의 집안과 당내외 성호학파도 이끌어가야
할 처지에 놓여 있었다. 1779년에는 맏형 이철환이, 1782년에는
숙부 이용휴(李用休)가, 1784년에는 성호의 손자 이구환이 차례로
세상을 떴다. 이들 모두 성호로부터 교육을 받은 당내 성호학파
학자들이었다. 특히 맏형 이철환은 유학 외에 시서화(詩書畵)에도
능하고 박식하며 개방적인 학문 성격을 지닌 실학자로서 성호
다음으로 이삼환의 실학사상에 영향을 주었다.[48] 이구환은 부친
맹휴를 여의고 조부 성호 아래에서 성호의 저작을 정리하였고,
성호 사후에는 이병휴를 도와 성호 유고를 정리한 학자이지만
표면에 등장하지는 않았다. 특히 이구환은 성호의 저작을 소장
정리하고 있었기 때문에 이병휴의 성호 유고 정리에 결정적인

他 … 先生每往石橋 筋力困憊 終觀見畢."
48) 『소미산방장』 권3, 제문, 祭伯兄例軒公文. "公眞實有用之學也 … 森煥以暴
弟之親 托師友之契."

역할을 하였고, 당시 성호의 수제자이며 성호학파의 원로였던 윤동규도 주로 이구환과 서신 연락을 하며 성호 유고 정리에 관여하였다.

원로 성호문인인 윤동규와 이병휴가 각각 1773년과 1776년 이미 타계하였고, 당내 성호학파 학자들이 1780년을 전후하여 사망하면서 이삼환의 책임과 역할이 커지게 되었다. 더욱이 1780년대 중반 이후 예산·서산 일대는 초창기 한국 천주교의 전파가 활발하게 이루어지던 곳이다. 그에 앞서 이곳은 1760~70년대 양부 이병휴가 기거하면서 성호 유고를 정리할 때 신사조에 관심이 컸던 권철신·이기양 등 당대 성호학파 안에서는 장래가 촉망되는 소장 학자들이 드나들며 이병휴의 학문과 사상의 영향을 받은 곳이었음은 앞에서 본 바와 같다. 당대 이단으로 치부되던 양명학과 천주교 사상에 많은 관심을 두었던 권철신과 이기양 등 젊은 학자들에 대해 이병휴는 이들의 개방적 학문과 사상에 제약을 가하지 않았다. 이병휴는 이단이라 하여도 연구 대상이 될 수 있다는 학문적 소신을 지니고 있었기 때문에, 이들이 천주교에 관심을 갖고 있다는 사실을 알고도 만류하지 않았고, 오히려 이들을 앞으로 성호학파를 이끌어 갈 인물로 지목하고 양성하려 하였다.[49]

---

49) 이병휴가 권철신과 이기양을 앞으로 성호학파를 이끌어 갈 인물로 지목하여 당시 성호학파의 원로였던 윤동규와 안정복 등과 논의한 구체적인 내용은 필자의 논문, 「성호 사후 성호학파 후계 논의와 육성에 관한 일고찰」『성호학보』 제8호, 성호학회, 2010 참조.

이렇게 1763년 성호가 타계한 뒤 덕산이 이병휴에 의하여 사실
상 성호학파의 본거지가 되어 여러 성호학파의 젊은이들이 자주
출입하였고, 1776년 이병휴가 죽은 뒤 덕산 지역은 천주교 전파가
크게 확산되어 가고 있었다. 1780년대 중반 당내에서는 사촌
이가환(李家煥, 1742~1801)이 이미 천주교에 발을 들여 놓았고,
이승훈(李承薰)은 이가환의 생질로서 최초의 천주교 세례교인으
로 알려진 인물이다. 이가환은 이삼환의 친 사촌 동생으로 26세에
문과 급제하여 일찍이 벼슬길에 올랐는데 당내 형제들 가운데에
서도 이삼환과 우의가 매우 돈독하였다. 이삼환은 양부 이병휴가
생전에 천주교에 대해 그리 적대 감정을 나타내지 않았고, 그의
문인들이 천주교에 관심이 많았던 사실 또한 잘 알고 있던 터에,
천주교가 그 일대에 전파되어 주변 가까이 접근해 오고 있는
현실에서 정부의 박해가 있을 것이라는 사실을 알고 미연에 방지
하려 하였다. 그리하여 그는 1786년 「양학변(洋學辨)」,50)이라는
천주교 비판 논설을 써서 문중을 지키는 한편 주변 사람들이
읽고 천주교에 빠지지 않도록 하려 하였다.51)

　뒤에 이 소식을 들은 정조(正祖)가 재상 채제공(蔡濟恭)에게
"듣자하니 이(李) 아무개가 사악한 무리를 막는 데에 매우 힘을

---

50) 「양학변」에 관한 자세한 내용은 필자의 논문, 「이삼환의 양학변 저술과
　　호서지방 성호학통」 『실학사상연구』 19·20 합집, 무악실학회, 2001. 6
　　참조.
51) 이삼환의 「양학변」과 천주교 배척에 관한 자세한 내용은 다른 장에서
　　다시 언급하겠다.

썼다고 하는데, 내가 심히 가상하게 여겨 호우(湖右)[52]의 한 자리를 이 사람에게 전적으로 맡겨 깨끗이 없애고자 한다" 하였다. 그러나 채제공은 "이 아무개가 사악한 무리를 막은 일은 실로 그러하나, 시골 상민에게 한 자리를 전적으로 맡기려 하십니까?" 하고 부정적인 의견을 나타내자 정조는 자기의 생각을 바꾸었다. 그 후 1801년 신유사옥(辛酉邪獄)과 같은 천주교 박해가 일어나 많은 사람이 살육당하였는데, 장천리 사람들은 한 사람도 천주교에 연관되지 않아 형을 면하였다고 한다. 이 모두 이삼환의 가르침과 회유의 힘이고, 또한 사람들이 이삼환의 선경지명에 잘 따라주었기 때문이라고 전한다.[53]

문중의 원로로서, 그리고 호서지역 성호학파를 이끌어 가야하는 학자로서 막중한 역할을 하면서도, 이삼환은 후학을 양성하여 성호학통을 이어가려 하였고, 그리고 서울에서 성호학파 소장학자들의 강학이 있을 때에는 참석하는 열의를 보이며 이들과의 관계를 유지하였다. 이렇게 1780년대 중반 이후에는 이삼환이 덕산 여주 이씨 일가와 이 일대의 성호학파의 학자들을 이끌어 가는 실질적인 종사(宗師)가 되어 있었다.

---

52) 여기에서 말하는 湖右는 호서지방의 우측으로 충청남도 서북지역인 예산, 서산, 아산, 당진 일대라 하겠다.

53) 『소미산방장』 부록, 행장. "正宗大王嘗謂樊巖蔡相國曰 聞李某闢邪甚力 余甚嘉之 余欲以湖右一路 專付此人 使爲肅淸 蔡相對曰 李某之闢邪 誠有之 草野賤蹤 有司風力 專任一路哉 其後 辛酉邪獄果起 殺戮甚多 而某某人之能 免重刑 長川一洞之無一犯染者 實有先生敎諭之力 而人皆服其先見之明 也."

1795년(67세) 10월에는 충청도 온양의 서암(西巖) 봉곡사(鳳谷寺)에서 다산(茶山) 정약용(丁若鏞) 등 10여 인과 함께 강학을 열었다. 이 강학은 이삼환이 주관하고 당시 금정찰방(金井察訪)으로 부임해 온 정약용이 적극적으로 추진하여 이루어졌다. 일차적인 목적은 성호 유고 정리였는데 성호학파의 일원으로 성호학통을 계승한다는 의식에서 이루어졌다는 점에서 쇠미해진 성호학파의 재기도 염두에 두고 추진·실행되었다고 볼 수 있다. 이 강학은 18세기 말 이삼환을 중심으로 움직여 오던 호서지방 성호학파의 존재를 확인해 주는 좋은 증거이다.54)

한편 1799년(71세)에는 성호의 영정(影幀) 봉안을 위한 영당 건립을 주관하였다. 성호 영정은 성호를 접견하였던 사람이 1780년 봄에 상상하여 그렸던 것인데55) 경제적인 여건이 허락지 못하여 그동안 영당없이 보관되어 왔다. 그러다가 이삼환이 1799년 여러 사림들과 함께 영당 건립을 추진하게 되었던 것이다.56)

---

54) 충청도 온양 봉곡사 강학에 대한 구체적인 내용은 필자의 논문, 「정약용의 성호학파 재기 시도에 관한 일고찰」『京畿史學』4호, 경기사학회, 2000이 참고됨. 서암강학에 관한 구체적인 내용은 본서 제3장에서 다루기로 한다.

55) 『惠寰雜著』8책, 記, 季父星湖先生像贊 幷小序. "眞幀 成於庚子春 後先生已 十八年矣 當時 承顔之人 想像而寫之者也."

56) 강세구, 「이삼환의 양학변 저술과 호서지방 성호학통」『실학사상연구』 19·20합집, 무악실학회, 2001, 474~475쪽 참조.

5. 관서지방 여행

이삼환은 1786년 여름 평안도 정주(定州) 목사(牧使)로 부임해 간 이가환을 찾아 약 40일 동안 기행을 하고 장문의 여행기 「관서기행(關西紀行)」을 썼다.57) 여행을 하면서 그가 눈여겨보고 나타낸 의견을 간추려 정리해 보기로 한다.

1) 명장 이여송의 작전 비판과 요새지 확보

경기도 고양 벽제를 지나면서 임진왜란시 명나라 원군 이여송(李如松) 제독의 전투 상황을 비판하였다. 이여송이 이끄는 명의 군사가 왜적과 접전하여 승전하였을 때 패퇴하는 적을 계속 추격하여 격파해야 했다고 아쉬워하면서, 뒤늦게 수십기의 병사로 추격하다가 오히려 적에게 포위되어 패하였다고 비판하였다.58) 그리고 정주로 가는 도중 적의 침입을 저지하기에 적합한 요새지

---

57) 이가환이 여름에 먼저 부임하고 그의 가족이 뒤에 갈 때 이삼환도 先廟의 祠版을 지니고 따라갔다. 여행 기간은 9월 4일부터 10월 11일까지이다. 여행 경로는 漢陽 貞谷 출발(9월 4일)→ 高陽(5일)→ 開成(6)→ 金陵水門洞·葱秀(7)→ 劍水·洞仙嶺(8)→ 黃州(9)→ 中和·平壤(10)→ 順安·肅川(11)→ 安北·嘉山(12)→ 定州(13) …(정주 기행) …(歸路) …정주(10월 2일)→ 安北(3)→ 肅川(4일)→ 평양(5)→ 황주(6)→ 咸陵·門掩(7)→ 平山(8)→ 개성(9)→ 長湍·坡州(10)→ 서울(11).

58) 『소미산방장』 권6, 雜著, 關西紀行 初五日. "提督 此時若以輕騎躡其後 則必獲全勝 懲於小衄 終不敢前逼 及至惠陰嶺上 見倭師三五算行 奮欲剿殲 遂以數十騎先馳 後軍未到 賊兵四合 因在垓心 幾不得脫 此皆失策之大也."

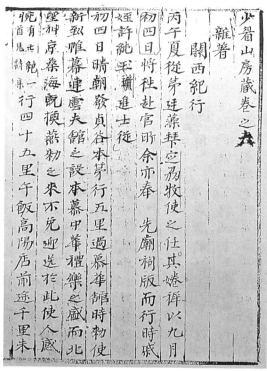

『소미산방장』권6, 잡저에 수록된
「관서기행(關西紀行)」

에 관심이 많았다. 예컨대 파주에서 개성으로 가는 도중에 있는
임진 나루터는 관액(關阨)으로 적의 침입을 차단하기 좋은 험난한
요새로 평가하였고[59] 개성 인근에 있는 청석곡(靑石谷)은 서로(西

---

59) 『소미산방장』권6, 잡저, 관서기행 初五日. "渡臨津 津亦一關阨 巖嶺險峻
中開一逕 江岸峽口 設關起樓 下有長江圍繞 不甚深闊然 亦未可亂流徒涉
把門守扼 足禦外寇."

路)의 인후(咽喉)로서 골짜기가 깊고 좁으며 험난하여 양쪽 산과
골짜기를 활용하면 투석전에 유리한 요새인데 호랑이가 출몰하
여 인명을 해친다 하여 길을 뚫는 것은 좋은 계책이 아니라고
하였다.[60] 황해도 봉산(鳳山) 부근에 있는 동선령(洞仙嶺)도 해서
(海西)의 요충이라 하였다.[61]

2) 고려인의 절의 평가와 서북인 차별대우 비판

그는 고려의 수도였던 송도 유적을 둘러보면서 고려가 망한
원인을 궁실 장식과 사치에 낭비하면서도 성지(城池) 수축 등에는
힘쓰지 않았고, 불교를 숭상하였으며, 원(元)에 의지한 국내 조정
의 부패를 꼽아 비판하였다.[62] 고려말 충신 정몽주(鄭夢周)를 명나
라 초기 학자 방효유(方孝儒)[63]에 비견하여 절의를 높이 평가하고,

---

60) 『소미산방장』 권6, 잡저, 관서기행 初六日. "至靑石谷 谷是西路要衝 兩山阸
   峻 中間二十里長谷 不甚狹扼 非如井陘之道 車不得方軌 騎不得成列 然亘谷
   樹木榛塞 惟北岸一逕崎嶇險仄 寇來欲斬山開道 必費旬日 謂之百二重關可
   也."
61) 『소미산방장』 권6, 잡저, 관서기행 初九日. "登洞仙嶺 嶺絶險 實爲海西關扼
   重地."
62) 『소미산방장』 권6, 잡저, 관서기행 初六日. "夫崇飾宮室 不肯致力乎城池
   此亡國之政也 且昏弱日甚 崇奉釋氏 政令施爲 一無可觀 能延五百之籙 是未
   可知 說者謂誠心事元 貢職惟勤 忠宣王入爲元壻 甚淂寵幸 故賴其力保國
   然蟊蠹內作 本根先蹶 則元亦奈何哉."
63) 방효유는 明 초기 학자로서 永樂帝가 조카 建文帝를 찬탈하여 즉위한
   다음 그에게 즉위 조서를 쓰도록 명하자 죽음을 각오하고 거절하여 사형을
   당하였다. 보기 드문 절의 인물로 전해 내려온다.

만약 정몽주가 죽지 않았다면 고려가 망하지 않았을 것이라 하였
다.[64] 그리고 개성 도성의 인가는 담이 높고 처마가 앞으로 길게
나왔으며, 사람들은 챙이 넓은 삿갓을 쓰고 다니는데, 이는 망한
고려 왕조에 대한 절의를 나타낸 것으로, 민심이 여전히 흩어지지
않았다고 평가하였다. 더불어 조선 조정에서 300여 년 동안 개성인
에게 높은 벼슬길을 막았다고 평가하면서, 다른 지역인들과 동등
하게 대우하면 큰 변화의 효과가 있을 것이라 하였다. 나아가
서북인들의 능력이 우수하다는 사실을 밝히면서 조정에서 이
지역인들에게 차별대우 해서는 안 된다는 의견도 나타냈다.[65]

3) 기자동래(箕子東來)와 기전(箕田)

이가환과 헤어져 집으로 돌아올 때에는 평양의 기자묘(箕子墓)
를 관람하고, 기자 동래에 관한 견해와 정전설의 유래 및 한백겸(韓
百謙, 1552~1615)[66]이 주장한 평양 기전설(箕田說)을 수용하면서
자신의 견해를 구체적으로 나타내는 등 많은 관심을 보였다.
먼저 기자 동래에 관한 견해를 보자. 그는 기자가 우리나라의

---

64) 『소미산방장』 권6, 잡저, 관서기행 初六日. "大抵圃老不死 麗不亡 諸勳臣所
    以深憚 必先除迺已也 圃老學於牧老 二老文章絶義 恰與皇朝之宋金華方遜
    志相類 後世必有能辨之者."
65) 『소미산방장』 권6, 잡저, 관서기행 二十四日. "今世人士一登 仕籍門戶頓別
    匹庶化爲望族 寒門變作貴勢 獨於西北一路不然 何哉."
66) 한백겸은 실학의 선구자로서 역사지리지 『東國地理志』를 저술하였고,
    관직으로는 호조참의와 파주목사 등을 역임하였다.

요(堯)·순(舜)이라 하고 우리나라 사람들이 금수와 같은 생활을 면한 것을 기자가 펼친 팔조(八條)의 가르침으로 보았다. 이삼환은 기자가 은이 망할 것을 미리 예측하고 제을(帝乙)에게 미자(微子)를 옹립할 것을 권하였으나 제을이 응하지 않았다 하였다. 기자는 삼사(三師)의 지위에 있으면서 나라가 기울어가는 것을 알면서도 물러나지 않고 참고 견디다가, 무왕의 침입을 받아 물러나 무왕으로부터 조선에 봉(封)해진 것으로 이해하였다. 그는 기자의 영정에 보이는 변관(弁冠)이 주(周)의 제도라 하면서 당시 천하가 모두 주(周)를 종주로 삼고 있는데 기자가 어찌 홀로 주를 따르지 않을 수 있겠는가 하고 반문하였다.[67] 그리고 은이 아직 망하지 않았는데 기자가 주에 거짓 복종하다가 나라가 망하게 되자 구차스럽게 무왕으로부터 조선에 봉해지는 것을 수용할 리가 없다고 하였다.

한편 토지제도에 관하여 많은 부분을 할애하여 의견을 나타냈다. 중국에서 상고(上古)에는 사구정방(四區正方)의 전(田)으로 하여 1명의 부(夫)가 1구를 경작하도록 하였고, 하(夏)나라에서는 이를 공법(貢法)으로 활용하였으며 점차 인구와 화식(火食)이 늘면서 은대에는 1부 50묘 경작이 70묘로 바뀌어 일정구구(一井九區) 제도가 생기고, 주대에는 다시 1부의 70묘 경작을 100묘로 늘려 경작토록 하였다고 하였다. 은대를 기준으로 말하면 1부(夫)가 경작한 토지는 정(井)자 구획 토지 9개 가운데 1개 구역의 면적

---

67) 『소미산방장』 권6, 잡저, 관서기행 十月初五日. "當是時 天下宗周 箕子而安 得不從周耶."

70묘와 중앙에 있는 공전(公田) 가운데 8분의 1, 즉 8묘이다. 중앙의 공전 70묘는 여사(廬舍, 거처할 집)용 6묘를 제외하고 64묘를 8명의 경작자가 8묘씩 나누어 경작하여 세금으로 바쳤다는 것이다. 요컨대 경작자는 사전 70묘와 공전 8묘를 경작하여 공전 8묘의 수확은 세금으로 바치고 사전 수확은 자신이 소유하게 된다고 하였다. 공전 8묘 수확을 납부하는 것이 바로 십일세(什一稅)라는 것이다. 주대의 정전제도는 은대와 같은 방법이지만 1부(夫)의 경작 면적이 사전 100묘와 공전 11묘(공전 100묘－거처용 토지 12묘＝88묘, 88묘÷8명＝11묘)가 다를 뿐이다.

이렇게 경작자는 사전과 납세용 공전을 경작하여 여러 식구를 거느리는데 자연 재해나 땅의 비척(肥瘠)에 따라 소출이 다르지만 경작자는 아끼고 절제하여 잉여곡이 있기 때문에 여유가 있었다고 하면서, 이것이 고대의 항산(恒産)이라는 것이다. 그런데 지금은 오곡(五穀)을 천시하고 힘써 경작하지도 않으며 땅을 많이 차지하는 자가 벼만 심으며, 매해 자연재해를 입어 풍년이 드물고, 놀고 먹는 사람이 날로 늘어나고 사치한 생활이 고질화 되어 백성들이 빈한하지 않을 수 없다는 것이다. 따라서 항산이 없고, 항산이 없으니 날로 더 어려워져 풍속이 투박하고 범법자가 그치지 않는다고 지적하였다.[68]

---

68) 『소미산방장』 권6, 잡저, 관서기행 十月初五日. "古之嘉量視今行斗斛較小 又土有肥瘠 畝未必皆鍾 然一夫七十畝用力 溥而糞擁厚 當不下畝斛 一歲兩 穫 可餘百斛 縮食節衣 足支一年 又必有嬴餘 以備吉凶古之恒産如此 今則 人賤五穀 不肯致力 廣占水田 種稻爲務 歲被旱澇 常鮮等稔 游食日衆 侈靡

한백겸이 기전도(箕田圖)를 그려 기자가 평양에서 실시한 토지 제도를 연구한 내용을 보고 "함구문(含毬門)과 정양문(正陽門) 사이에 구획한 것이 가장 분명하다. 그 제도는 모두 전자(田字) 형태로써 한 개의 田은 4개로 구획되어 있고 1구획은 모두 70묘(畝)이다."[69]라고 한 한백겸의 주장을 수용하였는데, 이것이 기전법(箕田法)으로서 은대(殷代)에 사용하던 정전제(井田制)를 굳이 그대로 이곳에서 적용할 필요가 없기 때문에 전법(田法)으로 구획하여 경작토록 하였다고 알고 있었다. 기자의 정전제 자취가 중국에도 없는데 오직 우리나라에만 있다고 하였다.[70] 그리고 현재 기전(箕田)에 거주하는 사람들은 기자의 유습을 이어 살고 있다고 면서, 지금은 이곳에 채소를 심어 적지 않은 수입을 올리고 있다는 사실을 들어 이것이 옛날과 오늘날의 차이라고 하였다.

이상과 같이 그는 서울에서 정주를 왕복하는 동안 도중에서 여러 역사 유적지나 군사적 요충지 등을 둘러보며 자신의 소신을 밝혔다. 고려가 망한 원인을 궁중의 사치, 숭불, 부원(附元)과 내부 분열로 보았다던가, 정몽주의 절의 평가, 기자 동래의 배경, 정전과 기전에 관한 구체적인 설명에서 상당한 역사 지식을 소유

성습 民安得不貧 貧故無恒 無恒故 非辟日滋 遂至於風俗渝薄 姦宄難禁."
69) 『久菴遺稿』上, 箕田遺制說. "其中含毬正陽之間區畫 最爲分明 其制皆爲田字形 田有四區 區皆七十畝."
70) 『소미산방장』권6, 잡저, 관서기행 十月初五日. "嗚呼 箕子我東方之堯舜也 … 韓久菴先生圖說曰 含毬正陽之間區畫 最爲分明 其制皆爲田字形 田有四區 區皆七十畝 … 噫古聖人分田制産 所自區畫者 擧天下無存 而獨在海東一域."

하고 있음을 엿볼 수 있다. 다만 역사에 관한 그의 저술이 보이지
않아 아쉽게 생각한다. 또한 이 기행에서 5언시 5편(律4, 古1),
7언시 8편(律3, 絶5)을 지었다.

6. 희생과 봉사, 의리의 본보기

이삼환 본인은 외로운 처지이면서도 다른 사람을 위해 봉사와
희생으로 일생을 보냈다고 말하여 과언이 아니다. 『소미산방장』
부록에 있는 그의 행장을 중심으로 소개해 본다.[71] 그는 벼슬을
해보지 못했지만 백성들의 어려운 생활을 가엾게 생각하면서,
혹 혹독한 흉년이 들어 백성들이 심한 어려움을 당하게 되면
그것이 자기의 책임인 양 걱정하고 애석해 하며 마음이 편치
않아, 평생 베풀어 주기를 기꺼이 하였는데 가난한 자의 구휼에
더욱 힘을 쏟았다고 한다.[72]

또한 다른 사람의 딱하고 급한 상황을 보면 반드시 자기가
가지고 있는 것을 나누어 주었다고 한다. 예컨대, 자신은 일찍이
과거시험을 보느라 필묵(筆墨)을 잘 갖추고 있었는데 주변에 집안

---

71) 그의 문집 『소미산방장』 여러 곳에서 봉사와 희생에 관한 그의 행적이
  드러나는데, 여기에서는 『소미산방장』 부록, 행장을 중심으로 정리해
  보기로 한다.

72) 『소미산방장』 부록, 행장. "先生終老林下 民國經綸雖不得需用 常懷藜食之
  憂 每當大歉 民命溝壑 看作己責憂之 歉之寢食 爲之靡安 平生喜施與 而尤
  致力於恤窮."

이 어려워 시험 도구를 마련하지 못한 사람이 있으면 나누어
주었고, 가난하고 의지할 곳 없는 자가 상(喪)을 당하면 자기의
옷과 건(巾)을 벗어 주었으며, 자신의 것으로 마련해 두었던 염할
때 입는 옷과 복건(幅巾) 등을 여러 번 어려운 사람들에게 주어
다시 만들기도 하였다. 그리고 가난하여 혼인 예식을 치르지
못한 이가 있으면 몸소 힘껏 도와 방법과 대책을 강구해 주어
대사를 마치도록 해 주었다. 또 남자는 출입할 때 주머니 속에
돈이 없으면 고생하고 어려움에 빠질 때가 있다고 하면서 항상
주머니 속에 돈을 넣어가지고 다니다가 어려운 사람을 보면 수시
로 도와주곤 하였다고 전한다.73)

친족 가운데 가난하고 외로운 사람이 양식이 떨어진 채 역병에
전염되어 누워 있으면, "저 사람은 병으로 죽거나 굶어 죽을
것이다. 어찌 차마 앉아 보면서 구해주지 않을 수 있겠는가?
나는 기혈(氣血)이 마른 사람이라 전염병에 오염되지 않는다"74)
하고, 식량을 가지고 가서 구제하고 손수 병을 치료하여 낫게
하였다고 한다. 혹 어떤 사람이 갑자기 어려운 일이라도 당하게
되면 사람들은 수수방관하는데, 그가 앞장서서 나아가 보살펴
모든 일이 순조롭게 해결되게 하였지만, 실제 본인은 자신의

---

73)『소미산방장』부록, 행장. "自少赴擧 多辦筆墨 以分貧無試具者 見人之急
必傾儲而與之 窮喪之不能庇喪者 脫衣巾與之 自己壽具深衣福巾 累回與人
而復製 貧昏之無以成禮者 出力伙助 設施方略 俾完大事 常以紙裹錢儲囊中
日 此古人紙裹物也 男子出門 囊無儲錢 則每多厄困處也 盖欲隨時濟人也."
74)『소미산방장』부록, 행장. "彼將病死餓死 何忍坐視而不救耶 吾氣血燥
燥者不染癘."

공으로 여기지 않았다고 한다.[75)

또한 비복(婢僕)에게 매우 관대하였다. 그의 집에는 여러 명의
노복이 있었는데 가족들에게 가혹하게 대하지 말도록 하고 사랑
으로 대하여, 잘못이 있으면 곧 용서해 주고, 혹 도둑질을 하다가
발각되더라도 모른 척하고 있다가 너무 심한 경우에는 혼내주되
사소한 경우에는 불문에 부칠 정도로 관대하였다고 한다.[76)

그는 노인 공경에 최선을 다하였다. 매년 민속 절기에 시행하는
공동 제사에 음식을 여분이 있게 장만하여 여러 사람에게 나누어
주는데 특히 노인 공경에 더욱 예의를 다하였고, 매년 10월 자기
조상에게 드리는 시사(時祀)에는 떡과 술을 부근 노인들에게 보내
면서, "제사지내고 음식을 나누는 일도 예(禮)"라 하였다. 혹 잔치
가 있을 때 하객 가운데 부모를 모시면서 가정이 빈한한 자가
있으면 음식을 주면서, "부모를 모시는 사람은 하찮은 일도 귀찮아
하면 안된다. 가지고 돌아가 봉양하길 바란다" 하였고, 매년 추사
(秋社)[77)에 70살 이상 노인에게 100전(錢)씩 주어 맛있는 음식을
해 드리도록 권유하였다고 한다.[78)

---

75) 『소미산방장』 부록, 행장. "人或有難處事故 而衆皆袖手 則先生乃挺身而起
施展之 左右之事 竟順成 衆皆異之 而先生不以爲功."
76) 『소미산방장』 부록, 행장. "不許待婢僕嚴而有恩 直而有恕 或偸盗事覺
則佯爲不知 而禁其太甚 不問細瑣."
77) 秋社는 立秋가 지나고 다섯째 戊日에 土地神에게 지내는 제사를 말한다.
78) 『소미산방장』 부록, 행장. "每當俗節時 食使不設飯 泛愛衆人 而尤致禮於老
老 每年十月 行先墓時祀 餅餌酒饌 分送傍近者曰 祭而致俎禮也 當或宴集
客 有家貧親老者 紙裹殽饌以與曰 奉親者 不嫌鄙事 幸歸而奉養 每當秋
社鄕約七十以上者 自社中各賜百錢 俾供甘旨."

의약 연구와 환자 치료에도 남달랐다. 1775년 홍역이 크게 유행하여 사회가 매우 혼란하고 위험한 상황에 빠지자, 이삼환은 원저자인 청나라 마지기(馬之驥)가 지은 홍역 치료 의학서『마과휘편(痲科彙編)』을 구하여 스스로 열심히 연구한 결과 치료의 요령을 터득하였다. 그러나 곧 바로 외부 사람들 치료에 임하지 않았다. 그는 먼저 집안 사람들에게 시험을 해보고 효험을 얻자, 다시 이웃 마을 사람들에게 시험해 보아 역시 효험이 있었다. 자신을 얻은 그는 원근 사람들을 모아 치료하여 많은 사람들이 병이 나아 돌아갔다. 이리하여 그 뒤에는 병이 나면 사람들이 번번이 찾아와 치료를 요구하자, 그는 "병은 죽고 사는 것이 달려 있소. 나는 본디 의술을 모르오"라 하고 사양하였으나, 그는 나 자신만을 살리기 위한 치료는 안 된다는 것을 반성하고 탄식하기를, "세상 사람을 구제하는 일은 범문정(范文正)79)이 해야 할 일이지만, 만약 기(岐)·황(黃)80)의 작은 의술로 혹 조그마한 행운을 얻는다면 하나의 죽을 목숨을 살리는 것이니, 역시 사람을 구제하는 하나의 일인 것이다"라 하고, 몸소 의술을 연구하고 자기의 의견을 참고하여 약을 만들어 시험하였다. 이리하여 사방에서 환자들이 모여들어 효험을 기대하는 일이 많았다. 나이 80에 이르자 그는 "내가 30년 동안 사람들이 탐탁지 않게 여기는 일을 해 온 것은 사람을 구제하려는 헤아림에 불과하다. 이제는 기력이 쇠하고 정신이

79) 范文正(989~1052)은 이름이 仲淹으로 중국 北宋 때의 정치가이자 문인이다.
80) 岐는 岐伯, 黃은 黃帝軒轅氏로 중국 醫家의 시조로 전해져 내려온다.

없어 더 힘을 내려 하다가는 사람을 살리려 하다 도리어 사람을
죽게 하겠다"라 하고 이듬해 81세부터 30여 년 동안 해오던 치료
봉사 일을 그만두었다.[81]

그는 의리(義理)를 매우 중시하였다. 일찍이 어떤 사람에게
논을 팔기로 계약한 일이 있었는데 다른 사람이 더 비싼 값을
주고 사겠다고 하자, 그는 비싼 값을 준다고 하는 사람과 계약하지
않고, 먼저 계약한 사람으로부터 자기가 이미 판 땅을 도로 비싼
값으로 샀다고 한다. 물건을 이미 팔기로 계약하였는데 다른
사람이 높은 가격을 준다 하여 처음 계약을 파기하고, 다시 높은
가격을 준다고 하는 사람에게 곧 바로 파는 행위는 계약을 배반하
여 신뢰를 잃는 일이라 하면서, "이(利)를 보고 의(義)를 저버리는
일은 할 수 없다"[82]고 하였다. 의를 팔아 이를 챙기는 삶을 추구하
지 않은 본보기라 할 것이다.

이삼환의 고고한 정신은 당대의 화가 정수영의 그림 묘사에도
잘 드러난다. 1788년 10월 화가 정수영이 마침 서호(西湖)로 이삼
환을 방문하였는데 이삼환이 자기의 초상을 부탁하자, 바위

---

81) 『소미산방장』 부록, 행장. "歲乙未 痲疹大行 時運極險 先生乃取馬氏痲科彙
編 着心究會 得其要領 先試之於家間而效 次試之於隣里而效 於是遠近雲集
全活甚衆 其後有疾者輒來問 先生辭曰 病是死生所關 吾素不知醫 何以藥爲
己 而歎曰 救世濟衆 范文正禱醫之事也 若以岐黃小技或有一得之幸 則活一
死命 亦濟人之一端也 躬檢醫方 參以己意 合藥以試 於是四方塡門 多所責效
及年迫八十日 吾三十年不屑之事 不過爲濟人之計也 今氣衰神耗 而尙欲自
强 則是欲活人 而反殺人也 遂自翌年八十一而止."
82) 『소미산방장』 부록, 행장. "見利而忘義也 不可爲也."

62

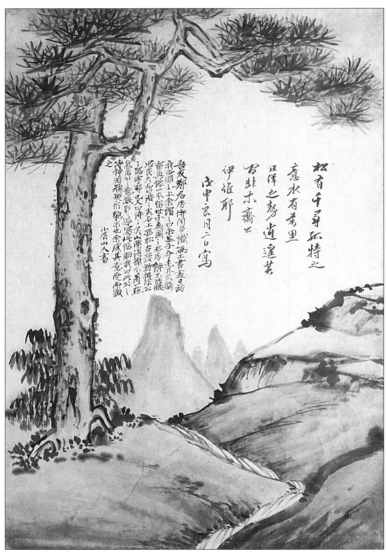

<송계도(松溪圖)>(이효성 교수 소장)

위의 외로운 소나무와 맑고 힘찬 계곡 물에 비유하여 '송계도(松溪圖)'를 그리고 다음과 같이 썼다.

松有千尋孤特之意	소나무는 천 길의 고특한 뜻을 지녔고
水有萬里汪洋之勢	물은 만리까지 끝없이 흐를 기세로 넘치는데
逍遙其間	그 가운데 소요하는 사람
非木齋公 伊誰耶	목재공이 아니고 그 누구랴?

이삼환이 외롭게 살면서도 고고한 뜻을 지니며 맑고 여유로운 정신으로 살아가는 모습을 정수영이 목격한 그대로 묘사한 것이라 생각된다.

이상과 같은 이삼환의 삶에 대하여 수당(修堂) 이남규(李南珪, 1855~1907)[83]는,

오호라. 선생은 남달리 총명한 자질과 성실하고 돈독한 의지로, 정산(貞山)의 가정교육과 성호(星湖)로부터 바른 법도의 가르침을 받았고, 70년 동안 열심히 독서하여 탈없이 하루도 쉬지 않았으니 성취하리라는 것을 알 수 있었기 때문에, 주변 사람들은 그가 등용되지 못한 것을 애석하게 여겼다.[84]

---

83) 이남규는 1882년 정시 병과에 2위로 급제하였다. 홍문관교리, 안동부관찰사, 중추원의관 등을 역임하였다. 1906년 홍주 의병 閔宗植을 숨겨 주었다 하여 연루되어 1907년 공주 감옥에 투옥되었다가 온양에서 아들과 함께 피살된 애국지사이다. 이삼환의 문인 李光敎의 증손이다.

이남규가 쓴 「목재이선생묘지명」

라 하였다. 이삼환은 총명함과 매우 성실한 의지를 지니고 양부
이병휴로부터 가정교육을 받고, 종조 성호로부터 교육받은 도학
을 바탕으로 70년 동안 스스로 독서하여 학문을 쌓았기 때문에,
주변 사람들은 그가 뜻을 이루어 크게 쓰일 것이라고 믿었는데,

---

84)『수당집』권9, 묘지명. 목재이선생묘지명. "嗚呼 先生以穎異之資誠篤之志
貞山旣誨之義方 星湖又授之以正軌 七十年矻矻讀書 無故未嘗一日休焉 則
所造可知 爾人有惜其不得見用."

관직에 등용되어 쓰이지 못하자 주변 사람들이 매우 안타깝게
생각하였다는 이남규의 판단이다.

7. 자경문

앞서 밝혔듯이, 노인이 된 이삼환은 아미산에 초가 산방을
짓고 여생을 주로 이곳에서 보냈다. 이 산방에 거주하며 그는
양모 신씨와 먼저 죽은 명환 가족을 돌보는 한편, 후학을 양성하면
서 자기 수양을 위하여 노력하였다. 그는 이 산방을 지을 때
처마와 기둥 사이에 1자 반 정도의 크기에 3자 정도 높이로 흙단을
쌓았다. 그리고 그 위에 세수 대야를 받치는 받침대를 올려놓고[관
반(盥盤)], 스스로 반성하고 경계하는 옛 성인의 뜻[탕반지의(湯盤
之義)85)]을 따른다고 하였다. 그는 이 대(臺)를 '신반대(新盤臺)'라
하고, 다음과 같이 마음에 새기는 글[명(銘)]을 써서 자경(自警)으
로 삼았다.86)

日日新又日新   하루 하루를 새롭게 하고 또 하루를 새롭게 함에
師古聖人   옛 성인을 스승으로 삼는다

---

85) 湯盤은 殷의 탕왕이 목욕하던 통이다. 스스로를 반성하고 경계한다는
   뜻을 담고 있다.
86) 『소미산방장』 권5, 銘, 新盤臺銘. "木齋老人 新構草屋 檐楹之間 築土而規之
   徑尺有五寸 高可三尺許 上安盥盤 取湯盤之義 名之曰新盤臺 仍銘以自警."

面垢尙可靧也	얼굴의 때는 오히려 세수하여 씻어낼 수 있어도
心垢不可洗也	마음의 때는 씻어낼 수 없는 것이다
日新之工	날로 새롭게 하는 공부가
在內不在外	몸 안에 있는 것이지 몸 밖에 있는 것이 아니다

그가 외롭게 살면서도 도학을 닦는 선비의 기풍을 지키고 있음을 찾아 볼 수 있다. 수십 년 전 성호 밑에서 자라고 공부할 때 성호의 삶을 통하여 체득하고 또한 성호의 가르침을 통하여 배운 모습이 아닐까 상상해 본다.

1813년 12월 12일 향년 85세로 타계하자, 원근의 학자들이 사림장(士林葬)을 추진하였으나, 집안에서 검약(儉約)을 지켜오는 가규(家規)를 들어 사양함으로써 검소하게 장례를 치렀다.[87]

---

87) 『소미산방장』부록, 행장. "先生之喪 遠近士友 莫不齎咨太息 至有發文而爲士林會葬之議 雖以家規之儉約 辭不敢受 然先生學問道德之爲人尊慕蓋可知也."

제2절 주요 저술과 연보

1. 주요 저술

이삼환은 생전에 여러 저술을 남겼다. 처음 그가 쓴 시문(詩文), 제문(祭文)과 묘문(墓文), 행장(行狀), 서(序), 기(記), 발문(跋文), 잠(箴), 명(銘), 송(頌), 경해(經解), 예설(禮說), 서간(書簡), 잡저(雜著) 등을 모아 8책의 문집을 만들어 『소미산방장(少眉山房藏)』이라고 이름 붙여 소장하였다. 한치응(韓致應, 1760~1824)[1]이 이 문집을 간행하기 위하여 자기 집으로 가져갔는데, 판재도 들여오지 못한 상태에서 불행하게도 마침 집에 화재가 발생하여 문집이 모두 소실되고 말았다. 한치응이 문집을 가져간 것은 자기 아버지 한광적(韓光迪, 1725~?)이 생전에 이삼환과 매우 가까이 지내며 서로 존중하는 사이였던 연유로 이삼환의 문집을 판각하여 오래 보관하고자

---

[1] 한치응은 1784년 정시 문과에 장원 급제하여 1792년 持平을 거쳐 1795년 관동암행어사, 1797년 수찬과 교리, 집의를 역임하였다. 1799년 進賀使兼 謝恩使의 書狀官으로 淸을 다녀왔고, 1812년 대사간과 형조판서를 역임하였다. 1817년에는 冬至使로 두 번째 청을 다녀왔고, 1818년에 한성판윤, 1821년 병조판서, 우참찬, 판의금부사를 역임하고, 1824년 함경도 관찰사에 나아가 임지에서 사망하였다.

함이었다.[2] 문집을 간행하기 위해 모아 두었던 이삼환의 글이 뜻하지 않게 화재를 만나 모두 소실되자, 그 뒤 다시 옛 지인들이 보관하고 있는 이삼환의 글을 수습하여 겨우 3책으로 편집하고,[3] 1852년 손자 이시홍(李是鉷, 1789~1862)이 서문을 붙여 정리한 문집이 지금 전해 오는 『소미산방장』이다. 따라서 처음 8책으로 편집하여 만든 그의 저술에 관한 구체적인 내용은 알 수 없다.

현재 전해지고 있는 주요 저술 약간을 소개하면 다음과 같다. 예설에 관한 변증론인 『복건제도변증(幅巾制度辨證)』·『심의제도 변증(深衣制度辨證)』·『참신강신사신변(參神降神辭神辨)』·『삼가 의절(三加儀節)』, 천주교를 비판하기 위해 쓴 『양학변(洋學辨)』, 관서지방을 여행하고 쓴 기행문 「관서기행(關西紀行)」, 1809년 올린 「응지소(應旨疏)」, 정식으로 학문에 입문하기 전 선수 학습용 으로 만든 어린이용 기초 교육 교재 『백가의(百家衣)』, 성호의 행적을 간략하게 기록한 『성호이선생장초(星湖李先生狀草)』, 성 호의 본받을만한 언행을 기록한 『성호선생언행록(星湖先生言行 錄)』, 독서할 때 지침이 될 수 있는 글을 모은 『소미산방급고경(小眉 山房汲古綆)』, 천문, 점복, 예복에 관한 고증 수필인 『목재영언(木齋 詠言)』, 그리고 다수의 시문(詩文) 등을 들 수 있다.

---

2) 『소미산방장』序. "近體五七言詩章及祭文墓文行狀序記跋箋銘頌經解禮 說書札幷雜著等 篇合八冊 韓民部峀山致應 以其父執尊仰之 故欲壽其文而 不朽 携冊以去 未及入梓 家偶失火 遺藁全帙 沒入灰燼."
3) 『소미산방장』부록, 행장. "又取李公澤山房之義 名其著述詩文藁曰少眉山房 藏書 凡八冊 不幸沒入於韓峀山家回祿之災 乃撤拾於知舊巾衍中 僅三冊也."

2. 연보

연 도	나 이	내 용
1729		○ 6월 29일 경기도 안산 첨성리에서 죽파(竹坡) 이광휴(李廣休)와 해주(海州) 정씨(鄭氏) 사이의 셋째 아들로 태어남.
1740	12세	○ 몸이 허약하여 12세에 학업을 시작함. 이후 이병휴의 양자로 입후(入后)되어 첨성리에서 충청도 덕산(德山)으로 이사할 때까지 성호의 가르침을 받음.
1743	15세	○ 안동권씨(安東權氏)와 혼인함.
1746	18세	○ 국자시(國子試)에 장원함.
1749	21세	○ 소과(小科) 진사시험에 응시하였으나 낙방함.
1751	23세	○ 10여년 동안 수업한 이맹휴(李孟休, 성호 아들)와 사별함.
1761	33세	○ 부친상을 당함.
1763	35세	○ 2월. 숙부 이병휴의 부인 허씨(許氏)가 후사없이 사망하자 이병휴의 양자로 입후되어, 그 해 안산에서 이병휴의 거주지인 충청도 덕산으로 가족과 함께 이사함. ○ 12월. 성호와 사별함.
1764	36세	○ 덕산에서 부인 권씨와 사별함. 이후 재혼하지 않고 독신으로 일생을 보냄.
1765	37세	○ 생모 정씨(鄭氏) 상을 당함.
1773	45세	○ 양부 이병휴의 친자 명환(鳴煥) 태어남.
1775	47세	○ 덕산 일대에 전염병 홍역이 크게 돌자 의학서 『마과휘편(痲科彙編)』을 구하여 연구하고 처방하여 많은 환자를 치료하기 시작함.
1776	48세	○ 양부 이병휴가 사망하자 양모와 명환 가족의 생계를 도맡고 직접 명환을 교육함.
1779	51세	○ 학문적 가르침을 받으며 의지하던 본가 맏형 이철환과 사별함.
1780	52세	○ 봄. 성호 영정을 제작함.
1784	56세	○ 안산 첨성리에서 친형제처럼 지내며 함께 성호의 가르침을 받던 성호의 손자 이구환과 사별함.

1786	58세	○ 덕산 일대에 천주교 전파가 확산되자 천주교를 비판하는 글 「양학변」을 저술하여 가족과 인근 사람들에게 돌려 읽게 함. ○ 9월 4일부터 10월 11일까지 평안도 정주(定州) 목사(牧使)로 부임한 이가환의 임지 정주를 다녀옴.(기행문 「관서기행(關西紀行)」이 전해 옴)
1788	60세	○ 화가 지우자(之又子) 정수영(鄭遂榮, 1743~1831)이 이삼환 초상화를 그려줌.
1790	62세	○ 이병휴가 정리한 『성호선생예식(星湖先生禮式)』을 읽고 '서성호선생예식후(書星湖先生禮式後)'를 씀.
1791	63세	○ 12월 1일, 정조가 경연에서 신하들에게 충청도 서북지역 천주교 전파를 이삼환이 주도하여 막도록 지시함
1795	67세	○ 10월. 그 해 여름 청양(靑陽) 금정찰방(金井察訪)으로 부임해 온 정약용이 주선하고 이삼환이 주관하여 인근 후학들과 함께 온양 봉곡사에서 강학(講學)을 개최함. 10일 동안 낮에는 성호의 가례질서를 교정하고 밤에는 강학을 함.
1798	70세	○ 직접 가르친 아우 명환이 진사시험에 합격함.
1799	71세	○ 성호 영정을 봉안할 영당 건립을 추진하기 위해 지역 사림들에게 통문을 써서 발송함.
1800	72세	○ 둘째 형 청계공(淸溪公) 정환(晶煥)의 아들 재상(載常)을 양자로 입후함.
1809	81세	○ 30년 동안 구제활동으로 해오던 의료 행위를 노령으로 중단함. ○ 아우 이명환이 37세로 사망함. ○ 삼정(三政)의 폐단과 대책을 중심으로 「응지소(應旨疏)」를 작성함.
1811	83세	○ 유학에 입문하기 전 어린이의 선수 학습용으로 『백가의(百家衣)』 저술
1813	85세	○ 12월 12일 타계함.
1814		○ 윤2월 12일 장천(長川) 당산(堂山)에 안장됨. 이 지역 사람들이 사림장을 추진하였으나 가규(家規)로 내려오는 검소한 장례를 이유로 가족들이 사양함.

제 2 장

이삼환의 학문과 사상

제1절 이삼환의 학문[1]

1. 이삼환이 밟은 성호의 족적

첨성리에서 태어나 덕산으로 이사할 때까지 줄곧 성호의 문하
에서 교육받은 이삼환이 본 성호는 어떤 사람이었을까? 이삼환은
성호의 제문에서,

소자(小子) 못났으나 다행히 선생의 뜰 안에서 태어나 항상 곁에서
모시며 어려서부터 자라 어른이 되어서도 일찍이 곁을 떠나지 않고
선생께서 일상 쓰시는 말씀과 행동을 살펴보았습니다.[2]

라고 밝혔듯이, 어려서부터 성호 밑에서 자라고 공부하다가 이병
휴의 양자가 되어 성호 곁을 떠날 때까지 성호의 일상생활을
직접 보고 경험하며 살았다. 따라서 그는 성호의 일상생활에서부

---

1) 본 절은 필자의 논문 「목재 이삼환의 호서지방 성호학통 적통성」, 302~322
쪽 내용을 대부분 전재하였다.
2) 『소미산방장』 권3, 제문, 제종조성호선생문. "小子無似 幸生門庭之內
常陪杖屨之間 自幼而長 而壯非出 未嘗離左右 審先生日用言動."

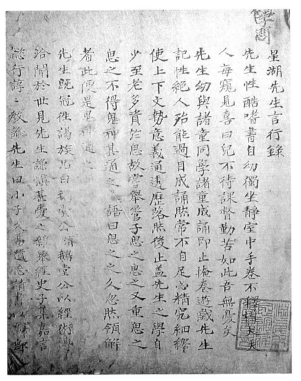

『성호선생언행록』

터 학문에 이르기까지 성호의 모든 것을 어느 누구보다 잘 알고
있었다고 말해도 과언이 아니다. 이는 곧 이삼환이 성호로부터
받은 영향이라고 보아도 좋을 것이다. 이삼환이 성호 제문을
통하여 17가지로 나누어 제시한 성호의 언행을 다음 표와 같이
소개하고, 아울러 이삼환이 저술한 『성호선생언행록』[3]에 수록된

---

3) 본서에서는 이삼환 저, 허호구 역, 『성호선생언행록』(단국대학교출판부,

유사한 내용의 원문도 함께 제시한다.

이삼환이 본 성호의 언행

	祭從祖星湖先生文	『성호선생언행록』 관련 기사
1) 誠	"새벽에 일어나 세수하고 머리 빗고 정좌하여 왼 종일 경서를 펴놓고 궁리(窮理)하는데, 일찍이 용모가 흐트러진 일이 없었다. 사람을 대하고 손님을 접대함에 또한 꾸밈이 없고 동정(動靜)이 어긋남이 없으며 드러내거나 은미함이 한결같다. 이는 선생의 성실함[誠]이다."4)	○『성호선생언행록』: "先生 每日早起 盥洗謁廟 退座整襟 手卷不釋…先生平居 和順樂易 不事矜飾 故曰用言動 若無異常人 細而察之 頭身心正直 動容必徐重 口不出鄙悖之言 體不設惰慢之容…"
2) 和	"예(禮)로 몸을 다스려 행동에 법도를 따르시고, 멀리서 바라보면 엄숙하시어 두려움을 느끼게 하는데, 만나뵈면 안색이 부드럽고 말씀이 온화하면서도 막힘이 없으시며, 마음을 편안하게 여기어 사람들이 각기 품은 생각을 다 나타내도록 한다. 이는 선생의 화평함[和]이다."5)	○『성호선생언행록』: "先生 …學子進謁 始則毅然 若不可犯 及夫造拜 顔溫氣和言…"
3) 孝	"소자가 선생께서 부모를 모시는 일을 보지는 못했으나, 일찍이 듣건대 가정에서 매일 취침전 문후(問候)하고 반찬 시중을 들며 공경과 응대를 다하고, 어머니가 심한 병환에 걸리자 손가락의 피로 고쳐 드렸고, 상을 당하여 3년 동안 채소만 잡수시다가 몸이 크게 훼손되셨다고 한다. 또 한 가지 내가 직접 본 바로는 이미 노인이 되셨는데도 혹 돌아가신 부모님 이야기가 나오	○『성호선생언행록』: "先生生而仁孝 自孩提未嘗或拂權太夫人之志…權太夫人疾革 神識已昏 言語不通 子孫男女 方環坐持體以俟氣絶 先生忽出外 刀裂十指出血 承以器入而灌下 少頃復甦 能與人酬酢…或語及先父母 輒泫然出涕咽不成聲"

2013)을 활용한다.

76

	면 번번이 눈물을 흘리시며 한동안 목메어 흐느끼셨다. 이는 선생의 효성[孝]이다."6)	
4) 孚信	"남과 교제함에 패거리를 만들어 북적이지 않고, 남의 걱정을 걱정하고, 남의 즐거움을 즐거워하며, 정성과 신뢰로 한결같았으므로 사람들이 다투어 존경하고 우러러 보았다. 사람이 선하지 않으면 정색하여 꾸짖고 독려하여도 감히 원망하거나 미워하지 않았다. 이는 선생의 신의[孚信]이다."7)	○『성호선생언행록』: "先生…苟以忠信持心 不期誠而自誠 夫子之道 專主忠信 庸學宗旨 皆在於誠 聖賢豈欺我哉"
5) 義施	"부모와 가족에게 돈후(敦厚)하고 외로운 사람들을 돌보아 주며, 남의 급한 사정을 보면 혹 식량이 거의 바닥났어도 반드시 나누어 주어 일찍이 해결되지 않는 일이 없었다. 이는 선생의 의로운 베품[義施]이다."8)	○『성호선생언행록』: "先生遇宗族 曲有恩禮 見窮之者 必盡力周濟 雖瓶粟垂罄 不計也…"
6) 敬老	"노인을 존경하여 예를 갖추는데 비록 농부와 장사치라 하더라도 머리가 흰 노인이면 일찍이 꾸짖으며 그 이름을 부르지 않고, 비복 가운데 노인에게는 역시 '너' 하면서 큰 소리로 꾸짖지 않았다. 이는 선생의 지극한 경로[敬老]이다."9)	○『성호선생언행록』: "先生於人曲意謙謹 尤重敬老之禮 雖儕友之間 壽躋耆耋以上 必加意敬重 婢僕之賤 年老髮白者 亦未嘗斥呼其名 必舉其子而呼曰 某之父某之母"
7) 操履	"어려서 외롭고 고달픔을 겪어 겸손하고 검약하며 삼가 조심스러워 몸가짐이 마치 처자(處子)가 남을 대하듯 정성스럽고, 말은 마치 입이 떨어지지 않는 것 같았다. 정의를 지킴에는 어떤 난관이 있어도 견고하며 궁달(窮達)과 영욕(榮辱)으로 그 뜻을 바꾸지 않았다. 이는 선생의 청렴결백한 지조와 품행[操履]이다."10)	○『성호선생언행록』: "先生曰 敬愼二字 常着在心頭 念念不忘 終身用之 有餘裕"
8) 有常	"가문이 대대로 현달하여 친족과 친구들이 모두 의관이 아름답고 우아한데,	○『성호선생언행록』: "先生自幼厭却綺紈 喜儉惡奢…"

	선생은 홀로 비단 옷을 싫어하여 물리치며 근검절약하여 옷과 신발을 깁거나 꿰매어 기꺼이 편안하게 즐기시니, 사람들이 혹 비웃고 손가락질 하여도 근심하지 않았다. 거듭 흉년이 들어 민산(民産)이 날로 위축되자 대를 이어 오던 세족(世族)이 점차 더욱 빈곤해지고 습속(習俗) 또한 변하여 인색해졌으며, 잔인하게 빼앗으며 이(利)를 다투고, 아주 소소한 것도 아껴 쓰는데, 선생은 오히려 전과 다름없이 함으로써 칡으로 만든 신을 서리가 내리는 겨울에도 신는 것처럼, 일찍이 지나치게 인색하고 각박함을 보이지 않았다. 이는 선생의 변하지 않는 법도[有常]이다."11)	時親戚朋舊 皆衣冠都雅 見先生冠服 無不嗤點 亦不卹 終老如一"
9) 憂愛	"사릿문의 작은 출입구를 드나들며 일생을 보내면서 저 조정의 혼란은 귀로 듣지 않으려 하시다가도, 만약 사태가 국가대계(國家大計)와 백성의 고락에 관한 일이면 충성이 솟구쳐 언사가 격하고 한탄이 극하시니, 혹 눈물을 흘리시며 옷깃을 적시셨다. 이는 선생의 나라를 걱정하고 백성을 사랑하는 애정[憂愛]이다."12)	○『성호선생언행록』: "先生八十年窮老林下 市朝紛譁 漠然無涉 至邦憂民瘼事 有係國家大計者 則必深憂遠慮 若己當之 寢食爲之靡安 至或忼慨下泣 蓋其憂愛一念 不以居窮而少懈也"
10) 財用	"몸은 비록 농촌에 있으면서도 이 세상을 자기의 소임으로 여기시어, 고금(古今)의 성체(成體)와 이해(利害)의 기틀을 살피시고, 나라의 법제를 자세히 고찰하여 민정(民政)을 해치는 연유를 모두 깨달아, 마음속으로 헤아리고 개혁할 바를 생각하였으니, 나라와 재물을 다스림에 아주 걸맞는 준비가 선생의 손바닥과 마음속에 있다. 이는 선생의 뛰어난 재능[財用]이다."13)	○『성호선생언행록』: "先生身在韋布 常以斯世爲己任 遠引前代成敗得失之故 近稽國家掌故 思以矯抹弊政 利安元元 撰藿憂錄一篇 備論經濟大策 藏之家…"

11) 安樂	"만년에는 가세가 더욱 쇠락하여 푸성귀 뿌리로 끓인 묽은 죽으로 연명하여 사람으로는 그 고통을 참을 수 없었으나 끝내 아무 일이 없는 듯 난색을 나타내지 않으시며 편안히 지내셨다. 이는 선생의 편안한 성품[安樂]이다."14)	○『성호선생언행록』: "先生舊家世族 日漸窮匱 往往爲鄙汚之行 先生心常慨然謂人曰…救飢之道 莫如忍飢 飢而不至於死 則斯可矣… 吾輩目前之務 惟節食耐飢之外 無他道"	
12) 嗜學	"평상시 나가지 않으면 공부하시는데 짧은 글이라도 스스로 책을 읽고 도(道)를 이야기하는 것 외에는 다른 일은 언급을 하지 않으셨다. 내가 이와 같이 처신하면 다른 사람도 역시 이와 같이 하기 때문이다. 이는 선생의 공부를 좋아하심[嗜學]이다."15)	○『성호선생언행록』: "先生自少至老 惟讀書談道而外 更無餘事 雖家務緊切者 事至順應 過輒復對卷 終不以繁宂留着心界"	
13) 博約	"책에서 보지않은 것이 없고 통하지 않은 것이 없다. 살펴 연구하고 밝혀내어 반드시 그 요체를 얻어야 마치신다. 고로 백가(百家)에 널리 통하였으니 먼 옛날까지 포괄하여 아주 넓고 끊임이 없으며 아득하여 끝이 보이지 않는다. 그 귀착점은 칠경삼례(七經三禮)를 근본으로 삼아 열심히 노력하시는 것으로 노인이 되어서도 그칠줄을 모르셨다. 만년에 이르러서는 오히려 손에서 시(詩)·서(書)를 놓지 않으시고 읊으시며 뜻을 음미하시는데 때로는 혹 감동하여 눈물을 흘리셨다. 이는 선생의 박학한 학문과 철저한 예법[博約]이다."16)	○『성호선생언행록』: "先生於書無所不觀 無所不究 極其義 摭其長 而取爲己有… ; 先生酷嗜觀書 經傳之外 諸子百家語及後代文人漫筆 靡不畢觀"	
14) 篤實	"위로는 일월성신(日月星辰)의 각도와 위치, 아래로는 초목(草木)과 조수(鳥獸), 곤충과 물고기의 명물(名物)에 이르기까지 모두 그 변화를 궁구하여 박식하게 되셨다. 다만 패관소설(稗官小說)이나 불교 전적, 그리고 여러 술	○『성호선생언행록』: "惟生平所不觀者三書 仙佛家語 稗官荒誕之說 災祥分野星命風水諸術數之書 一不遮眼曰 豈可以吾有限之精力 枉費於無用之地耶 是故凡	

	수(術數) 등 쓸데없는 책은 일찍이 혹시라도 보지 않으셨다. 이는 선생의 실사를 중히 여김[篤實]이다."[17]	觀文字 遇佛家語讀不能下"
15) 眞知實得	"학문을 함에 전적으로 의론하며 정(程)·주(朱)를 본보기로 하여 주심(主心)으로 삼아 마음으로 존경하고 말씀을 따르며 입으로 익히셨다. 그런데 세속의 어리석고 사나운 이목(耳目)과 속되고 참되지 못한 풍습을 부끄럽게 여기시고 반드시 근원을 궁구하여 근본을 추적하셨는데, 위로는 옛 성현의 글을 살펴 그 내력과 본말을 꿰뚫어 보셨다. 이는 선생이 참된 지식을 몸소 밝혀 알아내는 일[眞知實得]이다."[18]	
16) 精義	"예가(禮家)의 의견이 분분함에 다른 의견이 서로 얽히고 다툼으로 뒤섞여, 서로 견지하며 결말이 나지않는 것을 간단한 말로 매듭지셨으니, 마치 화살이 과녁을 뚫는 듯, 칼로 쪼개어 조리하는 듯하였다. 헤아려 바로잡음이 정밀하고 휘어 맞춤에 법도를 지키셨다. 이는 선생의 정밀한 판단력[精義]이다."[19]	○『성호선생언행록』: "嘗撰家禮疾書 家藏家禮板本 甚多訛舛 先生一一正之曰 此必某字之誤 此當爲某字 如此凡十數處 金沙溪家禮輯覽亦有一字正訛 先生曰 沙溪說得是詳 著疾書中 後得一善本 校之一一 不錯 始信先生之於書精密詳審 非一切麤心人所可幾及"
17) 謙虛	"평생 일찍이 제단(祭壇)과 문호(門戶)를 세우지 않기로 스스로 표방하셨다. 또 오만하거나 교만하지 않고 세상 사람들을 깨우쳐 움직이게 하는데 노력하고, 마음에 새겨 실천에 힘쓸 것을 한결같이 함에, 향상하여 학문이 크게 이루어지게 되어 명성이 날로 널리 퍼지자 사방에서 모여드니, 오히려 물러나 숨어 마치 얻은 것이 없는 듯하였다. 이는 선생의 겸허함이다."[20]	○『성호선생언행록』: "祭文又曰 博而要 和而嚴 淸而不激 儉而不嗇 介而不矯 好古而不泥 守正而不求異於人 好學而必求其用 嘐嘐然樂其道 而不求知 八十年如一日 非我先生 其孰能與於此 諸門人 學子皆曰 先生之道德學問 殆能形容得盡"

4) 위 제문. "晨興櫛危坐 終日横經窮理 未嘗見有惰容 及乎對人接賓 亦不爲色莊 動靜不違 顯微如一 此先生之誠也."

5) 위 제문. "禮以律身 動由規矩 望之儼然可畏 及造謁 色柔而荏 言溫而暢 開懷坦夷 使人各得盡其所懷 此先生之和也."

6) 위 제문. "小子不及見先生事親 嘗聞之 家庭日問寢侍膳 克敬克和 甚得太夫人懽如 血指療疾 喪三年蔬素致毁 乃其一行以余所覩 壽既耆耋 或語及先父母 輒涕簌簌下 哽咽久之 此先生之孝也."

7) 위 제문. "與人交不翕翕熱 憂人之憂 樂人之樂 一於誠信 故人爭嚮仰 見人不善 必正色責勵 大亦不敢怨惡 此先生之孚信也."

8) 위 제문. "敦親厚族 收養惸嫠 遇人之急 或囊粟垂罄 亦必分而周之 未嘗以無爲解 此先生之義施也."

9) 위 제문. "尊禮高秊 雖芸夫賈豎 年老髮白 未嘗斥呼其名 婢僕之老者 亦不爾汝呵叱 此先生之敬耇也."

10) 위 제문. "少經孤苦 卑約謹畏 持身如處子對人恂恂 言若不出口 至秉義守正 確乎難奪 不以窮達榮辱易其志 此先生之操履也."

11) 위 제문. "家世通顯 親族朋舊 皆衣冠都雅 先生獨厭却綺紈 勤儉撙節 補衣穿履 怡然自適 人或嗤點不恤也 及歲屢凶歉 民生日蹙 舊家世族 漸益貧匱 俗習又變而纎吝 爭利於抄忽 惜費於銖寸 先生猶夫前日 未嘗爲葛屨褊迫 此先生之有常也."

12) 위 재문. "艸門圭竇 端居終老 彼朝市紛囂 耳不欲門 若事有關國家大計生民休戚 忠誠坌涌 辭情忼慨至 或涕泣霑襟 此先生之憂愛也."

13) 위 제문. "身處畎畝 以斯世爲己任 歷考古今成體利害之機 近稽國家掌故 悉諳其妨民蠹政之由 心籌腹畫 思所革改 一副經邦濟物之具 在吾手掌心目 此先生之財用也."

14) 위 제문. "晩年家益旁落 菜根稀粥 人不堪其苦 處之晏如終無幾微難色 此先生之安樂也."

15) 위 제문. "平居做爲不出學之 一字自讀書 談道而外 不及他事 在我如是處人亦如是 此先生之嗜學也."

16) 위 제문. "於書無所不觀 無所不通 考究鉤鎖 必得其要歸故 淹貫百子 包括終古 浩汗演迤 漭無端涯 若其歸宿 則以七經三禮爲質的孳孳 不知老之將至 至晩年 猶手詩書不釋 諷詠玩繹 時或感動泣下 此先生之博約也."

17) 위 제문. "上而日月星辰度數躔次 下而艸木鳥獸虫魚之名物 咸窮其變 以成

이상과 같이 이삼환은 성호 제문에서 성호의 성실함[誠], 화평[和], 효성[孝], 신의[孚信], 의로운 베풂[義施], 지극한 경로[敬耉], 청렴결백한 지조와 품행[操履], 변치 않는 법도[有常], 나라 걱정과 백성 사랑[憂愛], 재능[財用], 편안한 성품[安樂], 공부를 좋아함[嗜學], 박학한 학문과 철저한 예법[薄約], 실사를 중히 여김[篤實], 참된 지식을 몸소 밝혀내는 일[眞知實得], 정밀한 판단력[精義], 겸허함[謙虛] 등 17개 항에 달하는 성호의 언행을 요약하여 나타냈다. 성호의 일상에 대하여 이삼환이 이처럼 다각적으로 묘사할 수 있었던 것은 수십 년 동안 성호와 함께 생활하였기 때문에 가능한 일이었다. 그는 왜 성호 제문에서 이렇게 장황하게 성호의 언행을 나열하였을까? 아마도 성호 그늘에서 생활하며 가르침을 받은 지난 날이 간절한 심정에서 나온 것이 아닐까 추측된다.

한편 성호 밑에서 지낸 지난날을 회고하며 쓴 『성호선생언행록』에서는 110여 개에 달하는 성호의 언행을 구체적으로 서술하였다. 성호 제문에 주제별로 제시된 17개 항의 내용은 대부분 『성호선생

其博 惟稗官小說內典佛乘及諸術數無用之書 未嘗或掛目 此先生之篤實也."

18) 위 제문. "爲學專以誦 法程朱爲主心 心尊服口 口講習 然耻世之傭耳剽目浮僞不誠之習 必窮源溯本 上勘於古聖賢之書 洞貫其來歷原委 此先生之眞知實得也."

19) 위 제문. "禮家聚訟 疑義相蒙 紛糾盤錯 相持不決者 片言輒了 如矢之破的刃之劈理 商訂精密 曲中要窾 此先生之精義也."

20) 위 제문. "平生 未嘗樹壇壝立門戶以自標榜 又不爲崖岸嶄絶 務驚世動衆刻志勵行 一意向上 至學大成 名日大播 四方來歸 猶退藏 若無所得 此先生之謙虛也."

언행록』에 구체적인 사례를 들어 설명되어 있다. 앞서 제1장 이삼환의 삶과 행적에서 살펴보았듯이, 두 자료에 있는 성호의 언행에 이삼환이 일생동안 본보기로 삼아 실천하려 했던 내용이 모두 들어 있다. 성호 제문의 내용을 포함하여 『성호선생언행록』에 이삼환이 수록한 주목되는 내용을 종합하여 다음과 같이 간추려 정리해 본다.

1) 성호의 일상생활 습관과 몸가짐
- **절제와 검소**
- 독서의 일상화
- 잊지 않고 지켜야 할 경신(敬愼)
2) 성호의 공부방법
- 의문을 갖고 사색하며 질문하고 토론함.
- **다독과 암기위주의 독서를 지양하고 자득(自得)을 통한 공부 강조**
- 박식보다는 요점을 파악하고 정밀한 공부 권장
3) 성호의 현실에 맞는 예의 실천
- 현실에 맞는 검소한 제례
4) 성호 학문과 사상의 특징
- **독실하고 유용하며 실용을 추구하는 학문**[성리론 집착을 지양함 (『성호선생언행록』 소재)]
- 변통과 현실 중시[비맞으며 천천히 걸어오는 학동(學童) 이야기 (『성호선생언행록』 소재)]
- 천주교 비판

 － 국가 대계와 애민, 충신(忠信)[강홍립(姜弘立)·김성일(金誠一)·이
　덕형(李德馨)의 충신을 예로 소개함(『성호선생언행록』 소재) 소
　개]

 5) 성호의 효제우애(孝悌友愛)

 － 노인 공경

 － 지극한 효성[모친 병환시 십지출혈(十指出血,『성호선생언행록』
　소재)]과 우애

 6) 성호의 구휼(救恤) 실천

 － 삼두회(三豆會) 결성과 실천

 － 의약 연구와 치료

 － 궁핍한 종족과 이웃돕기 등

　위에 제시한 성호의 언행 기록 가운데에서도 더욱 주목되는
부분은 역시 성호가 일상생활에서 보인 몸가짐, 자득을 통한
공부 방법, 그리고 실천을 중시한 학문이라 하겠다. 이들 내용은
이삼환이『성호선생언행록』에서 여러 예를 통하여 거듭 강조할
정도로 중시되었다. 특히 자득을 통한 공부 방법과 절제와 검소로
점철된 성호의 일상생활이 더욱 눈에 띄게 강조되었다. 또한
이는 성호가 몸소 실천하면서 평소 가족이나 후학들에게 실천하
도록 강하게 주지하였던 것으로, 그만큼 이삼환이 성호로부터
감명받아 마음속에 새겨 두고 본보기로 삼아 자신도 실천하려
하였다는 이야기로 받아들여진다.
　이삼환은 성호 제문에서 성호의 일상 모습 17개 항을 제시하여,

그동안 성호의 가르침을 따르지 못한 것을 후회하며 앞으로 이구환과 함께 성호의 유훈(遺訓)을 따르겠다고 다짐하였다.[21] 이후 그는 덕산에서 양부 이병휴의 가족을 이끌며 그리고 이 지역 성호학파 종장으로 활동하면서 성호의 가르침을 일생동안 몸소 실천하려고 노력하였다.

실제 이삼환이 첨성리에서 덕산으로 이사하여 양부 이병휴 가족과 함께 살아간 행적을 보면, 그가 성호 제문에서 밝힌 성호의 언행 17가지나 『성호선생언행록』에 수록한 내용이 어느 하나라도 소홀하지 않았음을 찾아 볼 수 있다. 예컨대, 이병휴의 유언을 받들어 양모 신씨를 지극 정성으로 모시고 동생 명환을 손수 가르쳐 소과에 합격시킨 효제(孝悌), 경제적으로 어렵거나 급박한 사정이 있는 사람을 내일처럼 돕고 수시로 병자를 치료해 주는 등 의로운 사업에 앞장 선 베풂[義施], 시제나 민속절에 음식을 여유있게 만들어 노인 가정에 돌리고 노비라도 나이가 많으면 귀천을 가리지 않고 예우하던 경로[嗜老], 이를 보고 의를 저버리는 일은 할 수 없다 하여 염가로 매도한 토지매매 계약을 파기하지 않고 다시 고가로 매수한 사실[操履], 전염병인 홍역이 돌자 의약 연구를 하여 30년 동안 집안과 인근 병자를 치료해 주고, 흉년이 들자 자기 책임인 양 가난한 자들의 구휼에 앞장선 자선[憂愛], 홀아비로서 풍족하지 못한 형편에 양모와 동생, 조카들을 양육하

---

21) 위 제문. "雖欲收拾餘魂 尋溫舊聞 庶幾未死之前 思有一得 山頹樑壞 將安仰
　　而安傚 且將與元陽佩先生之遺誨 服先生之攸行 抱持先生之書 拳拳守而勿
　　失 則雖卒無成 尙免子弟之過 爾亦何加望."

면서도 불편한 모습을 나타내지 않은 마음가짐과, 아미산 산방에
서 각종 약초와 식물을 기르며 유유자적하던 삶[安樂], 성호의
뒤를 이어 가례에 관한 공부를 하면서『복건제도변증(幅巾制度辨
證)』·『심의제도변증(深衣制度辨證)』·『참신강신사신변(參神降神
辭神辨)』·『삼가의절(三加儀節)』등 논란이 많은 예론을 고증하고,
1795년 서암강학(西巖講學)을 열어 성호의 가례질서(家禮疾書)를
정약용 등과 함께 정리하였으며, 81세의 노구로 동생 명환이
37세에 죽자 손수 제례를 엄격하게 지킨 일[博約] 등을 들 수
있다. 성호의 몸가짐과 학문적 가르침을 본받아 실천하려고 얼마
나 노력하고 있었던가를 찾아 볼 수 있다. 성호 제문을 통하여
성호 영전에 평생 성호의 일상과 가르침을 따르기로 간절히 약속
하고, 일생 실천하였다는 사실은 성호의 모상(模像)이라 하여
과언이 아닐 것이다.

요컨대 이삼환은 덕산에서 홀아비로 살면서 성호의 절제와
검소한 생활 모습을 본받아 실천하고, 나아가 성호의 저서를
독서하여 익히고 자득을 통한 공부 방법을 답습하여 후학을 양성
하는데 심혈을 기울인 가문의 대표적인 성호학 후계요 적통이라
하겠다.

2. 성호 학문의 영향

이삼환은 안산 첨성리에서 태어나 성장하며 종제 이구환과

함께 성호의 각별한 사랑을 받으며 배웠기 때문에 성호의 일상 언행은 물론이고 성호의 학문 영향을 가장 많이 받았다. 성호 외에도 곁에서 어릴 적 이삼환에게 가르침을 준 사람이 또 있다. 함께 기거하였던 16살 위인 성호의 아들 이맹휴의 학문적 영향이 다. 그는 맹휴 제문을 통하여,

> 어려서부터 공의 집에서 자라 여기에서 공으로부터 십 수 년 동안 수업하였으니 공을 아는 사람은 저와 같은 이가 없을 것입니다.[22]

라 하였듯이, 비록 어릴 때이기는 하지만 십여 년을 수업하였기 때문에 자기만큼 이맹휴를 아는 사람이 없을 정도라고 하면서 그의 요절을 슬퍼하였다. 성호가 가학으로 전해 온 예론을 연구하고 정리한 것을 본받아 맹휴 역시 아버지 성호의 뜻을 이어 예론 서적을 독서하여 밝았으므로 이삼환에게도 영향을 주었을 것으로 추측된다. 그러나 아쉽게도 이맹휴는 관직에 나가 있던 중 39세로 병사하였기 때문에 더 이상 그로부터 가르침을 받지 못하였다.

또한 성호의 가르침을 받았고, 시서화에 능하며 독자적 학풍을 지녔던 맏형 이철환의 학문 영향 역시 주목된다. 이삼환은 이철환이 살아 있을 때 그의 과학적이고 실천적인 학문성을 존중하여

---

22) 『소미산방장』 권3, 제문, 祭從叔員外公文. "不肖於公爲從父昆子 自幼長於 公家 受業于公十數年于玆 則知公宜莫如不肖."

그의 자문을 많이 받았다. 여기에서는 이삼환이 성호와 이철환으로부터 받은 학문적 영향을 중심으로 살펴보기로 한다.

1) 이삼환이 본 성호의 학문적 연원

이삼환은 성호의 학문적 연원을,

> 우리나라는 기자(箕子) 성인이 사망한 지 4000년 만에 비로소 퇴도(退陶) 이자(李子)가 등장하여 정(程)·주(朱)의 부전지통(不傳之統)을 이루었고, 유학을 동방에서 우리 선생께서 이자(李子)의 뒤를 따라 100년 만에 탄생하시어, 정학(正學)을 드러내 밝히셨으며, 경세제민(經世濟民)을 마음속에 품으시고 덕행을 온전히 갖추어 위연히 유종(儒宗)이 되셨다.[23)

라 하였듯이, 중국 송대(宋代)의 정주학(程朱學)을 퇴계 이황(李滉)이 이어 받고, 다시 이황의 도학을 성호가 계승 발전시켜 당당하게 유학의 종사가 되었다고 하였다. 그리고 이병휴가 성호의 가례질서를 정리하여 만든 『성호선생예식(星湖先生禮式)』의 발문을 통하여 성호의 예학 연원을 다음과 같이 밝혔다.

---

23) 『소미산방장』 권3, 제문, 제종조성호선생문. "我東方 自箕聖沒四千載 始有退陶李子 得程朱不傳之統 而吾道以東 我先生又後李子 百年而生 倡明 正學 懷抱經濟 德全行備 蔚爲儒宗."

「성호선생예식」 발문

　오직 퇴도 이자(李子)가 홀로 주자(朱子)의 뜻을 이루었는데 그
예(禮)는 모두 간요하여 실행하기 쉽고 검소하여 따르기 쉽다. 정한강
(鄭寒岡)은 이자(李子)에게서 배웠고, 허관설(許觀雪)은 한강(寒岡)에
게서 배웠다. 미수(眉叟)는 관설(觀雪)과 사촌 형제로서 여러 곳에서
공부하였다. 나의 고조부 헌부공(憲府公)은 정총산(鄭蔥山)에게서
배웠는데 미수와 함께 동문으로서 서로 친밀하였기 때문에, 증조부
매산공(梅山公)이 미수에게서 배우고 미수의 예를 모두 익혀 가정에

전하여 익히도록 한 것이 많았다.[24] 이것이 예학의 근원이 되는
출처인 바, 그 고찰하여 밝힌 것이 정밀하고 자세하며, 헤아림이
틀림없으니 역시 모두 선생이 스스로 터득한 것이라 한다.[25]

    그는 성호 예학의 근원을 이황→ 정구(鄭逑)→ 허목(許穆)→ 이하
진(李夏鎭)의 사승적 학맥에서 찾았다. 특히 고조부 이지안(李志安)
이 허목과 함께 정언눌(鄭彦訥, 1549~1627)의 문인이었기 때문에
친밀하여 아들(즉 이삼환의 증조부 이하진)을 허목의 문인이 되게
하였는데, 이하진은 허목의 예법을 모두 익혔고, 나아가 집안에
전하여 익혀 실천하도록 하였다고 한다. 부친 이하진이 허목의
예법을 익혀 집안에서 그대로 지켜 오던 것을 성호가 정밀하게
고증하여 스스로 터득하였다는 요지이다. 그렇다면 이삼환이
본 성호 예학의 학통은 이황→ 정구→ 허목→ 이하진→ 이익이고,
이하진 이후에 가학(家學)으로 전해지게 되었다고 하겠다. 앞의
성호 제문과 「성호선생예식」 발문을 종합해 볼 때, 이삼환은
성호의 도학을 퇴계학통(退溪學統)이요 미수학통(眉叟學統)으로
보았다.

---

24) 寒岡은 鄭逑, 觀雪은 許厚, 眉叟는 許穆, 蔥山은 鄭彦訥, 憲府公은 李志安,
    梅山公은 李夏鎭이다.

25) 『소미산방장』 권6, 雜著, 書星湖禮式後. "惟退陶李子 獨得朱子之旨 其禮皆
    簡而易行 儉而易從 鄭寒岡學於李子 許觀雪學於寒岡 眉叟與觀雪 爲同堂兄
    弟 多所講受 我高祖憲府公學於鄭蔥山 與眉叟同門相善故 曾王考梅山公從
    眉叟遊 最熟先生之禮 傳習於家庭者爲多 此禮學淵源所自 而其考覈精微
    斟酌得中則 又皆先生之自得云."

　　이러한 성호의 학문적 연원 계보에서 이삼환은 특히 증조 이하
진이 가르침을 받은 허목의 학덕과 인품을 높이 평가하였다.

　　삼환이 태어나 눈썹이 수려하여 스스로 소미(少眉)라고 불렀다.
그래서 마음 속으로 미수(眉叟) 선생을 흠모하였다. 선생은 어려서
나의 고조 헌부공(憲府公)과 함께 총산(蔥山)26) 정선생의 문하에서
함께 공부하여 도의(道義)를 서로 교류하였고, 대각(臺閣)을 역임하며
조정에서 벼슬하였다. 관직에 나아가서는 원로가 되어 국론을 바로잡
고 공정한 논의로 다스렸으며, 물러나서는 학덕 높은 학자가 되어
사림의 종사(宗師)가 되었는데, 그 때 나의 증조부 매산공이 마침
측근에서 가르침을 받았다. 이리하여 소자가 선생의 도학과 위의(威
儀)가 뛰어남을 가숙(家塾)에서 들어 매우 잘 알게 되었는데, 내가
늦게 태어나 선생의 덕용(德容)에 가까이 하여 가르침을 받지 못한
것을 한스럽게 생각한다.27)

　　성호의 가숙에서 어릴 때부터 이삼환은 허목의 학덕과 인품에
대하여 자주 들어 잘 알고 있다는 것이다. 그런데 이렇게 그가
허목을 흠모하게 된 배경에는 허목의 학덕이나 인품에 앞서 그가

---

26) 원문에는 叢山으로 기록되어 있는데 蔥山의 誤記로 보인다.
27) 『소미산방장』 권1, 詩, 記夢詩幷序. "森煥生而眉秀 自以少眉號焉 蓋心慕眉
　　叟老先生云 先生少與我高祖憲府公 同遊叢[蔥]山鄭先生之門 爲道義交及
　　夫歇歷臺閣 廻翔廊廟 進而爲黃耇元老 正國論 而扶淸議 退而爲碩德舊學
　　爲士林宗師 時卽我曾王考梅山公實左右之 是故小子聞先生道學威儀之盛
　　於家塾者爲甚熟 恨生晚不能親炙德容."

태어날 때부터 신체적으로 허목의 용모와 닮았다는 남다른 특징
이 있었던 것이다. 그는 태어날 때 두 눈썹이 허목의 눈썹처럼
매우 수려하였고, 손바닥에는 '文'자와 같은 문양이 있어 스스로
소미(少眉)라고 불렀다고 한다. 또 그가 안산 첨성리에서 덕산으로
이사한 뒤 덕풍(悳豊) 아미산(蛾眉山) 아래에 산방을 짓고 살았던
것도 마음속으로 허목을 흠모하였던 까닭이라고 한다.[28] 연유야
어떻든 그가 얼마나 미수 허목을 흠모하였던가를 짐작할 수 있다.

　이러한 허목과 이삼환의 신체적 유사점과 관련하여 그가 성호
예학을 철저하게 따랐던 배경을 찾아 볼 수 있다. 즉, 허목의
눈썹과 손바닥 문양이 이삼환의 것과 같았다 하여 소미라고 할
정도로 어려서부터 허목을 흠모하였다는 재미있는 사실과 이삼
환이 안산 섬곡장에서 태어나 성호로부터 줄곧 가르침을 받았고,
성호 밑에서 공부할 때 가학에 매우 관심을 가지고 있었으며,
증조부 이하진이 허목으로부터 예학을 배워 가학으로 전해지면
서 성호가 철저하게 고증하고 자득하여 정리하였다는 사실 등을
고려해 볼 때, 평소 이삼환이 성호 예식을 철저히 답습하여 실천하
려 한 뜻을 짐작할 수 있다. 즉 성호 학문 가운데 큰 비중을
차지하는 성호 예식은 이삼환이 존경하는 허목의 예식이 연원이
되어 정리되었다는 사실을 이삼환이 염두에 두고 있었다는 점을
주목하게 된다. 1795년 정약용 등과 함께 온양 봉곡사에서 서암강

---

28) 『소미산방장』 부록, 행장. "先生 生有秀眉 有文在手曰文 與眉叟許文正公之
　　長眉握文 暗相符也 故別自號少眉 盖以家住蛾眉山下 而心慕眉老先生故
　　也."

학을 하면서 성호의 가례질서를 정리하였다던가, 1809년 동생 명환이 사망하였을 때, 81세의 노구로 몸소 장제(葬祭)를 가통으로 전해오는 예식에 어긋남 없이 치렀다고 하는 것은 성호 예학에 대한 그의 강렬한 뜻을 짐작케 한다. 그는 가정에서 몸소 실천하는 것은 물론이고, 제자들의 몸가짐에도 반드시 '효제(孝悌)·충신(忠信)·예의(禮義)·염치(廉恥)'로써 훈육하였을 정도로 예에 매우 엄격하였다.29)

그는 이렇게 성호 예식을 몸소 실천하거나 가르쳤을 뿐만 아니라, 성호의 학문 방법까지도 그대로 전수하여 실천하였다. 제자에게 공부를 가르칠 때 자기가 어려서 성호로부터 배운대로 실행하였다. 그 가운데 자득(自得)과 어린이 교육, 그리고 고증(考證)에 관하여 좀 더 자세히 보자.

2) 자득과 동몽 교육

① 자득

이삼환은 어려서 이구환과 함께 성호의 교육을 받았을 때, 성호는 자주 "독서의 요령은 열심히 스스로 터득하는 데에 있다"고 하였다.30) 그 밖에 이삼환이 『성호선생언행록』에 수록한 내용

---

29) 『소미산방장』 부록, 행장. "先生齒德旣高 弟子益進其導率之規 諸門人每夕 侍坐 必以孝悌忠信禮義廉恥等事 戒其修身行己之資 命之退然後 乃敢拜辭 而退 朝必拜謁."

30) 『성호선생언행록』. "森煥少與先生之孫九煥同學 … 讀書之要 在於深造自

가운데 성호가 거듭 강조하며 가르쳤다는 자득의 공부 방법을
소개해 보기로 한다.

○ 독서는 많이 읽기를 탐하는 데에 있지 아니하고 또한 외워 익히는
것도 능사가 아니다. 의례(義例)를 고찰하여 구하고 깊고 분명한
것을 찾아낸 이후에 비로소 유용한 학문이 된다.[31]

○ 사람을 가르치려면 역시 이 방법을 쓰지 않을 수 없다. 그리하여
의심나는 것을 문답하여 자득한 뒤에 비로소 효과가 있는 것이
다.[32]

○ 선생이 어린이를 가르칠 때 일찍이 말로 구두(句讀)를 해주지
않았다. 다만 문세(文勢)와 어맥(語脈)이 위 아래 이어지는 곳만
손가락으로 가리키시어 스스로 연구하여 해결하도록 하셨다.
당시에는 비록 둔하여 막히는 듯하였으나 효과가 매우 빨라 대개
문하에서 3년만 지내면 결국 무디고 거친 선비가 없다.[33]

得.”

31) 『성호선생언행록』. “先生曰 讀書不在貪多 亦不以誦習爲能 惟考求義例
鉤探深明 而後方始爲有用之學.”

32) 『성호선생언행록』. “誨人則亦不可無此術 然疑答問 使自得之然後 方能有
效.”

33) 『성호선생언행록』. “先生訓蒙 未嘗口授句讀 惟指示文勢語脈上下承接處
使自究解 當時雖若鈍滯 得效甚速 蓋及門三年 終無魯莽滅裂之士.”

○ 선생은 책을 보실 때 의심이 나면 한참동안 사색을 하고 마음속에 간직하고 잊지 않다가 다른 책을 보거나 다른 사람과 담론하며 서로 대조하고 밝혀낼 수 있어 쉽게 그 의미를 풀었다.[34]

○ 선생의 학문은 말과 의론의 지엽적인 것[言議之末]에 있지 않고, 마음으로 깨달아 터득한 것을 귀중하게 여겼으며 화려하나 실속이 없는 글을 숭상하지 않고 오직 실용에 힘썼다.[35]

성호는 다독과 암송을 그리 중하게 여기지 않았고, 의문을 갖고 깊이 사색을 하고 토론을 하며, 학문을 하되 마음으로 깨닫고, 겉치레 보다는 실용적인 공부를 중시하였다고 하였다. 동몽을 교육할 때 성호는 직접 구두를 해주지 않고 글의 형세나 문맥이 아래 위로 이어지는 곳만 지적해 주고 스스로 깨닫도록 하였다는 것이다. 이것이 성호의 자득을 통한 공부 방법이었던 것이다. 위 사료의 예에 있듯이, 이삼환은 성호장에서 이구환과 함께 성호로부터 교육받을 때 자득을 통한 공부를 철저하게 익혔을 것이다. 그리하여 이삼환 자신도 덕산 산방에서 후학을 가르칠 때 똑 같은 방법을 사용하였다.

그의 손자 이시홍(李是鉷)이,

---

34) 『성호선생언행록』. "先生觀書有疑 久久思索 藏在心中不忘 後觀他書或與人談論 有可以相照互發者 輒解其義."
35) 『성호선생언행록』. "先生之學 不在於言議之末 而貴其心得 不尙乎浮文而惟務實用."

그 교수 방식은 먼저 그 문리(文理)와 문세(文勢)를 가르쳐 주고
스스로 터득하게 한다. 터득하지 못한 자는 지난번 공부한 곳으로
돌아가니 조금도 피로하거나 권태롭지 않다. 이미 터득한 뒤에는
다시 위 아래 말의 조리를 자상하게 가르쳐 잘 깨닫도록 한다. 한결같
이 성호선생의 구두지남(句讀指南)에 따라 한 글자라도 빠뜨리고
지나가지 않기 때문에 배우는 자가 한번 깨달으면 잊지 않고, 배워
깨달음이 정통하고 능숙하게 된다.[36)]

라 하였듯이, 이삼환은 성호의 자득과 구두지남을 그대로 모방
실천하여 제자들을 교육하였다고 하였다. 우선 문리를 따라 뜻을
정확하게 파악토록 하고, 다시 문장의 아래 위로 글자 하나하나
짚어 가면서 문맥을 자세하게 깨닫도록 하는 방법으로 학생을
가르쳤다는 것이다. 그도 성호와 마찬가지로 암송보다는 문의를
파악하고 자득하는 공부 방법을 선호하였던 것이다. 이삼환의
이러한 교육 방법을 덕산 지방에서 후학을 양성하는 서당 훈장들
이 본받아 시행함으로써 이른바 '장천구두(長川句讀)'라는 이름으
로 후세까지 전해졌다고 한다.[37)]

---

36) 『소미산방장』부록, 행장. "其敎授之式 先開示其文理文勢 使之自得 其未得
　　者 傾日移晷 無少疲倦 旣得之後 更以上下語脈 諄諄善諭 一依星湖先生句讀
　　指南 無一字放過 故學者一得不忘 學得精熟."
37) 『수당집』권9, 묘지명, 木齋李先生墓誌銘 幷序. "其授業則 必先開示文理
　　使自得之 未得爲之 對坐終日 旣得復以上下語意 申復引諭以故 學之者 無不
　　精熟 一得不忘 至今鄕塾 傳有所謂長川句讀云."

『백가의(百家衣)』

② 동몽 교육

그는 어린이가 정식으로 학문에 입문하기 전에 기본적으로 익혀야 할 교재로『백가의(百家衣)』라는 책자를 저술하였다. 저술 동기는 매제 홍첨한(洪瞻漢)이 늦게 아들을 낳자 처남 이삼환에게 아이가 배워 실천할 만한 글을 가르쳐 달라고 청한 것이 계기가 되었다. 이삼환은 홍첨한의 청을 받아들여『백가의』라는 제목의 소책자를 만들고 그 서문에 다음과 같이 썼다.

내가 "옛날에 사람을 가르치는 법에는 6살에 숫자와 방위 이름을 가르치고, 9살에 날짜 세는 것을 가르치며, 10살에 글쓰기와 셈하기를 배웠다. 대개 방위와 숫자 공부를 먼저 명료하게 하고, 마음 씀씀이가 정밀하고 면밀해야 거칠고 헛된 것을 버리게 된다는 것을 알도록 하는 것이다. 그런 뒤에 사람으로서의 도리와 사물의 법칙을 조리에 맞게 고찰하고 연구하여, 제반 용도에 바르게 조처할 바를 마련할 수 있게 되는 것이다. 오늘날 사람들은 그렇지 않아 3살부터 사물을 분별하는 수준의 정도를 넘어 다만 뜻도 모르면서 글을 꾸미는 일에 힘쓰고, 격물치지(格物致知)를 쓸데 없는 것으로 보는 까닭에, 비록 재주가 포조(鮑照)와 사령운(謝靈運)38) 같고, 말솜씨가 굴원(屈原)39) 과 가의(賈誼)40) 같더라도, 다만 실속없는 빈 말을 하여 실용에 절실하지 않다. 어찌 옛날에 사람을 가르치는 법을 본보기로 삼지 않겠는가?" 하고 말하니 희탁(希倬)41)이 그렇다고 머리를 끄덕였다.

내가 마침내 경전과 사서 가운데 방(方)과 수(數)에 관계되는 말을 모아 편차하여 책을 만들었다. 천지의 상하와 사방 위치, 춘추(春秋)와 한서(寒暑)의 차례, 군신·부자·부부의 윤강(倫綱), 일월성신(日月星辰)·산천초목·조수(鳥獸)의 명물(名物), 고금을 통한 국가의 성쇠흥망(盛衰興亡)의 순서에 대하여 모두 그 대요(大要)를 기록하였다. 또 옛 성현의 언행으로 배워 본받을 만한 것을 뒤에 부록으로 붙여

---

38) 鮑照와 謝靈運은 중국 宋代 詩人이다.
39) 屈原은 전국시대 楚의 정치가, 시인이다.
40) 賈誼는 前漢의 정치가, 학자이다.
41) 希倬은 이삼환의 매제 洪瞻漢의 字이다.

98

'백가의'라 이름지었다. 백가(百家)라는 말을 쓴 것은 돌 때 여러 집으로부터 비단 조각을 얻는 것과 같으니, 또한 명이 길기를 빈다는 뜻이 있다.[42)

그는 당시 어린이 교육을 잘못하고 있다고 판단하였다. 어려서부터 사리 분별도 못하는 어린이들에게 뜻도 모르면서 글을 짓는 공부에 매달리게 하고, 격물치지, 즉 사물의 이치를 깨달아 지식을 완전하게 하는 공부를 소홀히 함으로써 재주와 언변이 좋아도 실속없는 공허한 말만 지껄이고 실용은 절실하게 여기지 않는다는 것이다. 이는 곧 하학(下學) 중심의 경전 공부도 제대로 되어 있지 않는 어린이가 걸맞지 않게 시부 중심의 글짓기에 탐닉하는 학문 조류를 비판한 것으로 풀이된다.

그리하여 그는 여러 경전과 사서에서 방위와 수에 관련되는 말을 모아 책을 만들기로 하였다는 것이다. 구체적으로 방위, 사계절의 차례, 삼강오륜, 일월성신과 산천초목, 조수의 명물,

---

42)『百家衣』序. "古者敎人之法 六年敎之數與方名 九年敎之數日 十年學書計 盖先明乎方數之學 使知用心之精密謹緻 而去其麤浮者 然後民彝物則 可以 次第考求 而方有所措諸用 今人不然 自三歲 識事以上 輒務爲佔畢雕篆之業 視格致爲弁髦 故雖才兼鮑謝 語侔屈賈 秖爲無實之空言 而不切於用 盖亦以 古者敎人之法爲法乎 希倬首肯 余遂裒集經史諸書 中涉乎方數之語 編次爲 書 凡天地上下四方之位 春秋寒暑之次 君臣父子夫婦倫綱之等 日月星辰山 川草木鳥數之名物 古今邦國盛衰興亡之序 咸錄其大要 又以古聖賢言行可 知可法者 附纂於下 命爲百家衣 盖取百家語 有類於乞錄 且祈其長命之義 也."

나라의 흥망성쇠 순서에 관한 요점 등을 기록하고, 옛 성현의 언행 가운데 배워 본받을 만한 것을 모아 부록으로 하여 책이름을 『백가의』라 한다고 밝혔다. 요컨대 서문에 밝힌 이삼환의 의도는 어린이가 정식으로 경사(經史)의 학문에 입문하기 전 단계에서 어린이 수준에 맞게 기본적으로 익혀야 할 기초교육 자료와 본받을 만한 성현의 언행을 모아 저술하려 하였다고 생각된다. 정식으로 경전 공부에 들어가기 전 단계의 선수학습용 교재라 하겠다.

『백가의』의 실제 편제를 보면 어린이가 기본적으로 익혀야 할 본문(本文), 독서의 요령과 방법을 설명한 구두지남(句讀指南)·구두거요(句讀擧要)·조사훈석(助辭訓釋), 그리고 경전이나 사서에 수록된 성현의 언행 등 크게 세 부분으로 구성되어 있다.

먼저 본문은 '일대왈천(一大曰天)'으로부터 시작하여 다음 표와 같은 순서의 내용으로 구성되어 있다.

모두 103종으로 정식으로 경전 공부에 들어가기에 앞서 먼저 익혀야 할 기초적인 상식, 도량형이나 구구법처럼 일상생활에서 실용에 필요한 것들로 구성되어 있다. 이러한 내용은 경사에 자주 등장하는 내용으로 미리 어릴 때 익혀 학문을 하는 데에 불편이 없게 하기 위한 것으로 풀이된다.

『백가의』 본문 내용

○양의(兩儀) ○삼재(三才) ○삼광(三光) ○사시(四時) ○사방(四方) ○오행(五行) ○오곡(五穀) ○오색(五色) ○삼강(三綱) ○오륜(五倫) ○오미(五味) ○오덕(五德) ○육예(六藝) ○오수(五數) ○오례(五禮) ○오취(五臭) ○육축(六畜) ○사령(四靈) ○천간십(天干十) ○지지십이(地支十二) ○오법(五法) ○오성(五聲) ○팔음(八音) ○오악(五嶽) ○오장(五臟) ○육부(六腑) ○구규(九竅) ○오사(五事) ○사단(四端) ○칠정(七情) ○사유(四維) ○구용(九容) ○구사(九思) ○육덕(六德) ○생삼사일(生三事一) ○문방사우(文房四友) ○사민(四民) ○구류(九流) ○증자삼성(曾子三省) ○안자사물(顔子四勿) ○오복(五福) ○삼교(三敎) ○삼여(三餘) ○육경(六經) ○십삼경(十三經) ○이십일사(二十一史) ○칠정(七政) ○팔풍(八風) ○이십사번풍신풍(二十四番風信風) ○팔괘(八卦) ○이십사절기(二十四節氣) ○이십팔숙(二十八宿) ○오도(五度) ○오량(五量) ○오권(五權) ○역사덕(易四德) ○시육의(詩六義) ○삼달존(三達尊) ○오형(五刑) ○사성(四聲) ○육서(六書) ○육악(六樂) ○육례(六禮) ○구배(九拜) ○오복(五服) ○십이율려(十二律呂) ○형(衡) ○양(量) ○도(度) ○사독(四瀆) ○삼강(三江) ○오호(五湖) ○삼상(三湘) ○삼신산(三神山) ○원회운세(元會運世) ○구구(九九) ○삼분(三墳) ○오전(五典) ○팔색(八索) ○구구(九丘) ○삼황(三皇) ○오제(五帝) ○오패(五覇) ○칠국(七國) ○양한(兩漢) ○삼국(三國) ○육조(六朝) ○오호(五胡) ○북호(北胡) ○오대(五代) ○송(宋)·원(元)·황명태조황제(皇明太祖皇帝) ○상삼종(商三宗) ○전국사군(戰國四君) ○한삼걸(漢三傑) ○상산사호(商山四皓) ○오릉(五陵) ○건안칠재자(建安七才子) ○진죽림칠현(晉竹林七賢) ○당십팔학사(唐十八學士) ○음중팔선(飮中八仙) ○죽계육일(竹溪六逸) ○송육군자(宋六君子) ○원우삼당(元佑三黨) ○명삼양(明三楊) ○백설칠재자(白雪七才子) ○은삼인(殷三仁) ○문왕이노(文王二老) ○무왕십철(武王十哲) ○공문사과(孔門四科) ○순오인(舜五人) 이상 103종

구두지남과 구두거요, 그리고 조사훈석은 어린이가 어려서부터 바르고 정확하게 독서하는 방법을 익히도록 배려하여 간명하게 설명하였다. 아마도 이는 이삼환이 어릴 때 성호로부터 자득의 학습방법을 배워 익힌대로 그 자신이 문하생을 교육할 때 시행하고 있던 것을 그대로 작성하였을 것으로 생각된다.[43) 구두지남은 다음 표와 같이 수록되어 있다.

句讀指南

上有若如苟倘設或萬一ㅣㄱ(이면), ㅣ수ホ(이어든), 雖縱假ㅣ尹(이나), ㅣ소ㄲ(이라도), 豈安何寧烏惡焉盍奈何古(고), ㅣ五(이오), 可(가), ㅣㅂ五(이리오), 況肯忍敢能牙加寧ㅣ亯丁(이언정), 使卑以令自與乙又(으로), 使令俾巨ㅣ夕(케다), 於于수ㅣ(어이), 曩頃昔初嚮先是ㅣ尸ヒ(이러니), 向使向若ㅣㄴ尸ホ乙(이난들), 既已每始方屬厂至及厂ㅣㄱㅼ尸(하야난), …

下有尙猶惟獨但只ㄷㄱ(호대), 소ㄲ(라도), 況矧ㅣ수ホ尸(이어든), ㅣ盈(이온), ㅣ수ヒ(이어니), 以遂因ㅣㄱ(하야), 輒必卽豈不ㅣㄱ(이면), 乃方ㅣ소也(이라야), 更又且復亦ㅣ五(이오), …

※ ( ) 안의 구결 발음은 필자가 넣었음.

예컨대, 위 표에 나타나 있듯이, 문장 어간의 앞에 약(若)·여(如)·구(苟)·당(倘)·설혹(設或)·만일(萬一)이 있으면 ㅣㄱ(이면)이라고

43) 『소미산방장』 부록, 행장. "一依星湖先生句讀指南 無一字放過 故學者一得不忘 學得精熟"

구결을 붙이고, 수(雖)·종(縱)·가(假)가 있으면 ヽㅅㄲ(이라도)라고 구결을 붙인다고 하면서, 많이 쓰이는 구결 40여 개를 위 표와 같은 형식으로 제시하였다. 그리고 구두거요에서도 18개의 구결을 어린이들이 알기 쉽게 요약하여 제시하였다. 어린이들이 독서할 때 문장을 정확하게 이해하고 몸에 배도록 익히게 하였던 것으로 생각된다.

助辭訓釋

助辭在上者	盖	疑未定之辭 如盖有許由塚之類 …
助辭在中者	而	接語辭 諺釋 말니이이 …
助辭在下者	也	如句讀ヽㅅ之類 又音同故與耶通 …

한편 조사훈석에서는 조사의 위치에 따라 뜻이 다른 예를 들었다. 조사가 앞에 있을 때의 예로 개(盖)·이(而)·야(也)·기(其)·수(遂)·차(且)를, 중간에 있을 때의 예로 이(而)·지(之)를, 뒤에 있을 때의 예로 지(之)·이(爾)·의(矣)를 들어 뜻을 풀이하였다. 예컨대, 위 조사훈석 표에 있듯이, 야(也)는 구결 즉 구두 ヽㅅ(이라)와 같은 것이라 하고, 소리가 야(耶)와 같기 때문에 也와 耶는 서로 통한다고 하였다.

부록은 복희(伏犧), 신농(神農), 황제(黃帝), 요(堯), 순(舜)을 비롯하여 공자와 맹자 등 중국의 옛 성현 수십 명의 언행과 가르침에 대하여 간략하게 소개한 글이다. 어린이들이 본문을 공부하면서 성현의 언행과 가르침을 본보기로 삼아 몸가짐을 바르게 하고 충효정신을 본받도록 하려는 뜻에서 붙인 것으로 보인다.

　조선시대에 여느 학자들은 어린이 교육용 교재로 대개『소학(小學)』의 체제를 갖추어 쓰는 것이 보통이었다.『백가의』는『소학』처럼 일정한 체제를 갖추어 쓰여진 교재는 아니다. 그러나 어린이 교육 내용과 방법에서 남다른 특징을 찾아 볼 수 있다. 첫째, 기초와 실용을 중시하는 교육이다. 예의 연구와 실천에 철저한 그였지만 학문을 하기 위해서는 먼저 선수학습으로 기초를 다지는 공부를 중시하였다는 점이다. 그것도 일상생활에서 필요한 구구나 도량형 알기, 경사를 공부하기 전 기본적으로 알고 입문해야 할 기초적인 내용을 먼저 익히도록 한 예는 종래 동몽 교육서에서는 찾아보기 힘든 점이다. 그리고 그는 어려서부터 미사여구에 치중하는 시부나 경전 암송 위주의 학습을 선호하지 않았던 것이다. 둘째, 정확한 이해를 위한 독서 방법의 습득이다. 앞서 보았듯이 성호는 자득을 중시하여 독서할 때 문맥이 연결되는 부분만 간명하게 지적하여 스스로 이해하도록 하였고, 이삼환도 그대로 본받아 후학을 가르쳤다. 그리하여 그는 어릴 때부터 구결과 조사의 사용을 정확하게 이해하고 익숙해야 된다고 생각하여 간단하게 구두지남과 구두거요, 조사훈석을 만들어 생질(甥姪)에게 주었던 것으로 생각된다. 요컨대 철저한 독서 교육과 실용적이며 효율적인 그의 아동 교육 방법을 찾아볼 수 있다.

3) 고증

그는 또한 고증에서도 성호의 영향을 크게 받았다. 성호는
『성호사설』에 많은 고증 자료를 남겨 문인들의 학문 방법에 큰
영향을 주었다. 특히『성호사설』은 안정복의 역사 고증에 영향을
주어『동사강목(東史綱目)』이 철저한 고증을 통하여 저술되는
주요 자료가 되었다. 성호의 고증을 중시한 학문이 안정복의
역사고증에 큰 영향을 주었다면, 예학에 관심이 많았던 이삼환에
게는 예론에 관한 고증에 영향을 주었다고 말할 수 있다. 더구나
그는 성호장에서 재종형제 이구환과 함께『성호사설』을 정리하
며 열람할 수 있었고, 성호로부터 예론을 직접 배웠으며, 성호
가숙에 소장되어 있는 많은 예론에 관한 문헌을 직접 보고 섭렵하
였다. 그가 지은 예론에 관한 글의 구체적인 내용이 무엇인가는
그의 문집이 화재로 인하여 남아 있는 글이 적어 속단하기 어려우
나,『소미산방장』에 있는 몇 가지 예론에 관한 글을 보면 그의
고증이 성호의 영향을 많이 받았다는 사실을 충분히 짐작할 수
있다. 그는 1795년 정약용 등과 함께 서암강학에서 성호의 가례질
서를 정리하고 토론하는 일도 하였지만, 그 밖에 논란이 되던
각종 예론을 변증하기도 하였다.『소미산방장』에 수록되어 있는
「복건제도변증」·「심의제도변증」·「참신강신사신변」·「삼가의
절」 등을 들 수 있다.

그 가운데 「복건제도변증」의 예를 들어 보기로 하자. 복건은
도복(道服)을 입을 때 머리에 쓰는 일종의 두건인데, 그동안 길흉사

(吉凶事)에 착용한 예복이라는 설과 옛날에 군인이나 죄수, 또는
노예들이 착용한 천한 복장으로, 한대(漢代) 이후에는 사대부들이
머리에 쓰기 시작하였지만 역시 평민의 옷에 불과하다는 설 등
근원을 두고 이론이 분분하였다. 이삼환은 모두 근거가 있기는
하지만 설득력이 부족하다고 보았다. 이에 그는 예복이라는 설에
대하여 『의례(儀禮)』·『주례(周禮)』·『예기(禮記)』 등 옛 문헌을 조사
해 본 결과 복건이 예복이라는 말이 없다 하였고, 또한 신분이
낮은 사람들이 착용하였다는 설에 대해서도 『한서(漢書)』「여복지
(輿服志)」와 채옹(蔡邕)의 『독단(獨斷)』 등 기록을 검토해 보니 시대
에 따라, 또는 신분에 따라 여러 가지 이름과 색깔, 모양으로
기록되어 있어 일률적으로 천하게 여기는 주장 역시 불합리하다
는 견해를 보였다.

　이어 그는 관(冠)과 건(巾)·책(幘)의 사용 유래를 각종 문헌을
동원하여 검토한 후, 복건은 선왕(先王)의 제도와 다르고, 또한
우리나라의 옛 제도도 아니라 하였다. 복건을 만든 모양도 시의에
맞지 않아, 퇴계 이황 역시 "중이 쓰는 두건같아 착용할 수 없다"고
하였다는 설을 소개하며, 만약 이것이 예복이라면 폐할 수 없어
퇴계도 반드시 착용하였을 것이라 하였다.[44] 이는 곧 복건을
예복으로 보기는 곤란하다는 설을 나타낸 것이라 하겠다.

---

44)『소미산방장』권4, 禮學, 幅巾制度辨證. "樂平馬氏 亦謂溫公必居獨樂園而
　　服之 呂滎公朱文公 必休致而服之 況幅巾旣違先王之制 又非吾東之舊 而其
　　制撲不合時宜 故退溪亦云 似僧巾不可着 倘是禮服 不可廢者則 退溪必服之
　　矣."

106

이렇게 두 가지 설 모두 불만을 나타낸 그는 주자『가례(家禮)』의
기록에 의존하여 근원을 찾아보기 시작하였다. 주자『가례』는
이미 예가(禮家)의 법률이라 하면서 주자의 뜻을 따라야 한다는
입장을 밝히고, 비록 복건을 시의에 따라 만들어 착용한다 하더라
도 감히 주자의 법을 어기지만 않는다면 별 문제될 것이 없다는
의견을 나타내면서, 복건을 꼭 착용할 필요도 없고, 또 착용한다
하더라도 해로울 것이 없지만 사마광(司馬光)이나 주자의 예법에
어긋나서는 안된다는 견해를 보였다.45)

그는 중국 송대에 이미 복건 사용의 풍속이 있었고 사마광과
주자가 만든 훌륭한 제도가 있는데, 그후 수백 년이 지나면서
사람들이 제멋대로 만들어 착용하는 바람에 원래의 제도는 전해
지지 않고, 문헌 기록에 의존할 형편이라는 것이다. 그리고 후인들
은 문헌을 통하여 널리 자세하게 고찰하여 옛 것에 부합하는
일을 강구하지 않고 오직 자신들의 주장만 내세우면 곤란하다는
의견을 나타냈다. 그는 복건에 관한 기록으로 고증할 만한 책은
『가례』·『주자대전(朱子大全)』·『가례보주(家禮補註)』등 세 책뿐
이라 하였다.46)『가례』와『가례보주』를 보니 모두 횡첩(橫帖)을

---

45)『소미산방장』권4, 예학, 복건제도변증. "朱夫子家禮 旣爲禮家之三尺
其在言堯服堯之道 必欲步趨朱子 雖巾服之從時者 亦不敢違貳 則亦未必害
義 故曰幅巾不必服 雖服亦不至害義 雖然 苟欲服之 當深考其制 使不違於溫
公朱子之舊 而後可服."
46)『소미산방장』권4, 예학, 복건제도변증. "夫幅巾旣宋俗所尙 又有溫公朱子
見成之制而尙 不免人自爲制則 到今旣百年之後 制度無傳 只得憑信於文字
之間 若不博考細 講求合乎古 而一入己意 其間則 難乎免於服妖之誚矣 今其

사용하였는데, 그것은 당시 첩을 만들 때에는 건(巾)을 사용하지
않았기 때문이라 하였다. 지금 머리에 쓰는 복건에는 직첩(直帖)을
만들어 착용하는데, 지금 사람들이 당시 문헌에 있는 횡첩 기록을
억지로 끌어다가 직첩과 관련시켜 주장하기 때문에 맞지 않는다
고 지적하였다. 횡첩에는 비단[絹]을 사용하고, 건을 쓰게 되면서
직첩을 사용하였다는 것이다.

그는 이를 고증하기 위하여 세 문헌 기록을 검토하기로 하였
다.[47] 우선 복건에 사용되는 첩(帖)의 용도를 검토하면서 비단을
쓰는 횡첩과 건을 쓸 때 쓰이는 직첩에 대하여 세 문헌의 기록
내용을 집중적으로 검토 고증하였다. 이 세 문헌 기록에서 복건에
쓰이는 자료, 만드는 방법, 첩을 붙이는 위치와 크기 등 10가지
사례를 검토한 결과 그가 내린 결론은 "여러 문헌을 고찰해보니
직첩의 글은 없었다" 였다. 나아가 다른 문헌의 건에 관한 제도를
검토하여도 횡첩의 증거만 있다고 하면서, "어떤 연유로 반드시
직첩이라고 알게 되었는지 모르겠다"고 하였다.[48] 그는 특별히
넓고 큰 건은 모두 직첩을 만들어 써야 했는데 이것은 복건이라고
볼 수 없다고 하였다. 더 나아가 그는 『가례』와 『주자대전』에
의거하여 쓰이는 재료의 길이를 계산하여 첩자를 만들어 보니

可考者 家禮朱子大全家禮補註三書而已."

47) 『소미산방장』 권4, 예학, 복건제도변증. "且以三書文字上下校勘 而參以古
　　今巾制 終不見有直帖之證 請試條辨之."

48) 『소미산방장』 권4, 예학, 복건제도변증. "歷考諸書 而無直帖之文 旁參古今
　　巾制 而有橫縫之證 未知何從而必知其爲直帖耶."

「복건정면도(幅巾正面圖)」,
이삼환 그림

주자의 제도와 크게 배치되지 않는다고 하였다.[49] 이런 과정을 거쳐 당중작첩도(當中作幗圖)·반굴사봉도(反屈斜縫圖)·복건정면도(幅巾正面圖)를 스스로 그려 작성하였다. 이처럼 그는 예론에 관한 통일되지 않은 각종 설을 변증하는 데 특별한 관심을 갖고 소장하고 있는 옛 문헌을 동원하여 변증하려 하였다. 비록 문헌고증에 머물렀으나 여러 문헌을 동원하여 다각도로 비교 검토하고, 직접 시험해 보며 모양을 그림으로 그리기까지 하는 치밀함을 보였다.

1795년 10월 서암강학 때에도 오국진(吳國鎭)이 그에게 복건에 대하여 "근래 복건의 제도는 어떠합니까?"[50] 하고 묻자,

내가 일찍이 여러 설에 근거하여 살펴보았는데 횡첩으로 하는 것이 대체로 옛 것과 틀리지 않을 것이다.[51]

49) 『소미산방장』 권4, 예학, 복건제도변증. "又據家禮大全諸書而可知 幅廣二尺二寸 … 以此爲度 則庶可與朱子之制 不甚相背矣."
50) 『與猶堂全書』 권21, 詩文集, 西巖講學記. "國鎭問近世幅巾之制如何."

라 하면서, 여러 문헌을 검토하고 고증해 본 결과 복건은 횡첩을
쓰는 것이 맞을 것이라고 답하였다. 그가 옛 문헌을 검토하며
고증에 매우 심혈을 기울였다는 사실을 보여주는 대목이라 하겠다.

그가 특별히 예론에 관한 고증에 관심이 컸던 것은 성호의
가례질서 고증에서 큰 영향을 받은 것으로 볼 수 있다. 그는
성호의 많은 질서 작업을 직접 목도하였을 것이고, 그에 관한
여러 문헌이 소장되어 있어 쉽게 편람할 수 있는 조건이었으며,
성호와 이병휴가 타계한 뒤에는 성호의 가례에 관한 질서 교정을
비롯하여 의문스럽거나 논란이 있는 것은 직접 변증하여 당대
호서지방에서는 예식에 관하여 가장 권위있는 학자로 인정받았
다.[52] 이렇게 이삼환은 예론의 세심한 부분까지도 고증에 임할
수 있는 조건과 역량을 지니고 있었다고 말할 수 있다.

4) 실용과 실천을 중시한 학문

이삼환이 본 성호의 실용적 학문에 대한 의견을 다시 『성호선생
언행록』에서 보자.

○ 선생의 학문은 화려하게 꾸미는 것을 숭상하지 않고 변론을 박식하

---

51) 『여유당전서』권21, 시문집, 서암강학기. "余嘗考遽諸說 橫帆爲之 庶不悖
古也."
52) 『소미산방장』부록, 제문(兪命煥 撰). "小子不敢蠡測 而竊嘗觀諸君子 或有
禮節之疑義處 則皆曰就質于木齋先生然後 可以決矣."

게 하는 데에 힘쓰지 않으며, 오직 독실하고 유용함을 위주로 하였다. 따라서 책을 볼 때에는 수신제가(修身齊家)의 공부에 도움이 되거나 의리가 더욱 정밀한 것이 있으면 여러 제자들에게 "이것은 대의리(大義理)가 되고, 이것은 수성(修省)의 요체이며, 이것은 나라를 다스리는 큰 계책이 된다"라고, 하나 하나 가르쳐 주시며 깊이 헤아려 보도록 하였다. 여러 제자들은 처음에는 하찮은 글로 보고 깊은 뜻이 있다는 것을 살피지 않다가 선생의 가르침의 뜻을 듣고서야 비로소 깨달았다.53)

○ "모름지기 긴요하지 않은 말은 버리고 심신(心身)과 국가에 실로 실용한 학문에 힘써 노력하여 대업을 이루는데 힘써야 한다. 힘쓰고 힘쓸지어다." 내가 그때 모퉁이에 앉아 목격하였기 때문에 지금 돌이켜 생각해 보니 어제 일 같다.54)

○ 학문을 좋아하되 반드시 그 용도를 추구하였다.55)

○ 화려하나 실속이 없는 글을 숭상하지 않고 오직 실용에 힘썼다.56)

---

53)『성호선생언행록』. "先生之學 不尙華藻 不務辯博 惟以篤實有用爲主 故每觀書 其有裨於修濟之工義理彌密者 輒指示諸子曰 此爲大義理 此是修省之要 此爲經國大猷 ――敎詔 俾有以體念 諸子始看之若閑漫文字不省其有深義 及聞先生訓旨始覺."
54)『성호선생언행록』. "須擔却閑話 着力於心身國家眞實有用之學 懋成大業 勉旃勉旃 余時 隅坐目見 到今追思 猶昨日事."
55)『성호선생언행록』. "… 好學而必求其用 …."

성호가 추구하던 실용적인 학문은 공맹의 가르침을 배워 일상에서 실천하는 것으로 하학(下學)에 충실하는 학문이다. 성호는 자신의 성리론을 정리하여 『사칠신편(四七新編)』을 저술하였지만 제자들에게는 성리론에 집착하지 말고 옛 성현의 가르침을 익혀 실천할 것을 강조하였다. 이는 조선 후기에 만연된 성리학이 공리공담으로 흘러 실생활에 전혀 도움이 되지 않는 학풍으로 흐름에 따른 반발이기도 하다. 그리하여 성호는 학문 연구를 하며 수신제가치국에 필요한 유용성을 따지게 되었고, 몸소 일상생활에서 실천하여 제자들에게 모범을 보였으며, 국가와 민생을 위한 학문의 실용성에 많은 관심을 쏟았다. 『곽우록(藿憂錄)』은 그러한 학문적 성과의 산물이라고 볼 수 있다. 성호는 이렇게 자신이 실용적인 학문을 추구하고 제자들에게 교육하면서 집안과 마을에서 몸소 실천하여 본보기를 보였던 것이다.

이삼환은 성호의 이러한 가르침을 직접 곁에서 보고 배웠기 때문에 몸에 배어 있었다고 할 수 있다. 앞에서 보았듯이, 이삼환은 성호 제문에 나타냈듯이, 성호가 죽은 뒤 성호의 가르침을 소홀히 하였다 하여 절실하게 뉘우치고, 이후 덕산에서 생애를 보내면서 가족이나 지역사회에서 베푼 활동은 그가 성호로부터 받은 실천이 강조된 교육의 성과라고 보아 과언이 아닐 것이다.

---

56) 『성호선생언행록』. "… 不尙乎浮文 而惟務實用."

112

3. 이철환의 영향

이철환(李嚞煥)은 이삼환보다 7살 위인 본가 맏형으로 이삼환의
가까운 집안에서는 보기 드문 실용적 학문을 연구하고 실천한
학자이다. 1754~55년 두 해에 걸쳐 덕산 탁천장(濯泉莊)에서 당대
의 화가 강세황(姜世晃) 등과 시(詩) 모임을 주도하고 시와 그림을
편집하여 『섬사편(剡社編)』을 만든 시서화(詩書畵)에 능한 학자이
다. 이삼환은 그를 한마디로 "진실로 유용한 학자"[57]라고 평가하
였다. 무엇을 보고 유용하다고 하였던가? 그가 소개한 이철환의
학문을 대략 소개해 보면 다음과 같다.

온갖 사물을 꼭 이치를 따져 파악하고, 실상을 그대로 파헤쳐
과장하거나 확대하지 않는 성격으로, 천문의 변화와 각도, 산천(山
川)의 맥락이나 수화(水火)의 오르내림의 이치로부터 모든 동식물
에 관한 것에 이르기까지 정통하였다. 다만 재상(災祥)과 분야(分
野) 관계의 변증, 음양(陰陽)과 관련된 기피(忌避)의 설은 언급도
하지 않았을 뿐 아니라 실제로 믿지도 않았다. 중국 역사의 변천이
나 제도의 연혁을 연구하여 그 선악과 득실의 근원을 밝히되,
음양의 운수나 길흉화복의 술수(術數)에 관한 것은 허황하고 도리
에 벗어난다 하여 모두 배척하였다. 병법(兵法)에도 조예가 깊어
팔진육화(八陣六花)와 같은 진법을 면밀히 분석하여 진세(陣勢)가
그리 신기할 것도 없고, 변화도 이치에 맞지 않으며 황탄하여

---

57) 『소미산방장』 권3, 제문, 祭伯兄例軒公文. "公眞實有用之學也."

제2장 이삼환의 학문과 사상 113

響

若夫運祚之衰薄依仰之無所又不暇言也嗚乎尚

祭伯兄例軒公文

維年月日舍弟森煥敢以隻鷄之奠再拜痛哭于伯

氏例軒先生靈几之前而告曰嗚乎公眞實有用之

學也凡天下古今萬事萬物一以理裁之循名核實

不爲浮夸闊大之論故星躔日軌遲疾遠近之度山

川脈絡水火升降之理以至艸木鳥獸蟲魚之名物

靡不包羅揔括曲暢旁通獨災祥分野之辨陰陽拘

忌之說非但口所不言心實不信三代以後一治一

祭伯兄例軒公文(이삼환의 이철환 제문)

따져 볼 가치도 없는 것으로 보았다. 복잡하게 얽혀있는 각종 예절에 관한 기록을 간략하게 줄여 자세한 뜻을 밝히고, 학자마다 설이 다양한 사단칠정(四端七情)의 성리론은 지엽적인 것은 제거하고 근원적 원리만 정리하였다고 하였다.[58] 이처럼 이철환은

58)『소미산방장』권3, 제문, 제종조성호선생문. "凡天下古今萬事萬物 一以理裁之 循名核實 不爲浮夸闊大之論 故星躔日軌遲疾遠近之度 山川脈絡水火升降之理 以至艸木鳥獸蟲魚之名物 靡不包羅揔括曲暢旁通 獨災祥分野之

황당하거나 증거가 불충분한 믿기 어려운 학문을 배척하고, 합리
적이고 현실적인 사실 추구의 학문성을 지니고 있었다 하겠다.

또한 몸소 의서(醫書)를 연구하고 약을 처방하여 신분이 낮고
어려운 처지에 있는 사람들을 구하기도 하고, 길에서 굶고 있는
사람들에게 돈을 뿌려 주면서 자신의 주머니가 비는 것은 돌보지
않는 구휼 정신도 강하였다.[59] 이러한 이철환의 학문과 행동에
대하여 이삼환은 "이야말로 천하에 참된 재능과 학문이요, 이
세상에 필요한 사람"[60]이라 하였다. 그리하여 그를 따르는 사람들
이 많았고, 시골 노인들과 어울려 담론하였으나 교만하지 않고
잘난 체하거나 명성을 날리려고 하지도 않았다고 한다. 그를
흠모하는 사람들은 그의 학문이 깊고 어려워 오르기 힘든 학자라
하였고, 반면 어찌보면 기인과 같은 사고와 행동 때문에 그를
야유하며 비웃는 자도 있었는데, 이삼환은 이들이 진정한 이철환
을 알지 못한 때문이라 하였다.[61]

辨陰陽拘忌之說 非但口所不言 心實不信 三代以後 一治一亂 各有其幾 六官
三師 代殊沿革 咸窮其善惡得失之原 歷歷指掌 如鄒衍五德之運漢儒讖緯之
學 獨以爲荒誕不經而斥之 旁及兵家陣法運用鋪置之勢 常謂八陣六花不過
蛇勢鳥翼 擊頭救尾之術 無甚新奇 其生門死符 風雪變化之事 皆理之所必無
而專出於衍義虛誕之辭 則無足辨析 經禮三百曲禮三千 繫芴錯互 疑義相蒙
則略其節目 究極精義 身心性命理氣公私 人各異說 棼結難解 則刲去枝蔓
劈開源頭."

59) 위 제문, 제종조성호선생문. "急於救人 躬檢醫書 按方合藥 而不嫌其猥賤
勇於恤窮 手散千金以與道路之餓者 而不顧罄乏."

60) 위 제문, 제종조성호선생문. "是則誠天下之眞才實學 適用於當世者也."

61) 위 제문, 제종조성호선생문. "惟其識博而名 益彰德盛 而人益附 遠近尊信
從遊者衆 公則日與村夫野老 談說稗官野史 浮誕冗雜之辭以鑱其光 又未嘗

이처럼 이철환의 학문적 성격이 경전이나 외우는 탁상의 학문이 아니고 일반 상민의 생활과 밀접하고 합리적이며, 행동 또한 형식에 구애받지 않았기 때문에 통속적인 유학자들에게는 매우 저속하게 보였던 것 같다. 그러나 이삼환은 형 이철환의 학문과 삶에 대하여 "형제의 연척이지만 사우(師友)의 두터운 정분으로 의지"[62]하였다고 하였다. 즉 이삼환은 이철환의 현실적이고 실제적인 학문 성격을 존중하고 신뢰하였던 것으로 생각된다. 그러나 의지하였던 이철환이 58세(1779)로 사망하자 그는 학문적으로 의지할 바를 몰라 매우 안타까워 하였다.

이상과 같이 이철환 역시 그의 행적을 보면 성호의 일상이나 학문적 성격과 유사한 점이 많다. 그 역시 안산 섬곡장에서 태어나 성호의 교육을 받았기 때문에 성호의 영향을 받았음은 말할 것도 없다. 예컨대 어느날 성호가 이철환에게 불교에서 7곳에서 마음을 구하는 것[七處求心]에 대하여 묻자, 이철환이 조목조목 구체적으로 장황하게 대답하였다. 성호는 하나의 마음을 구하는데 장황하게 7곳에서 찾는 것은 말하기 좋아하는 습관에서 비롯된 것이라 단정하면서도 있을 수 있는 일이라고 인정한 다음,

의심하고 문답하여 자득하게 한 뒤에 모름지기 효과가 있을 수

為繩墨 又未嘗爲矯飾 標異以避其名世之浮 慕公者 皆以公爲幽深險艱玄遠難梯之學 而其揶揄訾訕者 又或以逍遙托辭之篇爲蒙莊之傲誕 閑情寄意之賦爲陶令之瑕類 是惡足以知公者哉."
62) 위 제문, 제종조성호선생문. "森煥以屬弟之親 托師友之契."

있다. 만약 입에서 나오는 대로 모조리 말하고 남기지 않는다면 듣는 자가 깊이 깨닫기 쉽지 않다.[63]

라 하였다. 성호는 자득과 그 요령을 교육한 것이다. 자득하게 하되 그 방법이 복잡하고 장황하면 오히려 이해하기 어렵다는 취지라 하겠다. 성호의 가르침을 이어받은 이철환의 학문과 행동에 대하여 일부 주변 속유들은 비아냥거렸지만 이삼환은 그의 학문이 참되고 유용한 학문으로 생각하였던 것이다. 이삼환의 학문 성격과 일상생활에서 보인 활동이 이철환의 그것과 유사하다는 점을 찾아 볼 수 있다. 더불어 이삼환이 형을 스승처럼 의지하였다는 사실로 보아 형 이철환으로부터 적지않은 영향을 받았던 것으로 생각된다.

4. 이삼환의 학문 특성과 성호학의 적통성

13년 동안 조부 이삼환을 모셨다[64]는 손자 이시홍(李是鉷)은 이삼환의 학식과 인품을 다음과 같이 나타냈다.

---

63) 『성호선생언행록』. "然疑答問 使自得之然後 方能有效 若順口道說洪纖不遺 則聽者未易深曉."
64) 『소미산방장』 부록, 행장. "不肖侍先生 纔十三年 而童駭無知." 이시홍이 13년을 모셨다는 것은 부친 李載常(1755~1836)이 1800년에 이삼환에게 입후되었는데, 이때 이시홍이 12살로서 이삼환이 사망한 1813년까지 13년 동안 시중들었다는 것이다.

　　오호라. 널리 학문을 연구하고 예법에 철저함이 매우 정성스럽고, 근본에 충실하고 사실에 근거함이 선생의 학문이요, 얼굴에 그대로 드러나고 등에 넘쳐흘러 그 예절이 엄중함이 선생의 도덕이다. 화려함을 숭상하지 않고 천부적인 재질이 스스로 드러남은 선생의 문장이고, 총명하고 민첩하며 과감하게 단안하여 일을 미리 준비하여 임하는 것은 선생의 지혜이다. 고금(古今)을 드나들며 생기 넘치는 활발한 기상이 방안에 가득한 것은 선생의 풍채이고, 뭇 사람들을 거느리고 몹시 어려운 문제를 가즈런히 다스리는 것은 선생의 재국(才局)이다. 성품을 간결하게 하고 지조를 청렴결백하게 함은 선생의 심사(心事)이고, 마음속으로 형세를 헤아리고 그 방법을 꾀하여 나라와 백성을 잊지 않는 것은 선생의 경론(經論)이다. 재물을 가볍게 여겨 베풀기를 좋아하고 다른 사람의 환란에 급한 것은 선생의 의기(義氣)이고, 먼저 기미를 알아채고 사건이 나기 전에 미리 막는 것은 선생의 선견(先見)이다.65)

　　이시홍이 조부 이삼환을 시중들며 교육을 받았을 것이기 때문에 그가 본 조부 이삼환에 대한 평가는 크게 과장되었다고 판단되지 않아 신뢰하여도 좋을 것이다. 이시홍은 학문·도덕·문장·지혜

---

65) 『소미산방장』 부록, 행장. "嗚乎 博約富精 務本摭實 先生之學問也 粹面盎背 嚴重其儀 先生之道德也 不尙華麗 天機自發 先生之文章也 明敏果斷 事豫而 立 先生之智慧也 揚扢今古 精彩滿室 先生之風采也 指揮群衆 整理盤錯 先生 之才局也 簡潔其性 淸白其操 先生之心事也 心籌腹畫 不忘民國 先生之經論 也 輕財好施 急人患難 先生之義氣也 先機而知 防微杜漸 先生之先見也."

·풍채·재국·심사·경론·의기·선견 등 10개 부문으로 요약하여
조부를 평가하였다. 이 가운데 이삼환의 학문이나 사상과 관련하
여 나타낸 것은 학문·도덕·문장, 그리고 경론이라 하겠다. 먼저
두루 학문을 연구하고 특히 예법에 철저하였으며 근본에 충실하
고 사실에 근거하는 학문을 하였다고 하였다. 그의 저술이 불타
없어졌기 때문에 경학과 관련된 구체적인 그의 학문 내용은 파악
하기 어려우나, 예설에 관하여는 특별한 관심을 두고 연구하였다.
성호예식을 정리하고 본인도 각종 예설에 관한 논설을 썼으며
몸소 실천하였다. 앞서 본 바와 같이 그는 스승 성호의 가르침을
그대로 이어 받고, 형 이철환의 학문 성격을 답습하여 일상생활에
유용한 공부인 하학과 실천궁행(實踐躬行)의 공부에 주력하였던
것이다. 가식없이 지극히 겸허하고 검소하며 가풍 예절이 엄정한
것도 성호가 일상에서 실행한 것과 다름없다. 화려하지 않은
꾸밈없는 문장과 실용적이고 유용한 글을 쓸 것을 강조한 것이나,
시골에 살면서도 나라의 대책과 민생의 고난을 걱정한 경론(經論)
도 일찍이 성호가 자주 강조한 것들이라는 사실을 감안해 볼
때, 역시 성호로부터 가르침을 받은 것들이라 해도 과언이 아니다.
이처럼 그의 학문이나 사상은 성호의 영향을 크게 받아 형 이철환
과 함께 현실적이고 실천적 성향이 강하였다고 볼 수 있다.

　　이삼환의 사위 유명환(兪命煥)은 장인 이삼환의 학문에 대하여
제문에서 다음과 같이 서술하였다.

　　성호선생의 적전지통(嫡傳之統)을 누가 그 종(宗)을 훌륭하게 받들

어 이어가겠습니까? 소자 천박한 소견으로 감히 말하기 어려우나,
일찍이 여러 군자들이 혹 예절에 의문이 드는 곳이 있으면 모두
목재(木齋) 선생에게 여쭈어 본 뒤에 결정할 수 있었던 것을 보고,
소자 비로소 선생께서 가학(家學)의 종지(宗旨)를 얻었음을 알았고,
심지어 의리와 명절(名節)에 관해서는 비록 전국시대(戰國時代) 맹분
(孟賁)과 하육(夏育)66)이라 하더라도 그 뜻을 굽힐 수 없습니다.67)

유명환은 당시 예절에 관한 문제는 여러 학자들이 이삼환의
의견을 들어 결정하였다는 사실을 들며, 이삼환을 성호의 적통으
로 보면서 성호가 이어 온 가학을 이삼환이 다시 이은 것으로
보았다. 그리고 이삼환이 죽은 뒤 성호의 적통을 그에 이어 누가
이어갈 것인가를 걱정하였다.

이삼환이 타계하자 문인 이유수(李儒修, 1758~1822)68)는 사림
장 통문에서,

목재 이 선생은 정절과 충성의 후예이고, 대대로 아버지의 가르침을
받드는 명문 가문이며, 섬곡(剡谷) 뜰의 연원(淵源)을 이어 받아, 의리

---

66) 孟賁은 춘추전국시대 齊나라 力士이고, 夏育은 衛나라 勇士이다.
67) 『소미산방장』 부록, 제문(兪命煥 撰). "星湖先生嫡傳之統 誰能獨得其宗
而繼開之耶 小子不敢蠡測 而竊嘗觀諸君子 或有禮節之疑義處 則皆曰就質
于木齋先生然後 可以決矣 小子始知先生益得家學之宗旨 而至於義理名節
之關係 則雖賁育 不能奪其志."
68) 이유수는 충청도 沔川사람으로 1783년 문과 增廣試에 합격하여, 掌令·持平
등의 관직을 거쳤다.

120

는 영구불변의 정의를 지키며, 성호의 문을 이은 유일한 계통으로
도학에 뛰어난 종사(宗師)가 되셨다. 타고난 천성이 순수하고 청명하
여 조용히 수양하고, 움직이면 일을 하시니, 스승으로 모시는 자가
법도로 삼는다. 학문에 박식하고 예절이 엄하며 끝까지 연구하여
알아내고 지극한 도(道)가 일상생활에 있다.69)

라 하면서, 스승 이삼환이 가문 대대로 이어 오는 가학을 이어
받고, 더불어 성호학파의 유일한 계통이라고 하였다. 이는 곧
19세기 초 덕산 일대의 호서지방에서 성호학파의 유일한 적통이
라는 뜻으로 받아들여도 좋을 것이다.

해좌(海左) 정범조(丁範祖, 1723~1801)70)도 생존시 이삼환의
도학과 문장을 들어 성호의 뒤를 이은 종사라 하면서 초야에
묻혀 있음을 안타깝게 여겼다.71)

이삼환은 19세기 초까지 성호의 종손으로서, 그리고 호서지방
의 원로 성호문인으로서 성호학을 전승시키기 위하여 노력하였
다. 실제 1810년대까지 성호의 직제자가 생존하여 성호학파를
이끈 경우는 드물었다. 따라서 충청도 사람들은 그를 성호학파의

69) 『소미산방장』 부록, 士林葬通文. "木齋李先生 貞忠遺裔 詩禮故家 承剡庭之
淵源 義理守不易之正 接星門之統緖 道學爲獨得之宗 稟於天者 純粹淸明
靜而養 動而察 得之師者 規矩繩準 博而約 格而知 至道在於常行."
70) 정범조는 1763년 문과 중광시에 갑과로 합격하여 성균관 典籍을 시작으로
여러 관직을 거쳐 형조판서를 역임하였다.
71) 『소미산방장』 부록, 贈木齋李子木序(丁範祖 撰). "從大父星湖公道學文章
爲近世宗師 … 宏才博學如子木者 淪溺草野 豈數與命使之歟 …."

적통으로 보았고, 성호의 도학을 이은 종사로 존경하였다. 그리하여 그가 죽었을 때 이 지역 사림들은 사림장으로 장례를 치르려 하였던 것이다.

제2절 이삼환의 서학인식[1]
─「양학변」을 중심으로─

　　조선 후기 유학자들의 서학인식은 다양하였지만, 대체로 호기심을 보이며 긍정적으로 보는 측과 이단으로 취급하여 부정적으로 보는 측으로 크게 나누어 볼 수 있다. 특히 18세기 후반에 들어 천주교 전파가 본격적으로 이루어지던 시기에는 극단적인 양상을 보이게 되었다. 천주교에 신앙적 관심을 나타내는 사람들이 점차 증가하는 가운데 입교한 신자가 등장한 반면, 이러한 흐름을 막으며 적극적으로 벽위론을 펴는 사람들도 적지 않았다. 후자의 경우 신후담(愼後聃)·안정복(安鼎福)·이헌경(李獻慶)·이기경(李基慶)·남한조(南漢朝) 등은 이 시기의 대표적인 벽위론을 편 학자로 알려져 있다.

　　서학(西學)[2]은 조선 후기 대표적 실학파인 성호학파에서 특히 주목을 끌었다. 성호학파 안에서도 젊고 유능한 학자들 중심으로

---

1) 본 절은 필자의 논문 「이삼환의 양학변 저술과 호서지방 성호학통」, 『실학사상연구』 19·20 합집, 무악실학회, 2001을 산삭하고 수정 보완하여 게재한 것이다.

2) 조선 후기 학자들이 사용한 西學은 서양의 학문과 사상을 포괄하는 의미와 천주교를 나타내는 의미로 나누어 볼 수 있다. 여기에서는 후자 즉 천주교를 나타내는 의미로 쓰고자 한다.

이에 관심을 갖고 연구하거나 점차 신앙으로 받아들이게 되었던
것이다. 그리하여 성호학파 내에서 서학 즉 천주교 사상을 수용하
려는 측과 서학을 배척하는 측이 서로 갈등을 빚게 되어 결국
성호학파는 분열의 위기를 맞게 되었고, 더욱이 천주교에 대한
정부의 정책이 박해로 나아가면서 성호학파의 진로에도 큰 타격
을 입게 되었다.

그러나 이러한 어려움에서도 성호학파의 재기에 성공한 학통
이 있었으니 경기도 광주의 안정복 계열과 충청도 예산의 이삼환
계열이 대표적인 예라 할 수 있다. 하학과 벽위론을 앞세운 안정복
계열은 사승(師承)을 통하여 쇠미해진 성호학통을 재기하는데
성공하였고, 20세기 초에는 서울·경기를 비롯하여 영남지방에까
지 확대됨으로써 전국에 걸치는 성호학통을 두게 되었다. 충청도
덕산의 여주 이씨 가문을 중심으로 이어온 이삼환 계열의 성호학
통 또한 19세기 말 20세기 초까지 호서지방 전역으로 성장하였던
것이다. 이 두 계열이 지닌 특징은 성호의 학문과 사상을 전승하면
서 공히 벽위사상을 고수하였다는 사실이다.

안정복은 1780년대 「천학고(天學考)」와 「천학문답(天學問答)」
을 지어 천주교 배척의 이론서로 삼아 주변 사람들로 하여금
돌려 읽게 하였고, 이삼환도 비슷한 시기에 「양학변」을 지어
역시 주변 사람들이 읽도록 하여 천주교를 멀리 하도록 하였다.
이처럼 광주의 안정복과 예산의 이삼환은 공히 천주교 배척에
앞장서면서 성호학파를 지키려 하였다는 공통점이 있다. 이는
이병휴 문도로 알려진 권철신 계열이 천주교에 연루되어 정부의

124

박해로 거의 맥이 끊어진 것과 크게 대조된다. 특히 호서지방 성호학파의 대표격이던 이삼환이 권철신이나 이기양 등 천주교와 밀접하였던 인물들과 가까이 하였던 인물이었다는 사실에서, 정부의 천주교 박해가 시작될 18세기 말엽 그의 향배에 주목하지 않을 수 없다. 「양학변」은 그의 천주교에 대한 인식을 나타낸 대표적인 저술이다.

1. 「양학변」 저술 배경과 동기

「양학변」은 이삼환이 1786년 천주교 교리를 비판하고 배척하기 위하여 쓴 글이다. 여기에서 표기한 양학(洋學)은 대부분 천주교와 관련된 내용이다. 이 글에 필자가 특히 주목하는 것은 성호문인이면서 여주 이씨 집안 사람이 천주교와 관련된 저술을 낸 경우는 이삼환이 처음이기 때문이다. 물론 성호도 이마두(利瑪竇, 마테오 리치)가 저술한 『천주실의(天主實義)』를 읽고 「천주실의발(天主實義跋)」을 지어 천주교에 대한 비판과 함께 의견을 개진하였으나, 1780년대처럼 천주교 전파가 크게 확산되는 상황이 아닌 환경에서 학자가 학문을 토론 분석하며 천주 교리를 비판하는 수준에 머물러 크게 배척하지는 않았다. 그러나 이삼환이 「양학변」을 쓸 당시에는 성호학파내 여러 유능한 젊은이들이 학문적 접근을 넘어 신앙으로써의 천주교에 귀의하는 움직임이 확산되어 가는 추세에서, 특히 덕산 인근 지방은 초창기 한국 천주교가 다른

「양학변(洋學辨)」

지역에 앞서 전파되어 가고 있는 상황으로 수십 년 전 안산에서 성호가 문헌 중심으로 천주교 비판을 할 때와는 환경이 달랐다.

더욱이 이삼환이 「양학변」을 쓸 무렵, 그는 덕산에 살고 있던 여주 이씨 문중을 대표하는 위치에 있었기 때문에 벽위론으로 일관한 「양학변」은 당시 성호 가문의 천주교에 대한 입장을 대변한다고 보아도 좋을 것이다. 10년 전 이병휴가 살아 있을 때만 하여도 천주교에 관심이 많던 젊은이들이 이병휴의 문을 자주 드나든 사실을 감안한다면 큰 변화라 하겠다.

우선 당시 이삼환의 주변 환경과 저술 배경을 살펴보기로 하자. 이삼환이 「양학변」을 쓰기 직전까지 성호학파 안에는 천주교 문제를 놓고 견해가 양분되어 있었다. 권철신을 중심으로 한 젊은 학자들이 천주교에 큰 관심을 보이고 있는 가운데, 천주교를 배척하는 성호문인의 글도 널리 읽혀지고 있는 형편이었다. 신후 담의 「서학변(西學辨)」과 안정복의 「천학고」·「천학문답」은 잘 알려진 천주교 비판 논저이다. 안산의 성호나 덕산의 이병휴가 살아 있을 때만 하여도 그들의 개방적 학문 성격 때문에 서학 즉 천주교도 학문 연구의 대상에서 제외될 수 없었다. 성호는 천주교리를 비판하고 부정하는 측면이 강하였지만 무조건 배척 하지는 않았고, 이병휴 역시 서학을 긍정적으로 보거나 수용할 뜻을 보이지는 않았지만 그렇다고 표면적으로 배타적이지는 않 았다. 이러한 학문적 성격 때문에 이들 문하에서 양명학과 천주교 에 관심을 둔 젊은 학자들이 다수 나올 수 있었던 것이다. 성호가 살아 있을 때만 하여도 윤동규나 안정복 역시 천주교를 비판적 시각으로 보았지만, 성호와 의견 교환을 할 정도에 머무르며 적극적으로 나서 배척하는 입장을 보이지는 않았다.

그러나 이병휴가 타계한 이후 천주교에 호의적인 입장을 보이 며 안정복과 갈등을 보이던 권철신 등 성호학파 소장학자들이 더욱 적극적으로 천주교에 가까이하는 태도를 보이자, 당시 안정 복은 성호학파 최고의 원로로서 이들을 설득하고 자제하도록 권유하기에 여념이 없었다. 더욱이 1780년대에 들어 천주교의 확산은 정부의 적극적인 대처와 박해를 불러오게 되어 안정복은 성호학파의 유지와 이들의 안전 문제로 긴박한 고민에 빠졌으나 이들은 요지부동이었다. 덕산의 이삼환도 이러한 상황을 잘 알고 있었다. 이렇게 정부의 천주교 박해가 임박한 상황에서 덕산 이삼환의 집안에서도 천주교에 대한 입장을 분명히 해 두어야할 형편이었을 것으로 생각된다. 또한 예산이나 서산 지역은 비록 초창기이기는 하였지만 다른 지역에 비하여 천주교 전파가 선구적이었고, 천주교 연구와 전교의 선두에 서있는 권철신을 중심으로 한 성호학파의 소장 학자들이 과거 이병휴의 문을 드나드는 등 덕산 지역과 연고가 깊었다는 사실 또한 1780년대 가문의 원로였던 이삼환에게 천주교에 대한 태도를 분명히 해 두어야 할 필요성을 느꼈을 것으로 생각된다. 이삼환은 이병휴의 양자로서 지금까지 이병휴의 가사를 돌보아 왔고, 더구나 도움을 받아야 할 당내 학자들이 거의 사망한 상황에서 여주 이씨 가문을 지켜야 할 책임도 느꼈을 것으로 생각된다.

더욱이 이삼환의 당내 사정도 천주교와 관련하여 심상치 않은 분위기를 보였다. 가까운 일가로 사촌인 이가환이 1784년 세례받은 이승훈의 외삼촌인데다가 이가환도 이벽(李檗)의 전교에 힘입어 천주교에 입교함으로써 천주교는 이제 이삼환 일가에까지 전파되었던 것이다. 이삼환은 당내 형제들 가운데에서도 이가환과 매우 가깝고 친밀한 사이였기 때문에 그의 천주교 입교에 더욱 위기의식을 느끼지 않았을까 추측된다.

이즈음 광주(廣州)에 거주하며 이삼환을 문인처럼 아끼던 안정

복은 「천학문답」을 저술하여 주변 사람들에게 돌려 읽게 하면서
앞으로 정부의 박해가 있을 것을 예견하고, 성호학파도 지키고
천주교에 발을 들여놓은 젊은 성호문인들을 박해의 위험에서
구하려 하였다. 이삼환의 「양학변」이 「천학문답」에 이어 1786년
에 저술되었다는 것은 우연이 아니라 생각된다. 아마도 이삼환의
「양학변」 저술은 안정복의 「천학문답」의 영향을 받아 쓰여졌을
것이다.

　이상과 같은 배경을 토대로 이삼환이 「양학변」을 저술한 구체
적인 동기를 정리해 보기로 하자. 첫째, 문인이나 가문의 사람들이
천주교에 빠지는 것을 막고 유학을 지키는 데 있었다고 하겠다.
그는, 「양학변」에서,

　　저 양학은 새로운 문 세우기를 시도하며 불가(佛家)에서 부처 섬기
　는 법을 거짓 빌려, 그 이름을 잽싸게 바꿔 하늘을 섬기고, 중국
　성인들의 말을 꾸며 사람들이 그들의 흠을 잡지 못하도록 하려 하나,
　그들이 말하는 것이 스스로 모순되고 많은 잘못이 모두 드러나는데,
　애석하게도 이 가르침[學]을 배우는 자들이 미혹되어 깨달아 살피지
　못한다.[3]

라 하여, 천주교는 불교와 유교를 거짓 모방하여 새로운 교(敎)의

---

3)『소미산방장』권5, 辨, 洋學辨 下篇. "彼洋學者 圖立新門 … 而莫之覺察也."
　(원문은 본절 후미 「양학변 번역」 참조)

수립을 꾀하고 민중을 미혹한 교활하고 참람된 것이라고 규정하
였다. 불교에서 부처 섬기는 법을 빌리고 유교 성인의 말씀을
따다가 교리로 삼았기 때문에 모순되고 잘못되었으나 사람들이
깨닫지 못한다는 것이다. 특히 천당지옥설을 지목하여,

> 천당과 지옥은 불가에서 본래 선을 권장하고 악을 징계하려고
> 이 말을 만들어 백성들에게 엄포를 놓았던 것이다. 그 뜻은 옳으나
> 부르는 이름은 옳지 못하다. 지금 그 설을 빙자하여 중생(衆生)에게
> 겁을 주어 붙잡아 그 교(敎)에 들어오도록 하니 그 마음이 참으로
> 어질지 못하고, 그 계책 역시 교묘하고 또한 참람되다. 하늘에 정말
> 천당과 지옥이 있어 살아있는 사람에게 시행되었다면, 당초 인간들에
> 게 두려움을 주어 감히 죄를 짓지 못하게 하여 자연히 악을 피하여
> 선함을 좇았을 텐데, 역시 어찌하여 밝혀 바르게 하지 않고, 혼돈상태
> 의 알 수 없는 지경에서 천당과 지옥을 갖추어 백성들이 속기를
> 기다려 함정에 빠뜨리니 하늘의 어짐과 사랑으로 기꺼이 이렇게
> 해야 하겠는가?4)

라 하였듯이, 본시 불교에서 권선징악을 목적으로 만들었는데
천주교에서 빌려 이용하여 사람들을 속이면서 입교시키고 있다
하였다. 만약 하늘이 진실로 천당과 지옥을 두어 인간을 경계하려

---

4) 『소미산방장』 권5, 변, 양학변 하편. "堂獄者 … 其肯爲是乎."(원문은
 본절 후미 「양학변 번역」 참조)

130

한다면 그렇게 사람들을 그물에 걸리게 하고 함정에 빠져들게
하지는 않을 것이라고 하였다.

요컨대 천주교는 불교나 유교에 가탁하여 스스로 모순되고
사람들을 미혹하니 속지 말자는 주장이라 하겠다. 불교를 이단으
로 보는 유학자들의 속성으로 볼 때, 이삼환의 이러한 견해에는
곧 유학에 매진하여 이단인 천주교가 발을 붙이지 못하도록 하자
는데「양학변」저술의 한 목적이 있었음을 알 수 있다.

조부 이삼환의 행장을 쓴 이시홍도 "천주학이라는 것이 있어
중국으로부터 우리나라에 걸쳐 오염됨이 자못 많아, 선생께서
그 기교한 설이 반드시 우리 도(道)에 해독이 되리라는 것을 우려하
여「양학변」을 지었다"5)라고 하였다. 이삼환이 유학을 지킨다는
명분아래「양학변」을 지었음을 나타내고 있다.

둘째, 다가올 정부의 박해로부터 가문을 지키는 일이었다. 역시
「양학변」에 있는 다음 사료를 참고하여 보자.

만약 혹시라도 고집스럽고 미혹하여 구태의연한 습관을 고칠 수
없고, 농사를 팽개치고 인사(人事)를 물리쳐 끊으며, 오직 비밀리
서로 무리를 모아 왼 종일 술법이나 조작한다면 강란(降乩)의 여자
무당이나 요사스럽고 주술을 부리는 오랑캐 승(僧)과 똑 같은 것이다.
하루 아침에 일이 터져 죽음의 형벌을 가하여 몸과 머리가 다른

5)『소미산방장』부록, 행장. "有天主學者 自中國蔓及東國 汚染頗多 先生憂其
奇巧之說 必爲吾道之蟊賊 乃作洋學辨."

곳에 있게 되고, 비록 혹 요행히 면하더라도 가업은 파멸되어 없어지
고 자손들은 삶을 보존할 수 없다. 저 아득한 천당은 본디 반드시
오르지 못하고 눈 앞의 재앙 또한 참혹하니 무슨 고락(苦樂)인가?
이것이 반드시 없애 버리려고 명하여 그렇게 되겠는가? 진실로 지금
부터 그 술법을 버리고 그 책을 태워 부모에게 효도하고, 낳고 기르는
일, 장사지내고 제사지내는 일을 성인의 가르침을 모두 순종하여
정성껏 공경하며, 임금의 명을 감히 위반하여 배반하지 아니하고,
농사 일을 부지런히 하여 가정을 돌보며, 인간 세상의 즐거움을
향유하면서 복을 드리움이 끝이 없다면 이 어찌 천하의 상서롭고
좋은 일이 아닌가?6)

천주교의 전파가 정부의 큰 박해를 불러온다는 것을 이삼환이
예견하고 경고하는 내용이다. 박해로 인하여 천주교인 본인은
물론이고 자손까지도 가업과 목숨을 보존할 수 없을 것이라는
것이다. 따라서 지금이라도 천주교에 관한 책을 불태우고 유교의
가르침에 따라 충효에 충실하면서 현세의 일상생활에 매진하자
고 하였다.

이러한 주장은 당시 광주에 거주하던 성호학파의 원로 안정복
이 권철신 등에게 천주교에서 손을 떼라고 만류하던 내용과 크게
다를 바 없다.7) 천주교 비판 논설인 「천학고」와 「천학문답」을

---

6) 『소미산방장』 권5, 변, 양학변 하편. "如或執迷不回 … 豈非天下之吉祥善事
耶."(원문은 본절 후미 「양학변 번역」 참조)
7) 구체적인 내용은 필자의 저서, 『순암 안정복의 사상과 학문세계』, 성균관대

132

쓴 안정복은 이삼환에 앞서 머지않아 정부의 천주교 박해가 있을 것이라고 예견하고 있었다. 그리하여 천주교에 발을 들여놓은 성호문인 가운데에서도 가장 학문이 높고 재능이 있어 촉망을 받아오던 권철신에게 서양과 일본에서처럼 우리나라에서도 박해가 있을 것이라고 경고해 주기도 하였다. 그는 또 당파싸움으로 서로 틈을 엿보며 약점을 들추어내는 이즈음에 누가 일망타진할 계획을 쓸지도 모른다면서, 만약 그러한 일이 벌어지면 '천주가 구해줄 수 있을까?' 반문하고, 아마도 천당의 즐거움을 맛보기 전에 화가 미칠 것이라고 하였다.8) 여기에서 안정복도 앞으로 있을지 모를 박해로부터 문인들을 보호하려 했다는 사실을 알게 한다. 「천학문답」의 저술도 「양학변」 저술보다 1년 앞서 이러한 분위기에서 이루어졌던 것이다.9) 따라서 안정복과 이삼환은 학문 성향이 유사한 데다 안정복을 스승으로 따르던 이삼환이 「천학문답」을 읽고 영향을 받았을 것은 물론이다. 같은 무렵 안정복은 「천학문답」을 문인들에게 읽도록 적극적으로 권장하면서 천주교에 발을 들여 놓은 자들은 떼도록 하고, 그렇지 않은 자들은 아예 관심을 두지 않도록 유도하려 하였다. 요컨대 1785년에 쓰여진 안정복의 「천학문답」과 1786년에 쓰여진 이삼환의 「양학변」은 그 저술 취지에 있어 맥을 같이 한다고 볼 수 있다.

학교출판부, 2012, 270~321쪽 참조.
8) 『順菴集』 권6, 書, 與權旣明書, 甲辰.
9) 안정복의 『천학문답』에 관한 구체적인 내용은 필자의 저서, 『순암 안정복의 사상과 학문세계』, 298~318쪽 참조.

2. 「양학변」의 주요 내용과 이삼환의 서학인식

「약학변」은 상편과 하편으로 편제되어 있으며 상권은 1,181자, 하권은 1,125자, 총 2,306자의 분량이다.[10] 대체로 천주교의 출처와 존재, 성서 내용의 허황함, 선비들의 천주교 접촉 유형, 예견되는 박해와 회유책 등의 내용으로 구성되어 있다. 상편에서는 주로 천주교의 실체와 교리, 그리고 국내 사람들의 천주교를 접하는 세 가지 양태를 다루었다. 천주교의 교리를 불교 및 유교의 그것과 비교하면서 천주교는 불교의 나머지 설에 불과하다고 비판하였다. 동정녀 마리아의 임신과 예수 탄생 의혹, 예수의 십자가 사형, 천당지옥설에 주목하여 의혹과 비판을 가하며 부정적으로 다루었다. 하편에서는 상편에서 다룬 내용을 보완하여 설명하고, 특히 효제충신(孝悌忠信)을 중시하는 유학자의 입장에서 천주교를 비판하고 박해에 따른 파멸을 예고하면서 천주교를 멀리할 것을 강조하였다. 주목되는 부분에 관하여 좀 더 구체적으로 살펴보기로 한다.

1) 천주교의 출처와 유·불관계

이삼환은 천주교를 불교나 유교와 비교하면서 그 출처를 의심하였다. 먼저 불교와 천주교의 관계를 보자.

---

10)『소미산방장』권5, 변, 양학변 상·하편 기록에 근거함.

134

○ 손으로는 이름난 향을 태우고 입으로는 경전에 있는 말을 외우며, 매일 아침저녁으로 합장하고 이마가 땅에 닿도록 절을 하는 것이 마치 중이 부처를 섬기는 것과 같다. 저 부처는 실제로 그 사람이 있었고, 그의 무리들이 오랫동안 숭배하고 받들었는데, 아마도 이들과 가까이 하였을 것이다. 오랑캐 마귀의 황탄한 법이 어찌 숭고한 하늘에서 만들어졌겠는가?[11]

○ 서사(西士) 역시 사람일 뿐으로 육신(肉身)을 바꿀 수 없고, 시력이 한계가 있어 저승의 까마득한 일을 누가 보고 누가 전해 주었단 말인가? 이리하여 나는 불가(佛家)의 나머지 설을 빌려 끌어다가 자기 것으로 만들어 사람들을 속이는 권력의 자루로 삼았다는 것을 알겠다. 대저, 그 가르침[學]은 전적으로 불가에서 나왔고, 그 의도는 새로운 문벌[門] 수립을 꾀하는 데 두고 있는 까닭에 윤회(輪回)의 설을 거짓 배척하고 그 밖에는 마치 배척하지 않는 것처럼 하였다.[12]

신부(神父)가 교회 안에서 하는 예식이 절에서 스님이 부처에 드리는 예식과 다를 바 없고, 천당지옥설도 불교에서 주장하는 것을 빌려 자기의 것처럼 만들었다 하여, 천주교는 불교에 뿌리를

---

11) 『소미산방장』 권5, 변, 양학변 上篇. "手爇名香 … 奚爲於崇高之天."(원문은 본 절 후미 「양학변 번역」 참조)
12) 『소미산방장』 권5, 변, 양학변 상편. "西士亦人耳 … 若非斥者."(원문은 본 절 후미 「양학변 번역」 참조)

두고 새로운 문[新門] 세우는 것을 꾀한다는 것이다. 불교에서
말하는 윤회설을 천주교에서 배척하는 척 하지만 사실은 그렇지
않다는 주장이다. 천주교가 불교의 나머지에 불과하다는 주장은
이미 신후담이나 안정복의 천주교 비판에도 나타나 있다. 천주교
에서 새로운 문을 세우려 한다는 것은 불교 외에 또 다른 이단을
성립하는 것이니 불교를 이단으로 본 이들 유학자들이 천주교를
배척하려는 것은 당연하다 하겠다. 더욱이 불교를 가탁하여 속이
고 있으니 더 악랄하다는 것이다. 이처럼 이삼환은 천주교의
출처가 분명하지 못함을 의심하여 인정하려 하지 않았다. 그리고,
천주교와 유교의 관계에 대해서는,

> 또한 중국에서 중국인들이 자기 나라의 신앙이 아니라고 생각하는
> 것을 두려워하여 유가(儒家)에서 말하는 한 두 개의 대수롭지 않은
> 글을 따다가 모아 설(說)을 만들고, 성인의 말씀에 맞는다고 편리하게
> 마음대로 지껄인다. 그러나 중심이 되는 근본은 본시 달라 성인의
> 실상과 배치되는 것이 많이 발견되고, 그 욕망이 더욱 점점 드러나
> 갈수록 교묘하고 졸렬하다.[13]

천주교가 불교 교리에서 답습한 것처럼, 유교에서도 본따온
것이 있다고 하였다. 불교에서 모방한 것이 중국에서 받아들여지

---

13) 『소미산방장』 권5, 변, 양학변 상편. "又懼中國之不我信也則 … 愈巧而愈拙
也."(원문은 본 절 후미 「양학변 번역」 참조)

지 않자 유가의 언행을 약간 따다가 자신들의 교리인 양 만들어 성인들의 말씀과 부합된다고 마음대로 주장한다는 것이다. 그러나 천주교의 교리와 유교 성인의 말씀은 근본적으로 다르다 하면서, 성인의 말씀을 끌어들이려는 그들의 의도가 매우 교묘하고 졸렬하다고 비판하였다.

요컨대 천주교는 불교의 나머지 설인데다 중국 성인의 말씀을 끌어들인 허황되고 거짓 속임수에 불과한 이단이라는 주장이라 하겠다.

2) 성서 내용 비판

이삼환이 어떤 서학 서적을 읽었는지는 알 수 없다. 「양학변」을 통하여 비판한 내용을 검토해 보기로 하자. 첫째로 구세주로서의 예수 존재와 신격화를 비판하였다. 다음 사료에 잘 드러나 있다.

○ 유다[女德亞] 마을 여인이 낳아 기른 자를 어떻게 믿어야 할지 모르겠다. 괴이하고 망령된 남자를 볼 때마다 천주라고 하고, 마침내 십자가에 못박혀 죽은 사건을 신격화 하여 인간을 구제하는 일대 공안(公案)을 만들었다. 아. 저 창공을 머리에 이고 감히 이런 말을 하면서 거리낌 없으니 더욱이 하늘에 어찌하려는가? 더럽고 천박함으로 하늘을 섬기니 하늘을 속이는 것이고, 환망한 것을 가리키며 천주라고 말하니 이는 하늘을 속이는 것이다. 만약 천당과 지옥이 없다면 그 뿐이겠으나, 있다면 하늘을 속이는

자는 반드시 지옥에 떨어질 것임을 내가 알겠다.[14)]

○ 무릇 하늘의 신통함과 광대함으로 진실로 백성을 일깨워 주려
함이 저들이 말하는 바와 같다면, 신의 조화가 두루 미치는 어느
곳을 돌아볼 수 없어 뜻밖에 친히 내려와 어리석고 더러운 시골
아낙네에게 임신을 의뢰하겠는가? 이미 내려와 백성을 깨우쳤다
면 마땅히 대낮에 하늘에 올라가 사람들이 영험한 감응의 자취를
환하게 알도록 해야 했을 것이다. 또 하필 십자가 위에서 홀연히
죽어 백성들이 보고 듣는 것을 의혹케 하는가? 설령 그들의 말과
같이 진실로 이러한 일이 있다 하더라도 상제(上帝)의 존엄이
결코 그 자리를 오랫동안 비우고 땅[下土]에 내려와 있을 수 없다.[15)]

이삼환은 성서에 나타나는 동정녀 마리아에 의한 잉태, 설교와
기적, 십자가 처형과 부활, 그리고 승천으로 이루어지는 예수의
일생과 행적을 지나치게 신격화 하였다 하여 믿지 않으려 하였다.
동정 잉태가 있을 수 없는 것은 물론이고 예수의 행적을 하늘을
속이는 환망한 행동으로 보았으며, 십자가 처형도 일반 사람들의
눈과 귀를 홀리려는 의도에서 나왔다는 것이다. 또한 하늘을
섬긴다고 하지만 오히려 하늘을 속이고 업신여기는 것이니 천당

---

14) 『소미산방장』 권5, 변, 양학변 상편. "如德亞村婦所生育者 … 有則吾知謗天
誣天者之必墮地獄也"(원문은 본 절 후미 「양학변 번역」 참조)
15) 『소미산방장』 권5, 변, 양학변 하편. "夫以天之神通廣大 … 降在下土."(원문
은 본 절 후미 「양학변 번역」 참조)

과 지옥이 정말 있다면 하늘을 속인 예수는 지옥으로 떨어질 것이라 하였다. 요컨대 이삼환은 예수의 일생에 관한 기록은 모두 신격화하기 위하여 조작된 것이라 보았다 하겠다.

둘째로 천당지옥설의 부인이다. 앞서 보았듯이 그는 천당과 지옥이라는 것이 불교에서 권선징악의 목적으로 만들어낸 것으로 보았다. 혹 하늘이 인간의 악을 경계하기 위하여 천당과 지옥을 두었다 하더라도 지옥이 두려워 죄를 짓지 못하도록 사전에 교화하는 것이 순리라는 논리를 폈다. 따라서 하늘의 어짐과 사랑으로 볼 때, 백성들을 그물에 걸리게 하거나 함정으로 몰아넣은 다음 천당 혹은 지옥으로 보내는 것은 있을 수 없다는 것이 유학자 이삼환의 생각이었다.

한편 천당의 존재가 유교 경전에서도 찾아 볼 수 있다는 천주교 측의 주장을 잘못이라고 반박하였다. 즉 천주교에서는『시경(詩經)』대아(大雅), 문왕지십(文王之什)의 "文王의 오르고 내림이 上帝의 좌우에 계시니라"[16]를 천당의 근거로 삼으려 하는데 이는 강제로 끌어다가 부합시키려는 것이라고 하였다. 문왕이 이 세상에 살다가 상제의 곁을 오르내렸다는 시기와 예수의 생존시기를 비교해 보아도 문왕의 시기가 훨씬 먼저이니 예수와 문왕을 비교할 수 없다는 것이다.[17] 앞서 보았듯이 그는 본시 천주교에서 불교는 물론이고 유교의 내용을 끌어다가 자신들의 주장으로

---

16)『詩經』大雅三, 文王之什. "文王陟降 在帝左右."
17)『소미산방장』권5, 변, 양학변 하편. "洋學又以詩所云 … 且齟齬而强爲之牽合也."(원문은 본 절 후미「양학변 번역」참조)

삼는다고 보았다. 즉 중국에서 천주교를 전파하기 위하여 중국
경전의 내용을 도용하였다고 생각하였던 것이다. 때문에『시경』
에 기록되어 있는 문왕이 상제의 곁을 오르내렸다는 내용과 천주
하강설을 아예 관련지어 볼 가치가 없는 것으로 평가하였다.

셋째로 천주(天主) 대부(大父)를 부정하였다. 그는 낳아주시고
길러주신 부모님께 효도하고, 하늘의 지극함을 계승하여 백성을
다스리는 임금을 공경하는 것은 인정상 지극히 당연하다 하면서
천주교에서 하늘을 아버지로 섬기는 것에 대해 다음과 같은 견해
를 나타냈다.

> 지금 그들의 말에 '하늘은 우리 대부모(大父母)다. 하늘을 섬기지
> 아니하고는 역시 부모를 섬기고 임금을 공경할 수 없다'고 하며,
> 조잘조잘 괴탄불경(愧誕不經)한 법으로 정력을 다 허비하고, 스스로
> 하늘을 섬기면서 지옥을 탈출하여 천당에 오르기를 바라는데, 비유하
> 자면 마치 백성이 어리석고 완고하여 국법을 몰라 원님을 받들지
> 않는 것과 같다. 오로지 아침저녁으로 대궐을 향하여 절하고 마주
> 앉아 식사하며 반드시 만세를 부르면서 '나는 능히 임금을 공경하고,
> 나는 임금을 잘 섬긴다' 하고, 임금의 은혜를 바라고 형벌을 면하기를
> 꾀하는데, 나는 그가 반드시 유능하지 못하다는 것을 알겠다.[18]

---

18)『소미산방장』권5, 변, 양학변 하편. "今其言曰 … 吾知其必不能也."(원문은
   본 절 후미「양학변 번역」참조)

하늘을 대부모로 섬기는 것은 천주교의 불경스런 법으로서 지옥을 벗어나 천당으로 오르려고 하늘에 직접 비는 것이라 하면서, 이것은 어리석은 백성들이 국법을 잘 몰라 수령과 같은 관장(官長)은 받들지 않고 임금만을 공경하면서 임금이 자신들의 요구사항을 직접 해결해 주기를 비는 것과 같다고 비유하였다. 순리와 도리에 맞지 않는다는 이야기이다.

3) 천주교 접촉의 세 가지 유형

이삼환은 국내 선비들이 양학을 접촉하는 데 있어 세 가지 유형이 있음을 소개하였다. 첫째로 서양의 수학이나 과학기술에 감명받아 더불어 천주교에 관심을 보이는 자를 들었다. 이따금 서양의 수학이 정밀하고 천문과 기상관측, 측량의 교묘함에 감명을 받고 천주교에 발을 들여 놓는 선비들이 있다는 것이다. 그러나 이것은 천주교를 전파하기 위한 저들의 술책이라 하면서 종국에는 이에 빠진 선비들이 반성하고 천주교로부터 손을 떼리라고 기대하였다.[19]

둘째로 유학자로서의 명예는 지키면서 천주교도들과 서로 어울리는 자들이다. 선비들이 처음에 자신들의 학문을 버리고 천주교에 미혹되지만, 유학의 도가 다시 밝혀짐으로써 선비들은 바른

---

19) 『소미산방장』 권5, 변, 양학변 상편. "吾觀國內之爲其學者 … 不遠而復也." (원문은 본 절 후미 「양학변 번역」 참조)

곳으로 돌아온다는 것이다. 다시 말하면 서학 즉 천주교는 의지할 곳을 잃기 때문에 종국에는 금하지 않아도 없어질 것이니 우려할 것이 못된다고 하였다.[20] 이삼환은 적어도 유학자로서의 선비정신만이라도 지킨다면 천주교가 발붙이지 못하리라는 낙관론을 폈던 것으로 보인다.

셋째로 적극적으로 천주교를 신봉하는 자들이다.

끝으로 아주 어리석고 천한 사람은 본시 견식이 없어 화복(禍福)에 흔들리는데, 오히려 지옥에서 빠져 나오기 어렵다는 것을 두려워하고, 극락과 천당에 오르기를 그리워하며 바람에 흔들리는 그림자가 따라다니듯 온 힘을 다한다. 한자(韓子)의 이른바 '노소(老少)가 세찬 물결처럼 그 생업을 버리고, 이마와 손가락을 불태우며 백명 천명 무리를 지을 것이다.'[21]라 하였으니, 바로 이를 가리킨다. 어리석고 미혹하여 이해시키기 어렵고 미련스럽게 지키는 것도 이미 굳어져 이는 말로써 다툴 수 없고 형법으로써도 금할 수 없다. 그러나 생산을 일삼지 않고 재화를 아끼지도 않으며 눈앞의 어려움을 구휼하지 않고 아침 일찍부터 저녁 늦게까지 힘쓰는 일로 작법편호(作法編戶)하는 생활을 벗어나지 않으니 어찌 방탕하여 멸함에 이르지 않겠는가.[22]

---

20) 『소미산방장』 권5, 변, 양학변 상편. "其次則 … 亦不足憂也."(원문은 본 절 후미 「양학변 번역」 참조)
21) 唐 韓愈(768~824)의 「論佛骨表」에 있는 글의 일부이다.
22) 『소미산방장』 권5, 변, 양학변 상편. "最下蚩蚩之賤 … 幾何不至於蕩殘也."

　이삼환의 판단으로는 견식이 없는 사람들이 지옥에 떨어질까 두려워 천주교에 입교한다는 것이다. 이들은 생산활동에 종사하지도 않고 재물을 아끼지도 않으며, 가난 속에 왼 종일 무리지어 교법을 지키고 기도하는 생활을 하면 대부분 방탕하여 쇠잔해 있다고 보았다. 앞서 보았듯이 이삼환은 지식층인 선비들의 천주교에 대한 관심에 대해서는 비교적 낙관적이었던 반면, 생산활동에 종사하는 서민들의 천주교 입교에 대해서는 매우 우려했다는 사실을 알 수 있다.

　이 밖에도 그는 『양학변』을 통하여 천주교는 하늘을 섬기는 체하면서 남녀귀천을 두지 않는다는 것, 예수상을 만들어 놓고 불교에서 부처를 섬기듯 우상숭배한다는 것, 사람들을 신묘한 내용으로 쉽게 유혹한다는 것 등을 들어 비판하였다.

　「양학변」을 통하여 본 이삼환의 서학인식을 정리해 보면, 그도 다른 벽위론자와 마찬가지로 천주교를 불교와 같은 이단으로 다루고 있다는 사실이다. 현세적이고 합리주의적인 유학자의 일원적 세계관을 그대로 드러내며 천당지옥설이나 예수의 기적과 같은 신비주의적 요소를 배척하려는 경향이 짙게 나타난다. 그는 천주교를 어디까지나 유교에서 얻은 도덕적 기준으로 보고 평가하였다. 따라서 그에게 천주교의 내세적 세계관은 현세의 효와 예를 중시하는 유교의 가르침에 해독이 될 수밖에 없었다. 이러한 해독을 물리치는 길로써 충효를 실행하며 유교의 가르침

(원문은 본 절 후미 「양학변 번역」 참조)

에 충실할 것을 강조하였다. 어찌보면 성호나 이병휴가 생존하였을 때 서학을 비판하면서도 한편 무조건 적대적으로 대하지 않았던 태도보다 후퇴하였다는 생각을 하게 되지만, 이는 앞서 본 바와 같이, 정부의 박해를 예견하고 가문을 지키고 당시 성호학파 내외 상황을 판단한 이삼환이 성호학파의 진로를 생각하여 어쩔 수 없이 소신을 밝히고 강경하게 나아가야 할 처지에 놓였던 긴박한 현실감이 작용하였기 때문으로 보아야 할 것이다. 나아가 앞서 보았듯이, 그가 살고 있는 예산 일대의 천주교 전파가 다른 곳에 비하여 활발함에 따라 위기감을 느낀 데다가, 당시 성호학파의 원로로서 천주교 배척에 적극적이던 광주의 안정복의 영향 또한 무시할 수 없을 것이다.

3. 「양학변」 저술의 의의

이삼환의 「양학변」 저술은 어떤 의미를 지닐까? 여기에서는 당시 성호학파의 진로와 관련하여 생각해 보기로 한다. 1763년 성호가 타계한 이후 10여 년 동안 성호학파는 충청도 덕산의 이병휴, 인천의 윤동규, 경기도 광주의 안정복 등 삼인방이 중심이 되어 중요한 사항을 서로 연락 토의하면서 학파를 이끌어 가던 시기로서 그 중심지는 이병휴가 거주하던 덕산이었다. 윤동규는 성호의 이의없는 유일한 수제자이고, 이병휴는 성호의 친 조카로서 나이로는 윤동규가 이병휴보다 15살이나 위이며, 윤동규는

17살에 성호의 제자가 되었으니 입문 시기로도 윤동규가 이병휴보다는 대선배이다. 이렇게 두 사람은 성호문인 선후배 동문사이로서 상호 존중하며 긴밀한 관계를 유지하였다. 그리하여성호 사후 이병휴가 성호학파를 덕산에서 이끌어 가는 입장이지만, 학파의 주요한 사항에 대해서는 선배인 윤동규와 반드시상의하여 처리해야 했고, 안정복의 자문과 협조도 구하였다. 그러나 윤동규와 이병휴는 학문적 성격이 달라 자주 충돌하였기 때문에 성호학파의 진로에도 좋지 않은 영향을 미쳤다.[23]

이러한 성호학파의 관계에서 앞서 보았듯이 성호 사후 권철신을 비롯한 성호학파 여러 젊은이들은 덕산 이병휴의 문을 자주드나들며 학문적 사상적 영향을 받았다. 이병휴의 학문적 성격이윤동규에 비하여 비교적 개방적이고 학문 대상의 폭이 넓어 '자득'을 중시하는 같은 성호학통의 학문 성격을 지니면서도 젊은 학자들의 구미에 잘 맞았던 것이다.

그러나 1773년과 1776년, 윤동규와 이병휴가 각각 타계하고1780년대에 들어 성호학파는 천주교 문제로 큰 시련에 봉착하게되었다. 권철신을 중심으로 천주교를 수용하려는 젊은 층과 천주교로부터 이들의 발을 빼게 하려는 원로 안정복이 서로 불편한관계가 되어 성호학파는 분열의 위기에 이르게 되었던 것이다.이러한 학파 내부 사정에다가 경기·충청 지방을 중심으로 급속히

---

23) 윤동규와 이병휴의 학문적인 갈등에 관한 사례는 필자의 논문, 「星湖學派의 理氣論爭과 그 영향 ─ 公喜怒論爭을 중심으로」 『龜泉 元裕漢교수 정년기념논총(하)』, 혜안, 2000이 참조됨.

확산되어 가는 천주교 전파는 정부의 경계 강화를 불러오고 박해
가 임박하였음을 예고하게 되었다. 이러한 상황에서 1780년대
안정복의 「천학고」와 「천학문답」이 등장하게 되었던 것이다.

이 시기 50대의 이삼환은 덕산 장천에 살면서 호서지방 성호학
파 원로의 위치에 있었다. 바로 10년 전만 하여도 권철신이나
이기양(李基讓) 등이 양부 이병휴의 문을 드나들었기 때문에 이들
과 가까이 할 수 있었다. 이삼환이 7살 아래인 권철신과 학문적으
로 어떤 관계였는지는 알 수 없으나 서학 즉 천주교에 관한 한
사상적 성향을 권철신 등과 달리 하였음은 분명하다 할 것이다.
즉 이삼환은 천주교에 그리 관심을 두지 않았을 것이라는 점이다.
더불어 유동규와 이병휴 등 성호학파를 이끌어 오던 원로들이
이미 타계한 데다 이들이 천주교에 깊이 관련됨으로써 정부의
박해 조짐이 나타나고 있는 상황에서 성호학파의 진로에 걸림돌
이 될 것이라고 우려하지 않을 수 없었던 것이다. 이렇게 볼
때, 「양학변」 저술은 정부의 박해로 인한 인명의 살상 뿐만 아니라
성호학파의 진로와도 무관하지 않다는 사실을 알게 한다.

그렇다면 「양학변」 저술은 첫째로, 앞으로 정부 박해의 대상이
될 권철신을 중심으로 움직이는 천주교와 관련이 깊은 성호학파
소장학자들과 결별을 의미한다고도 볼 수 있을 것이다. 이는
곧 지금까지 권철신과 그를 따르는 젊은 학자들을 상대로 천주교
에서 멀리 하도록 줄기차게 설득하던 광주 안정복의 벽위 노선과
행동을 같이 하면서 손을 잡은 셈이다. 물론 이삼환은 벽위 성향이
강한 안정복의 문인으로도 통하지만, 그동안 천주교와 같은 서양

사상도 학문 대상으로 삼던 양부 이병휴 밑에서 공부하던 성호학파내 젊은층의 천주교 신봉자들과도 가까이 하던 터라 상당한 심적 갈등이 있었을 것으로 보인다. 그러다가 1780년대 접어들어 천주교와 연루된 정치적 동향의 변화, 성호학파 안의 사상적 갈등, 집안의 천주교 입교, 성호학파의 진로 등을 고려하여 덕산 여주 이씨 가문과 성호학파의 대표적 위치에서 천주교에 대한 자신의 입장을 「양학변」을 통하여 나타냈다고 보여진다.

　10년 뒤 1795년 천주교에서 손을 뗀 정약용과 함께 온양 봉곡사에서 강학을 하면서 성호 예설을 정리하고, 그 후에도 자주 편지를 통하여 성호학통 전승에 대한 앞 일을 걱정하였던 데에서도 성호학파를 살려야 한다는 두 사람의 같은 의식을 찾아 볼 수 있다.[24] 특히 정약용은 오로지 후학을 양성하며 성호학파를 재기하는 데 심혈을 기울인 경기도 양천의 황덕길(黃德吉)에게 침체된 성호학파를 일으켜 주기를 은근히 기대할 정도로 성호학파의 재기에 대한 염원이 컸다.[25] 반면 1790년대에 들어 정치적 환경은 이삼환이나 정약용이 지금까지 성호학파 소장학자들을 이끌어 온 권철신에게는 성호학통 재기의 기대를 걸 수 없게끔 되고 말았다. 따라서 이삼환은 권철신 등 천주교에 관련된 자들과 사실상 결별한 상태였고, 적어도 이삼환이 살던 덕산의 여주 이씨 집안이나

---

24) 필자의 논문, 「정약용의 성호학파 재기 시도에 관한 일고찰」, 55~62쪽 참조.
25) 필자의 논문, 「정약용의 성호학파 재기 시도에 관한 일고찰」, 69~70쪽 참조.

인근 지역을 천주교 전파 대상에서 철저히 봉쇄할 필요성을 느꼈을 것으로 짐작된다. 이때 이삼환은 자신이 지은 「양학변」을 주변 사람들이 돌려 읽도록 하였던 것이다. 앞서 보았듯이 이러한 사실이 조정에 전해지자, 정조(正祖)는 이삼환이 천주교 배척에 공을 세웠다 하여 호서지역 일부를 그에게 맡겨 다스리게 하고자 하는 의사를 제시하며 이삼환을 등용하려는 뜻을 비치기도 하였다. 정조 15년(1791) 12월 1일, 경모궁(景慕宮) 재실(齋室) 경연에서 정조와 신하들 사이에 주고받던 다음 대화를 주목하여 보자.

임금께서 말씀하시기를 "경들이 지난번 이삼환의 일로써, 그 사람 역시 얻기 어려운 유학자라고 아뢰었으니 사악한 무리를 물리치는 정책에 가히 도움이 될 듯하다. 내가 일찍이 李 아무개(星湖 名字임)가 지은 책을 보았는데, 거기에 이르기를 '西士가 더욱 깊숙이 밀착하여 스며들고 있다'고 하였다. 湖西 여러 고을의 많은 무리들을, 만약 이삼환으로 하여금 잘 타일러 깨우치고 이끌도록 한다면, 어찌 유익하지 않겠는가?"라고 하자, 신하들이 말하기를 "듣건대 이삼환이 거처하는 주변 3~4십리 안에는 오염된 자들이 없다고 합니다. 만약 상감의 교시를 그에게 전하여 보이면 그 어찌 감히 꺼려하겠습니까? (오염된 무리들을) 애써 지성으로 깨닫도록 타이르기를 열 번 백번 한다면, 혹 잘 듣고 따르는 길이 있을 듯합니다."라 하였다. 임금께서 말씀하시기를 "경들은 내 뜻이 이와 같으니 속히 문서로 알리고, 반드시 내년 3월 전에 그 성과를 보고하도록 하는 것이 좋겠다. 만약 명을 능히 잘 받든다면 조정에서 어찌 공로에 대한 보답의

은전이 없겠는가?"라 하자, 신하들이 "마땅히 마마의 교시를 받들어 행하겠습니다."라고 하였다.26)

위 사료에 나타나 있듯이, 정조는 이삼환을 당시 충청도 서북쪽에 번지고 있는 천주교 퇴치에 적절한 인물로 평가하고 있음을 알 수 있다. 또한 정조는 서사(西士 : 신부를 포함한 서구 학자를 가리킴)가 깊숙이 스며들고 있다는 성호의 저서를 이미 읽었는데, 이삼환도 성호와 같은 생각을 지니고 있다는 소식을 듣고 있었다. 그리하여 이삼환에게 이 지역 천주교에 접한 사람들을 깨우쳐 타이르도록 일정한 임무를 주도록 하고, 이듬해 3월까지 결과를 보아 조정에서 은전을 베풀도록 지시하였다.

그러나 이 일은 채제공의 반대로 이루어지지 않았지만 천주교의 전파를 막는 데 「양학변」의 영향이 컸을 것이라 생각한다. 1801년 신유사옥으로 천주교에 관련된 많은 사람들이 형벌을 받았지만 이삼환이 살던 지역은 사옥을 면하였다고 전한다.27)

---

26) 『小眉山房汲古綆』正宗朝 筵說. "上曰 卿頃 以李森煥事陳達 其人亦是難得之儒 則似可有助於闢邪之政矣 予嘗見李某(星湖名字)所著書 有曰 西士尙在膠漆盆中云 而森煥之平日持論 亦如此云 湖西諸郡蝨蝨之類 若使森煥曉諭開導 則豈不有益耶 賤臣曰 聞李森煥所居環三四十里內 無染汚者云 若以上敎傳示於渠 則渠豈敢憚 勞而至誠開諭 至十至百 則似或有聽從之道矣 上曰 卿以予意如此 卽速書報 必於來歲暮春前 使之告厥成功可也 若能善爲對揚 則朝家 豈無酬勞之典耶 賤臣曰 當依聖敎爲之矣" 그러나 이 기사는 『承政院日記』같은 날짜 경연 기사에는 없다. 혹 누락된 것이지 알 수 없다.

27) 『수당집』권9, 묘지명, 목재이선생묘지명. "是時有泰西天主學者 自中土侵

둘째로 「양학변」의 저술은 호서지방 성호학통을 벽위적 성향
으로 이끌어가는 데에도 큰 몫을 하였을 것이라는 점이다. 앞서
보았듯이 덕산 지역은 이병휴가 살아 있을 때부터 그의 개방적
학문연구의 특성 때문에 성호학파의 젊은이들이 드나들며 그의
학문에 귀를 기울였다. 따라서 1776년 이병휴가 타계할 때까지만
하여도 덕산 장천리는 성호학파 가운데에서도 서학에 대한 인식
이 상당히 호의적이지 않았을까 생각된다. 그러나 이병휴가 타계
한 이후 1780년대의 주변 상황은 천주교의 급속한 전파와 관련하
여 오히려 이삼환에게 위기의식을 느끼게 하였고, 「양학변」의
저술을 낳게 하였던 것이다.

광주의 안정복이 그러하였듯이, 이삼환이 이끄는 덕산 지역
성호학통도 이제는 벽위적 성향을 보이며 주변으로부터 스며드
는 천주교를 차단하려고 안간힘을 썼을 것으로 생각된다. 아울러
이 지역 성호학파는 이전 보다 철저하게 유학을 지키려는 방향으
로 나아갔던 것으로 판단된다. 그가 1799년 성호의 학문을 "위정도
(衛正道) 벽이단(闢異端)"이라고 못박아 말하고,[28] 그 자신도 답습
하였으며,[29] 후학을 양성할 때에는 '자득'의 방법을 통하여[30]

染東出 先生憂之 作洋學辨 傳示遠近 正祖嘗謂蔡文肅公曰 聞李某闢邪甚力
余甚嘉之 欲專付湖右一路 俾靖民志 對曰 某之闢邪 誠有之草野之人 何敢專
任一路乎 後邪獄起 坐死者甚衆 環先生所居 無一人犯者."

28) 『소미산방장』 권5, 文, 星湖李先生影堂通文, 己未(1799).

29) 『소미산방장』 부록, 士林葬通文. "扶正道 闢異端."

30) 『수당집』 권9, 묘지명, 목재이선생묘지명. "其授業則必先開示文理 使自得
之 未得爲之對坐終日."

성호에게서 배운 그대로 가르쳤다는 사실은 성호학통을 지키되 천주교와 같은 이른바 이단은 멀리하였다는 것을 말해준다. 이러한 이삼환의 사상적 입장은 당대 비교적 열린 학문성을 보인 성호나 이병휴의 성격과 약간의 차이를 지니게 하였음을 찾아볼 수 있다. 반면 이러한 노선을 걷게 된 배경에는 1776년 이병휴가 사망한 이후 성호학파의 원로였던 안정복의 학문과 사상 또한 적지않게 작용하였을 것이라는 점은 앞서 본 바와 같다. 이처럼 「양학변」은 호서지방 성호학통으로 하여금 벽위노선을 걷는 데 큰 역할을 하였다고 할 수 있다. 이러한 노선은 이삼환의 가문을 통하여, 그리고 문인을 통하여 후대로 전승되어 갔다.

19세기 후반에 들어 호서지방 성호학통에 속하는 여러 사람이 성재(性齋) 허전(許傳)의 문인이 되었다. 허전은 안정복의 제자 황덕길의 문인으로 영남지방에서 많은 문인을 배출시키는 한편, 성호학문을 이 지역에 확산시키는 데 주도적 역할을 한 인물이다. 허전을 정점으로 영남지방의 성호학통과 이삼환의 후학들로 구성된 호서지방 성호학통이 긴밀한 유대관계를 유지하게 되었고, 두 지방 성호학통은 안정복 계열 성호학통의 적통이며 당시 19세기 후반 성호학통의 종사의 위치에 있던 허전을 중심으로 공히 철저하게 벽위 노선을 걷고 있었다. 거슬러 올라가면 19세기 성호학통의 벽위사상은 1785년 저술된 안정복의 「천학문답」과 1786년 저술된 이삼환의 「양학변」이 적지않은 영향을 끼쳤다는 사실을 주목하지 않을 수 없는 것이다.

| 양학변 번역문과 원문 |

洋學辨 上篇 丙午(1786) 3월 지음

　머리 위에는 하늘[天]이 있고 마음 위에는 상제(上帝)가 있다. 무릇 이 아래 백성들 누가 하늘을 받들고 상제를 공경해야 한다고 말하지 않겠는가? 혼륜(渾淪)하고 광대하며 멀리 미치지 않은 곳이 없고, 고명(高明)하고 현혁(顯赫)하여 조금도 밝히지 않은 곳이 없기 때문에, 군자가 한번 손을 움직이고 한번 생각을 바꿀 때에 조금도 어긋남이 없거늘 마음대로 하늘을 어겨 감히 공경하지 않겠는가? 비록 그렇다 하더라도 하늘을 섬기고 귀신을 섬기는 것은 같지 않다. 존경함을 지극히 하여 감히 따르지 않을 수 없고, 공경함을 극진히 하여 감히 욕되게 할 수 없다. 마치 남교(南郊)에서 나무를 태워 제사를 지내 하늘을 섬기고, 대사(大事)에 반드시 상제에게 고하는 것과 같다. 이는 왕조에서 시작한 예(禮)로서 각 개인이 행할 수 있는 것이 아니다. 지금 임금의 수레가 나가는데 귀족들 부인이 담장에 둘러서서 감히 절을 못하고, 비록 보잘 것 없는 정성이지만 감히 예물을 바치지 못한다 하더라도, 어찌 그 마음에 인정이 없어 그러하겠는가? 실로 신분이 엄정하여 법도상 함부로 할 수 없는데, 하물며 하늘의 고원(高遠)함에랴?

　양학(洋學)은 이와 달라 남녀 귀천이 없고 같은데, 이 모두 하늘

섬기기를 명분으로 삼고 있다. 손으로는 이름난 향을 태우고 입으로는 경전에 있는 말을 외우며, 매일 아침저녁으로 합장하고 이마가 땅에 닿도록 절을 하는 것이 마치 중이 부처를 섬기는 것과 같다. 저 부처는 실제로 그 사람이 있었고, 그의 무리들이 오랫동안 숭배하고 받들었는데, 아마도 이들과 가까이 하였을 것이다. 오랑캐 마귀의 황탄한 법이 어찌 숭고한 하늘에서 만들어 졌겠는가? 그런데 이는 오히려 가벼운 과오이고, 또한 이보다 더 큰 것이 있다. 유대[女德亞] 마을 여인이 낳아 기른 자를 어떻게 믿어야 할지 모르겠다. 괴이하고 망령된 남자를 볼 때마다 천주라 고 하고, 마침내 십자가에 못박혀 죽은 사건을 신격화 하여 인간을 구제하는 일대 공안(公案)을 만들었다. 아. 저 창공을 머리에 이고 감히 이런 말을 하면서 거리낌 없으니 더욱이 하늘에 어찌하려는 가? 더럽고 천박함으로 하늘을 섬기니 하늘을 속이는 것이고, 환망한 것을 가리키며 천주라고 말하니 이는 하늘을 속이는 것이 다. 만약 천당과 지옥이 없다면 그 뿐이겠으나, 있다면 하늘을 속이는 자는 반드시 지옥에 떨어질 것임을 내가 알겠다. 또한 불가에서는 스스로 말하기를 신통함이 광대하고 변화가 무궁하 여 두루 밝히는 시방신(十方神)이 도솔(兜率)에서 놀았다고 한다. 천당지옥의 고락을 비록 눈으로 보아 안다고 말하더라도 이미 거기에는 여러 설이 있다. 서사(西士) 역시 사람일 뿐으로 육신(肉 身)을 바꿀 수 없고, 시력이 한계가 있어 저승의 까마득한 일을 누가 보고 누가 전해 주었단 말인가? 이리하여 나는 불가(佛家)의 나머지 설을 빌려 끌어다가 자기 것으로 만들어 사람들을 속이는 권력의 자루로 삼았다는 것을 알겠다. 대저, 그 가르침[學]은 전적으로 불가에서 나왔고, 그 의도는 새로운 문벌[門] 수립을 꾀하는 데 두고 있는 까닭에 윤회(輪回)의 설을 거짓 배척하고 그 밖에는 마치 배척하지 않는 것 같이 한다. 그런데 합장하고 노래하며 절하는 법이나 천당 지옥의 설 같은 것은 순전히 그 가르침을 사용하고 있다. 또한 중국에서 중국인들이 자기 나라의 신앙이 아니라고 생각하는 것을 두려워하여 유가(儒家)에서 말하는 한 두 개의 대수롭지 않은 글을 따다가 모아 설(說)을 만들고, 성인의 말씀에 맞는다고 편리하게 마음대로 지껄인다. 그러나 중심이 되는 근본은 본시 달라 성인의 실상과 배치되는 것이 많이 발견되고, 그 욕망이 더욱 점점 드러나 갈수록 교묘하고 졸렬하다. 뜻의 지나침이 없으면 성인이 용서하고, 하는 일이 착하면 군자가 용납하지 않을 수 없는 것이니 중국의 법이 그러하다. 서사(西土) 역시 서로 말하기를 '이 어찌 겉치레에 힘쓰는 군자에게서 나온 것일까?'라고 한다. 비록 양학(洋學)의 여러 가르침에 밝지 못하다 하더라도, 능히 착한 일을 행하지 않고는 스스로 복을 받을 수 없는데, 이 또한 음흉하고 사악한 소인이기 때문일까? 비록 매일 착한 일을 하고 여러 가르침을 부지런히 수행하며, 그 본의를 강구함이 복을 구하는 데에서 나오지 않는다면, 하늘의 영명(靈明)함으로써 역시 그 간사하고 요사스러움을 기꺼워하며 지독한 속임수를 들어주는 일에 응하지 않을 것이다. 그러니 그 가르침은 본받을 수 없고 빛을 잃은 것이 아닌가?

오호라. 양학은 그 하는 말이 극히 신기함에서 나온 까닭에

사람을 미혹함이 심하고, 화복(禍福)으로 위협하는 까닭에 사람을
제압하기가 쉬워, 사람을 미혹하는 설로 사람을 제압하는 계책을
쓴다. 드디어 우리 동방예의의 풍속을 때때로 스며 물들게 하여
이적(夷狄)의 가르침[敎]에 빠뜨린다. 이 역시 세상의 운수가 불행
할 따름이다. 비록 그렇다 하더라도 태사(太師)가 동쪽으로 와서
행한 가르침의 교화가 아직 다행스럽게도 없어지지 않아, 우리
어진 임금께서 펴신 문명의 정치가 이에 성대하고 천리(天理)가
존재하였다. 이 모든 세상에 꼭 미치지는 않아 미혹에 빠졌다
하더라도, 뒤에 얼마 있다가 사악한 설의 제거가 아마도 쉽게
이루어질 것이니 기다려 보는 것이 어떨까?

  내가 나라 안에서 그들의 학문을 하는 자들을 보건대 그 부류가
셋이 있다. 첫째, 선비로서 독서를 하고 궁리하는 자이다. 수학에
정밀하고 천체 관측에 능하며 천문 기상의 계측이 이치에 맞고
정확하여, 마침내 그들 말이 진실되고 허황되지 않다고 말한다.
더불어 그들 학문을 기꺼이 숭상하는 자가 혹간 있다. 이는 다름이
아니고 입문하기에 앞서 감추는 것이 있는지를 보는 것이다.
그러나 천부적으로 영명함은 숨길 수 없는 까닭에 믿고 의심함이
서로 반반이다. 그들 책을 보고 기꺼이 그 법을 실행하지는 않고,
성인의 가르침을 지키며 그 예절을 폐하지 않는다. 나는 그들이
결국 스스로 깨닫고 머지않아 돌아오리라는 것을 알고 있다.

  둘째, 선비의 명예를 흠모하면서 즐거이 함께 어울린다. 마치
이(理)의 유무나 도(道)의 그릇됨과 올바름에 궁구할 수 없는 것이
있는 것 같다. 필경 마음에 진실로 기뻐하면서 그 학문을 버리고

배워 마침내 미혹됨에 이른다. 그러나 우리 도가 다시 밝아져
선비들이 좋아 스스로 바른 곳으로 돌아오면 의지하여 붙을 곳이
없게 되어 결국에는 꼭 막지 않아도 없어질 것이니 역시 근심할
필요가 없다.

끝으로 아주 어리석고 천한 사람은 본시 견식이 없어 화복에
흔들리는데, 오히려 지옥에서 빠져 나오기 어렵다는 것을 두려워
하고, 극락과 천당에 오르기를 그리워하며 바람에 흔들리는 그림
자가 따라다니듯 온 힘을 다한다. 한자(韓子)의 이른바 '노소가
세찬 물결처럼 그 생업을 버리고, 이마와 손가락을 불태우며
백명 천명 무리를 지을 것이다'라 하였으니, 바로 이를 가리킨다.

어리석고 미혹하여 이해시키기 어렵고 미련스럽게 지키는 것
도 이미 굳어져, 이는 말로써 다툴 수 없고 형법으로써도 금할
수 없다. 그러나 생산을 일삼지 않고 재화를 좋아하지 않으며
눈앞의 어려움을 구휼하지 않고 아침 일찍부터 저녁 늦게까지
힘쓰는 일은 작법편호(作法編戶)하는 생활을 벗어나지 않으니
어찌 탕잔(蕩殘)에 이르지 않겠는가? 무릇 사람이 궁하면 하늘에
호소하고, 병으로 아프면 부모에게 호소하며, 가난하고 쓸쓸함이
몸에 닥쳐 처자가 헐벗고 굶주리면 심지(心志)가 어지럽고 근심
걱정으로 무료하게 된 뒤에는 착한 마음이 드러나고 복을 구하는
일에 뜻이 없어 기약없이 스스로 그치게 되는 것이다. 이러한
형세가 반드시 다다를 것이다. 십계(十戒) 가운데 모든 일을 착하게
하라는 것과 같은 것 역시 우리 유가에서도 권면하는 것으로
배척하지 않고 있고, 죄를 면하는 것[果罪] 한 조목은 본시 근거가

없고 전적으로 속임수에 속하여 실로 군자가 수치스럽게 생각하는 도리이기 때문에 변별하지 않겠다.[31]

31) 『소미산방장』 권5, 변, 양학변 上篇(丙午 三月作). "頭上有天 心上有帝 凡此下民 孰不曰天可尊也 帝可敬也 渾淪廣大 無遠不覆 高明顯赫 無微不燭 故 君子一動手一轉念之頃 毫忽有差 便違於天 敢不敬乎 雖然事天與事人鬼 不同 尊之之極而不敢援 敬之 之亘而不敢瀆 若燔柴南郊以事天 有大事必告 上帝者 此自王朝之禮 非人人可得而行也 今夫車駕之出 士女環堵 而不甘拜 雖有芹曝之誠 不敢有進獻 豈其心有不愛而然哉 誠以等威之截而義所不敢 而況於天之高遠也哉 洋學則異於是 無男婦貴賤一 是皆以事天爲名 手褻名 香 口誦經言 朝朝暮暮 合掌頂禮 一如釋氏之事佛 彼佛者 實有其人 其徒之 悠久崇奉 抑或近之夷鬼荒誕之法 奚爲於崇高之天 然此猶薄過 又有大於此 者 如德亞村婦所生育者 不知何許幻妄男子 而輒目之爲天主 遂以十字架釘 死之事爲神化 救人之一大案 噫 頂戴彼蒼 而敢爲此言 無所顧忌 則尙何爲於 天以鄙賤而事天 是謾天也 指幻妄 而稱爲天主 是誣天也 使無堂獄則已 有則 吾知謾天 誣天者之必墮地獄也 且釋氏則 自謂神通廣大 變化無窮 明周十方 神遊兜率 堂獄苦樂 雖曰目見而知 猶有說焉 西士亦人耳 肉身未化 目力有限 冥府茫昧之事 孰覩而孰傳之 吾以是知其假釋氏之緒餘 欖爲己有 以作嚼人 之欛柄也 大抵其學專出於釋氏 其意則 在於圖立新門 故陽排輪回之說外 若非斥者 然若其膜唄之法堂獄之說 純用其敎 又懼中國之不我信也則 採儒 家一二細行 撮合爲論 便自謂合於聖人之言 然大本旣差 與聖人實相背馳多 見 其欲益彌彰 愈巧而愈拙也 夫無情之過 聖人所有 有爲之善 君子不許不惟 中國之法爲然 西士亦相云 爾將由乎修飾之君子歟 雖不曉洋學諸法 莫之能 行爲善 自可蒙福 將由乎淫邪之小人歟 雖曰行善事 勤修諸法 究厥本意 不出 於徼福 則以天之靈明亦不應 喜其私媚 受其欺詆 然則其學之不足法 不已章 章矣乎 烏乎 洋學出其爲說 極新奇故 惑人也深 脅之以禍福故 制人也易 以惑人之說行制人之計 遂使吾東方禮義之俗 往往爲其濡染 入於夷狄之敎 斯亦世運之不幸也 已雖然 太師東敎之化 尙幸未泯 我聖祖文明之治 於斯爲 盛 天理有在 必至於擧斯世 迷溺而後已 邪說之熄 庶乎可以唾掌 而俟之何也 吾觀國內之爲其學者 其類有三 士之讀書窮理者 見其精於籌計巧於推步 觀 象測驗鑿鑿中竅 遂謂其言之眞實无妄 幷與其學而欽尙者 亦或有之 此無他 先入之見 有以蔽之也 然天賦之靈明 有不可掩故 信疑相半 觀其書 不肯行其

洋學辨 下篇

　양학의 근본적인 의도는 하늘을 섬기는 데에서 나온 것이 아니다. 그리고 하늘은 드러난 형체로서 거처할 궁실이 없고, 입고 먹는데 필요한 팔다리와 몸, 입과 배도 없다. 또한 사람과 같이 아주 정성스럽게 자세하게 가르치고 일에 따라 권면하거나 꾸지람하는 것도 아니다. 온화하고 엄숙하게 위에 계시면서 어짊으로 백성을 감싸고, 태화(太和)한 원기(元氣) 가운데에서 빚어 만드는데[陶鎔], 선한 자에게는 복을 내리고 선하지 못한 자에게는 재앙을 내린다. 하늘이 하늘다운 까닭이 이와 같을 뿐이다. 그러므로 사람으로서 그를 섬기는 자는 의당 일심으로 제사를 드리고 공경하고 삼가 두려워하며, 한번 손을 돌리고 한번 발을 드는 잠시라도 천리(天理)를 거스르지 않을 것을 명심하고 재앙을 면하기를 기원

法 守聖人之訓 不廢其禮 吾知其終將自悟 不遠而復也 其次則 慕士類之名 而樂與同業 若理之有無 道之邪正 有不可究 竟而心誠喜悅 棄其學而學焉 遂至於迷惑 然吾道復明 士趣自歸於正 則無所依附 終必不禁而廢 亦不足憂 也 最下蚩蚩之賤 本無見識 動於禍福 猶懼地獄之難脫 而思躋乎極樂天堂 風靡影從 盡心力以爲之 韓子所謂老少奔波 棄其業次 焚頂燒指 百千爲群者 政指此爾 愚惑難曉 守株已固 此未可以口舌爭 亦不可以刑法禁 然不事生産 不愛財貨 不恤目下之難 早夜孜孜者 不外乎作法編戶生活 幾何不至於蕩殘 也 夫人窮則呼天 疾痛呼父母 及至貧寒切身 妻子凍餒 心志拂亂 憂愁無聊然 後 善心發露 無意於求福 不期而自止 此勢之所必至也 如十戒中爲善諸事 亦吾儒之所勉 在不當斥 果罪一款 初無依據 專屬詿誕 固君子之所羞 故不 辨.”

한다. 저 양학은 새로운 문 세우기를 시도하며 불가에서 부처 섬기는 법을 거짓 빌려 그 이름을 잽싸게 바꿔 하늘을 섬기고, 중국 성인들의 말을 꾸며 사람들이 그들의 흠을 잡지 못하도록 하려 하나, 그들이 말하는 것이 스스로 모순되고 많은 잘못이 모두 드러나는데, 애석하게도 이 가르침[學]을 배우는 자들이 미혹되어 깨달아 살피지 못한다.

무릇 하늘의 신통함과 광대함으로 진실로 백성을 일깨워 주려 함이 저들이 말하는 바와 같다면, 신의 조화가 두루 미치는 어느 곳을 돌아볼 수 없어 뜻밖에 친히 내려와 어리석고 더러운 시골 아낙네에게 임신을 의뢰하겠는가? 이미 내려와 백성을 깨우쳤다 면 마땅히 대낮에 하늘에 올라가 사람들이 영험한 감응의 자취를 환하게 알도록 해야 했을 것이다. 또 하필 십자가 위에서 홀연히 죽어 백성들이 보고 듣는 것을 의혹케 하는가? 설령 그들의 말과 같이 진실로 이러한 일이 있다 하더라도 상제의 존엄이 결코 그 자리를 오랫동안 비우고 땅[下土]에 내려와 있을 수 없다. 그 태어나고 죽는 것이 이 신묘한 도리와 요사스런 변화의 술책에 불과하니 지금 섬기고자 하는 자는 무엇인가? 홀로 머리 위의 것[頭上]을 버리고 아주 놀라운 모습으로 아래로 내려온 하늘이 도리어 어느 해 어느 곳에서 존경함을 드러냈으니, 생사(生死)를 요사스럽게 변화시키는 신이라는 것이 너무 물정에 어둡고 먼 것이 아닌가?

천당과 지옥은 불가에서 본래 선을 권장하고 악을 징계하려고 이 말을 만들어 백성들에게 엄포를 놓았던 것이다. 그 뜻은 옳으나 부르는 이름은 옳지 못하다. 지금 그 설을 빙자하여 중생(衆生)에게 겁을 주어 붙잡아 그 교(敎)에 들어오도록 하니 그 마음이 참으로 어질지 못하고, 그 계책 역시 교묘하고 또한 참람되다. 하늘에 정말 천당과 지옥이 있어 살아있는 것에게 시행되었다면, 당초 인간들에게 들려주고 두렵게 하여 감히 죄를 짓지 못하게 하고 자연히 악을 피하여 선함을 좇았을 텐데, 역시 어찌하여 밝혀서 바르게 하지 않고, 혼돈상태의 알 수 없는 지경에서 천당과 지옥을 갖추어 백성들이 속기를 기다려 함정에 빠뜨리니 하늘의 어짊과 사랑으로 기꺼이 이렇게 해야 하겠는가? 또한 사람이 죽으면 혈육의 신체는 모두 썩어 존재하지 않고 없어지지 않는 것은 기(氣)일 뿐인데, 비록 지옥의 도산(刀山)에 있는 아귀(餓鬼)의 감옥일지라도 장차 어느 곳에서 시행할 것인가? 『시경』에 이르기를 '슬프고 슬프도다. 부모가 나를 낳아 힘들여 기르셨도다'라 하였다. 젖 먹여 기르고 고생하며 자라게 하였으니 사람의 자식 된 자는 그 은혜에 갚을 길 없는 덕을 생각하며 마땅히 어떻게 보답할 것인가를 헤아린다. 인군(人君)은 하늘을 이어 등극하는 것이다. 무릇 베풂에 있어 백성을 위한 일이 그릇됨이 없이 하는 것은 논밭을 나누어 주어 의식(衣食)을 얻도록 하고, 정치와 교화로 효제충신(孝悌忠信)의 도리를 권장하며, 형법으로 포악한 난동을 금한다면 온 세상이 어디가 왕토가 아니고 누가 왕의 신하가 아니겠는가? 그렇다면 부모에게 효도하고 임금을 공경하는 일은 곧 인정으로는 스스로 그만둘 수 없는 것으로 천리의 당연한 법칙이거늘 하늘을 섬기는 절개와 지조가 여기에 있는 것이다.

　지금 그들의 말에 '하늘은 우리 대부모(大父母)다. 하늘을 섬기지 아니하고는 역시 부모를 섬기고 임금을 공경할 수 없다'고 하며, 조잘조잘 괴탄불경(愧誕不經)한 법으로 정력을 다 허비하고, 스스로 하늘을 섬기면서 지옥을 탈출하여 천당에 오르기를 바라는데, 비유하자면 마치 백성이 어리석고 완고하여 국법을 몰라 원님을 받들지 않는 것과 같다. 오로지 아침 저녁으로 대궐을 향하여 절하고 마주 앉아 식사하며 반드시 만세를 부르면서 '나는 능히 임금을 공경하고, 나는 임금을 잘 섬긴다' 하고, 임금의 은혜를 바라고 형벌을 면하기를 꾀하는데, 나는 그가 반드시 유능하지 못하다는 것을 알겠다. 양학 또한 『시경』에서 '문왕(文王)이 오르내리심이 상제(上帝)의 좌우에 계시다'[32]라고 말한 것으로 천당의 증거로 삼는다. 그러나 문왕은 부모에게 효도하고 임금에게 충성하였으며, 정사를 펴 어진 은혜를 베풀고 어렵고 고독한 이를 봉양하였다. 살아서는 오복(五福)을 누리고 죽어서는 또한 상제의 곁을 오르내렸는데 이때 양학은 중국에 들어오지도 않았고, 결코 일찍이 재소(齋素) 막배(膜拜)도 저들이 하는 것과 같지 않으니, 그 설의 구차스럽고 모순되며 강제로 끌어 모은 것이 많이 발견된다. 지금 임금님이 위에 계시어 백성들에게 은혜를 베풀고 조세 탕감을 명하고 가난한 이를 구제하는 교지가 매년 거듭 내려온다. 무릇 이 백성들이 몸과 뼈가 가루가 되도록 정성껏 노력하여도 오히려 만분의 일도 보답할 수 없는데, 하물며

---

32)『詩經』권6, 大雅 3, 文王7. "文王陟降 在帝左右."

양학의 사건이 터졌음에랴? 비록 패륜이라 하더라도 법을 어기는 외에는 일체 그 어리석음을 가엾게 여겨 엄격하게 다스리는 법을 차마 행하지 못하고, 매우 부지런하고 정성스럽게 가르쳐 이끄시며 마음을 혁신하여 선(善)을 따르는 길을 여셨다. 실로 조금이라도 하늘이 준 성품을 지닌 자라면 무엇이 두려워 걱정하면서 깊이 느끼고 깨달아 돌이켜 의도를 바꾸지 않겠는가? 선량하고 착한 백성이 될 것을 다시 생각하여 그 지극한 뜻을 헤아려 충만하게 해야 할 것이다.

만약 혹시라도 고집스럽고 미혹하여 구태의연한 습관을 고칠 수 없고, 농사를 팽개치고 인사(人事)를 물리쳐 끊으며, 오직 비밀리 서로 무리를 모아 왼 종일 술법이나 조작한다면 강란(降乩)의 여자 무당이나 요사스럽고 주술을 부리는 오랑캐 승(僧)과 똑같은 것이다. 하루아침에 일이 터져 죽음의 형벌을 가하여 몸과 머리가 다른 곳에 있게 되고, 비록 혹 요행히 면하더라도 가업은 파멸되어 없어지고 자손들은 삶을 보존할 수 없다. 저 아득한 천당은 본디 반드시 오르지 못하고 눈앞의 재앙 또한 참혹하니 무슨 고락인가? 이것이 반드시 없애 버리려고 명하여 그렇게 되겠는가? 진실로 지금부터 그 술법을 버리고 그 책을 태워 부모에게 효도하고, 낳고 기르는 일, 장사지내고 제사지내는 일을 성인의 가르침을 모두 순종하여 정성껏 공경하며, 임금의 명을 감히 위반하여 배반하지 아니하고, 농사일을 부지런히 하여 가정을 돌보며, 인간 세상의 즐거움을 향유하면서 복을 드리움이 끝이 없다면 이 어찌 천하의 상서롭고 좋은 일이 아닌가? 다른 사람의

아내와 간통하지 않고 재화를 탐하지 않는 것 역시 성인이 권면하
고 임금이 아름답게 여기는 것으로써 더욱이 나라에서 금하는
것이 아니다.33)

---

33) 『소미산방장』권5, 변, 양학변 하편. "洋學宗旨 不出乎事天 然天無形殼
以居宮室也 無肢體口腹以資衣飯也 又非如人之諄諄然耳提而面命 隨事勸
懲之也 穆然在上 仁覆下民 陶鎔於太和元氣之中 而其善者降之福祥 其不善
者降之禍殃 天之所以爲天 如是而已 故人之事之者 惟當一心對越 敬恭寅畏
一轉手一擧足之頃 思不悖天理 而祈免乎禍殃 彼洋學者 圖立新門 假釋氏
事佛之法 變幻其名 以爲事天 而文之以中國聖人之言 欲使人不得指摘其韓
庇 然其爲言自相矛盾 瘡疣百出 惜其爲此學者之迷惑 而莫之覺察也 夫以天
之神通廣大 誠欲牖民 如彼所云 則神化所覃 何所不能顧 乃親身降下 托胎於
愚濁之村婦也 既已降下牖民 則當白日升天 使人顯然知靈應之跡 又何必十
字架上忽焉 而死以惑下民之視聽也哉 設如其言眞有是事 上帝之尊 決不可
久曠其位 降在下土 其生其死 不過是神道幻化之術 則今之欲事之者何 獨捨
頭上 赫然下臨之天 反致敬 於何歲何地 幻化生死之神 不已迂且遠乎 堂獄者
釋氏本欲勸善懲惡 設爲此言 以啁喝愚民者也 其志則可 號則不可 今又藉其
說 以劫持衆生 驅以入之其敎 其心誠不仁 其計亦巧且憯矣 天苟有堂獄 施之
於有生之 初使人聞之而懼 見之而不敢犯 自然避惡而趣善 亦豈不光明順正
乎 而乃於冥昧不可知之地 設此以待網民 而納諸窄 以天之仁愛 其肯爲是乎
且人之死 其血肉軀殼 皆已腐朽無存 所不滅者氣而已 縱有刀山餓鬼之獄
將安所施 詩曰 哀哀 父母生我劬勞 乳哺鞠育 辛苦以長 爲人子者 思其罔極
之德 宜如何圖報也 人君繼天立極 凡所施設 無非爲民之事 則分之土田 得其
衣食 爲之政敎 以勸其孝悌忠信之道 爲之刑法 以禁其暴亂 普天率土 孰非王
土王臣 然則孝父母敬君上 卽人情之所不能自已者 天理當然之則 而事天節
條於是乎在焉 今其言曰 天吾大父母 不事天亦不能事父敬君 窃窃然殫情費
力於愧誕不經之法 而自以爲事天 求以脫地獄登天堂 比之如民之愚頑 不知
國法 不奉官長 惟晨夕望闕而拜對食 必呼萬世 而曰我能敬君 我善事君也
以徼惠於君 圖免刑章 吾知其必不能也 洋學 又以詩所云 文王陟降 在帝左右
爲天堂之證 然文王孝於父母 忠於君 發政施仁惠 養窮獨 生而享用五福 死又
陟降帝傍 此時 洋學未入中國 固未嘗齋素瞑拜 如彼之爲 多見其說之苟且齟
齬 而强爲之牽合也 方今聖祖在上 惠愛黎庶 蠲逋之令恤窮之敎 比歲累下

凡此下民 雖靡身粉骨 猶不足報答萬一 況洋學事發 雖悖倫干紀之外 一切矜
其愚 而不忍遽治之法 勤勤懇懇 詔誨之諭導之 以開其革心從善之路 苟有一
分天賦之性者 孰不惕然感悟 翻然改圖 思復爲良善之民 以稱塞其至意也
如或執迷不回 不能革其舊染 舍其田作 屛絕人事 惟私相聚徒 蚤夜作法 一如
降亂之女巫 幻呪之胡僧 一朝事發 刑戮加之 身首異處 雖或幸而免焉 家業蕩
殘 子孫不得保其生 彼茫昧之天堂 固未必登 目下之禍亦慘 何若樂 此必欲拚
命以爲之哉 誠自今棄其法 火其書 孝於父母 生事葬祭 一遵聖人之敎 恪恭君
命 無敢違貳 勤爾田事 保爾家室 享有人世之樂 垂福無窮 玆豈非天下之吉祥
善事耶 如不奸人妻 不嗜財貨 固亦聖人之所勉 君上之所嘉尙 而非國之禁
也.”

제3절 이삼환의 현실 개혁론
-응지소를 중심으로-

1809년 순조(純祖)는 나라에 큰 가뭄이 들자 전국의 관찰사와 수령들에게 구언(求言)의 명을 내렸다. 당시 덕산 현감 정래중(鄭來重)을 대신하여 이삼환이 응지소(應旨疏)를 썼다. 이삼환은 조선 후기 백성들의 고난을 가중시켰던 삼정(三政) 즉 전정(田政)·군정(軍政)·환정(還政)의 폐단을 중심으로 소장을 작성하였다. 환자지폐(還上之弊)·양역지폐(良役之弊)·전부지폐(田賦之弊)의 순으로 조목조목 그 원인을 밝히고 대책을 제시하였다. 편의상 그가 원문을 통하여 제시한 환자·양역·전부의 순서대로 고찰해 보기로 한다.

1. 환자정책의 폐단과 개선안

이삼환은 다음과 같이 환자[1]의 폐단을 지적하고 개선안을

---

1) 還上은 한자 발음으로는 환상이지만 이두 발음으로는 '환자'이다. 여기에서는 이두 발음인 '환자'로 표기하기로 한다.

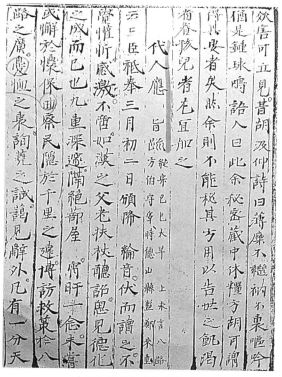

이삼환의 「응지소(應旨疏)」

제시하였다.

　무엇이 환자의 폐단인가? 환자는 중국 역대에는 일찍이 없었고,
처음 고구려 고국천왕(故國川王) 때 시작되었으니 연대는 이미 오래
되었어도 상세한 것은 들을 수 없고 고려 말엽부터 실제로 시작되어
시행되었습니다. 거두어들이고 나누어 주는 법은 송나라 청묘법(青苗
法)2)과 같으나 농사를 방해하고 백성을 괴롭히는 실마리는 청묘법에

166

비하여 또한 배도 더합니다. 왜냐하면 청묘법은 돈을 쓰고 곡식을 쓰지 않기 때문에 돈은 곱거나 추하여도 다 괜찮아, 만약 온전하다면 가려 가질 필요가 없고, 동(銅)이나 납(鑞)은 수효로 세기 때문에 더하거나 덜어낼 수가 없습니다. 곡식은 그렇지 않아 곱거나 거친 것이 서로 현격하고, 대개 도량(度量)이 통일되어 있지 않기 때문에 저장하고 출납할 때 관리들이 그로 말미암아 농간을 부려 이익을 챙길 구멍이 있어 법을 어기면서 훔치고 농단합니다. 좋은 곡식은 자기 것으로 하고 왕겨나 귀리를 섞어 혹 말[斗]을 채우는데, 이는 비록 중국 한(漢)의 공수(龔遂)와 황패(黃霸)³)같은 어진 관리가 정사를 베푼다 하더라도 그 폐단을 고치지 못할 것이고, 장(張)·조(趙)⁴)와 같은 관리가 샅샅이 조사하여도 그 간계를 파헤칠 수 없을 것입니다. 더욱이 참새나 쥐가 먹어 없애는 것, 습한 해충들로 인한 부패, 낟알의 유실 등은 형세가 어쩔 수 없이 그렇기 때문에, 역시 내주는 것은 야박함을 면하지 못하고 들어오는 것은 후하게 함으로써 그 숫자만큼 손해를 보게 되고, 해마다 내주었다가 거두어들이는 것은 기필코

2) 청묘법은 송대 王安石이 주장한 新法으로 주된 조세 징수 대상인 장원의 소유주와 이들의 高利 착취에 시달리는 소작농인 佃戶를 모두 보호한다는 취지에서 만든 법이다. 춘궁기에 소유주인 主戶에게 돈과 곡식을 싼 이자로 빌려주는 대신 세수를 안정적으로 확보하려 하였지만 본시 소작농을 대상으로 고리대금을 해 오던 주호들의 소극적인 태도로 성공을 거두지 못하였다.
3) 공수와 황패는 漢 宣帝때 지방장관으로 재직하면서 민생을 위하여 어진 정치를 편 정치가이다.
4) 張良은 前漢 초기 전략가이자 정치가이고, 趙廣漢은 前漢 昭帝와 宣帝 때 청렴결백하고 업무를 성실하게 잘 처리하기로 유명한 관리였다.

채워 받지만, 매일 쓰는 비용에는 조금도 보탬이 되지 못하고, 관청에서 쓰이는 공적인 경비에도 조금도 유익함이 없으니, 애석하게도 우리 백성들만 실로 그 해를 입어 전혀 살아날 희망이 없고, 길에는 근심과 원망이 가득합니다. 이 법을 시행하여 백성들에게 무슨 이로움이 있다고 나라에서 그대로 두고 고치지 않는지 모르겠습니다.

소민(小民)은 우매하여 아침에 저녁을 걱정하지 않고 오직 눈앞에 소득이 있다는 것만 다행으로 여겨 뒷날에 갚기 어렵다는 것은 돌아보지 않다가, 도리어 환자 때문에 괴로움이 쌓이고 매년 독촉과 책망을 받아 자신에게 닥치는 재난의 고달픔을 겪게 됩니다. 때문에 비록 지극히 곤궁한 집이라도 모두 받기를 원치 않고, 가난한 집 자식들은 다른 곳으로 도피하거나 벗어나기를 꾀하며, 고아나 과부는 관청에 애원하고 호소하면서 면하게 해달라고 요구하는데, 그 피해의 잔혹함을 이것으로 알 수 있습니다. 겨울에 거두어들일 때 백성들은 한 해가 가도록 부지런히 움직여 수확한 것으로 갚으려 해도 그 반도 되지 않으니, 여기저기에서 꾸고 빌리고 가산을 내다 팔아 그 원망과 고통스러움의 급박함을 위태로워 차마 볼 수 없습니다. 간혹 떠돌아다니다가 혈통이 끊어지고 홀로 빈털터리가 되어 징수 독촉을 하여도 받을 가망이 없고, 나라 곡식 역시 덜어낼 수도 없기 때문에 같이 살던 마을에서 거두거나 집안에게 거두어 지역이 온통 소란스럽고 불안하니 평화로운 세상에 이 무슨 광경입니까?

다행히 상감마마의 지극한 정성에 힘입어 하늘을 감동케 하여 근래 홍수와 가뭄, 서리와 우박 같은 재난을 면해 곡식이 큰 흉년에 이르지는 않았기 때문에 연장시켜 지탱할 수는 있게 되었습니다.

168

만약 한번 흉년이라도 든다면 저 수많은 백성들은 서로 헤어져 정처없이 떠돌아다닐 것이니 장차 어떤 지경에 이르겠습니까? 맹자(孟子)가 말하기를 '흉년은 굶주리는 해'라 하였으니, 밭에 거름을 주어도 충족하지 못하고, 또한 빚을 내도 보탬이 되지 못하여, "노인이나 어린이는 구렁텅이에 떨어지니"5) 백성을 위한 부모는 어디에 있습니까? 가생(賈生)6) 역시 "물난리와 가뭄이 상승하면 천하가 크게 쇠퇴한다"고 하였으니, 용감하고 힘이 있는 자가 서로 무리를 모아 경쟁적으로 공격하는데 이 모두 사리와 형세로 보아 필연적으로 그렇게 되는 것입니다. 생각이 여기에 미치니 참으로 한심합니다. 당(唐)의 유안(劉晏)7)은 국가의 대계를 장악하고, '일찍이 백성들에게 후하게 빌려주지 않고, 백성들에게 요행으로 돈을 벌게 하는 것은 나라의 행복이 아니고, 관리들이 법에 의존하여 독촉하거나 책망한다면 백성이 편치 못하다. 나는 풍년에는 반드시 곡식을 사들이고 흉년에는 반드시 곡식을 내다 팔 것이다, 그리하면 곡식이 너무 귀하거나 흔하게 되는 걱정이 없을 것이다'라고 하였습니다. 宋나라 초기에 청묘법을 설립하자, 소식(蘇軾, 1037~1101)8)이 논의하면서, "(청묘)법은 상평

5) 『孟子』 公孫丑章句 下. "凶年饑歲 子之民 老羸轉於溝壑."
6) 賈生은 賈誼로서 중국 前漢시대 정치가이고 문학가이다. 秦 이후의 율령과 제도 개혁, 제후 등 지방 세력의 약화를 주장하였다.
7) 유안(715~780)은 당나라 玄宗대 문장이 뛰어난 신동으로 8살 때 翰林院 正字가 되어 교정 일을 맡았다. 여러 관직을 거치면서 특히 재정에 관한 운영이 뛰어났다.
8) 소식(1037~1101)은 중국 北宋代 대문장가이고 서예가이자 정치가이다. 당시 변법운동과 신구 당쟁의 소용돌이에서 구당파에 속했으며 司馬光과 함께 王安石의 신법을 반대하였다.

(常平)보다 더 낳은 것이 없다. 가난한 백성에게는 구제의 이익이
있고 이서(吏胥)들에게는 재촉하고 몰아치는 수고로움이 없어 관청
에서 얻는 이익 또한 많다. 지금 청묘법으로 바꾸어 얻은 것이 없는데
억지로 강요하면 부자는 원하지 않고, 오직 가난한 백성이 관청에
가져가 납부할 때, 비록 독촉하고 책망하더라도 공물을 사사로이
써 버리는 일 역시 많아, 마치 한 마리 소를 다섯 마리 양과 바꾸는
격으로 한 마리 소를 잃는 것은 생각하지 않고 다섯 마리 양을 얻는
것만 이야기하는 것과 같다. 지금 상평법은 붕괴되고 청묘의 업적만
말하니 이와 무엇이 다른가?" 하였습니다.

　지나간 역사의 장단점은 후대의 귀감입니다. 유안이 행한 것은
곧 상평법인데 재물을 풍족하게 써서 천하가 안락하였고, 송나라에서
는 청묘법을 시행하여 천하에 해독이 퍼짐으로써 수많은 백성이
소요하였습니다. 지금 취하고 버림에 어떤 법으로 하면 좋겠습니까?
지금 말하기 좋아하는 사람들은 늘 환자를 조적(糶糴)의 유법(遺法)이
라고 핑계대지만 조적이 어찌 일찍이 이와 같았습니까? 조적법은
본시 위(魏)의 이리(李悝)9)가 기초하였고 한(漢)의 경수창(耿壽昌)10)
이 실시한 것입니다. 경수창은 변군(邊郡)에 창고를 짓도록 아뢰어
곡식이 남아 돌 때 가격을 올려 농가를 이롭게 하고, 곡식이 모자랄

---

9) 魏의 法家 사상가임. 농업정책의 개혁을 주장하는 법령을 편찬함.
10) 前漢 때의 정치가. 상평법의 창시자. 풍년이 들어 곡식이 흔하여 곡식의
　　값이 폭락하면 정부에서 값을 올려 사들이고, 그 반대로 흉년이 들어
　　곡식이 귀하여 곡식의 값이 올라가면 값을 내려 팔아 농민의 생활 안정을
　　도모하려는 정책을 폈다. 물가조절을 통한 농민의 생활 안정과 구휼
　　대책의 일환으로 주장되었다.

때에는 가격을 내려 백성들을 이롭게 하였는데, 이것이 이른바 상평입니다. 한결같이 팔고 사들이는 것이 모두 백성들을 편리하게 하고 농민을 이롭게 하는 것으로, 지금의 환자와 이것이 조금이라도 같은 것이 있습니까? 예나 지금이나 재물을 잘 다스리는 자는 경수창이나 유안과 같은 이 없고, 한나라와 당나라에서 효험을 본 것이 분명하게 밝혀졌음을 살펴 볼 수 있습니다. 만약 환자의 폐단을 없애려 한다면 상평을 제외하고는 다른 방법을 찾을 수 없습니다. 확실합니다.

지금 마땅히 새로운 법으로 정하고 전국 군현에 명하여 가을에 곡식이 남아돌면 가격을 조금 올려 사들이고, 봄에 곡식이 귀할 때 가격을 조금 내려 팔면 백성들이 이로움을 바라고 앞 다투어 안개처럼 모여들 것입니다. 생각컨대 짧은 기간에 갖추어질 수 있습니다. 사들일 때 가격을 올리고 팔 때 가격을 내림으로써 비록 만약 관청에서 그 이익을 잃더라도, 곡식이 흔하면 사들이고, 곡식이 귀하면 팝니다. 이것이 마치 멀리 보고 큰 이익을 꾀하는 상인이 두 배의 수입을 거두는 것과 같아 결국 큰 이익을 얻게 되는 것입니다. 소식의 이른바 '관청에서 큰 이익을 거두는 것이 또한 크다'는 것이요, 구양수(歐陽脩)도 이를 말하였습니다. 구휼하는 정치를 기다리지 않더라도 봄과 가을 두 번에 걸쳐 소민(小民)이 은혜를 입는 것이 실로 헤아릴 수 없으니, 5~6년만 시행해 보면 반드시 1년 분의 축적이 남을 것입니다. 기회를 보아 마땅히 저축해 두어 때를 기다렸다가 흉년에 사용하여 급박한 일에 대비하면 일이 간단하고 성과도 대단하니, 공사간 모두 이익을 보게 되어, 장차 온 우리나라 사람들이 상감마마의 은택을 두루 입어 춤을 추며 감축할 것입니다. 어찌 훌륭하지 않습니까, 어찌 대단하지 않습니까?11)

---

11)『소미산방장』권6, 잡저, 代人應旨疏. "何謂還上之弊 還上者 中國歷代之所
未嘗有 創自高句麗故國川王時 而年代旣遠 其詳不可得以聞 自高麗末葉
實始行之 其斂散之法 一如宋之靑苗 然其妨農害民之端 比靑苗又加倍焉
何者 靑苗用錢 不用穀故 錢無美惡同好 苟完無可揀擇 銅鑞有數 加損不得
穀粟則不然 精麤相懸 槪量不一故 藏儲出納之際 吏緣爲奸 利竇所在 捨命偸
弄 美穀化爲私 秤蔴合 或至盈斗 此則雖龔黃之循良 無以革其弊 張趙之鉤鉅
不得蔽其奸 加以雀鼠之耗損 濕蟄之傷腐 粒米之遺落 勢所必然故 又不免薄
出 而厚入以賠其數 年年散斂 期以取盈 然絲毫無補於經用 分寸無益於公費
而哀我赤子 實受其害 全活無望 愁怨載路 未知玆法之行 何利於民 而國因循
不改耶 小民愚蚩 朝不慮夕 惟幸目前之有得 不顧日後之難償 而獨於還上則
積困 每歲之督責 儼歷切身之禍害故 雖至窮至貧之戶 皆不願受 貧戶窮子
逃避於他境而圖脫 孤兒嫠婦 哀籲於公門而求免 其爲害之酷 據此可見 及至
冬斂 小民之終歲勤動 而所穫者 不足以償其半 東西債貸 散賣家私 其冤苦迫
急 殆不忍見 間有流亡絶戶 單身赤立者 徵督無所 而國穀亦不敢蠲除故 里徵
族徵 闔境騷屑 治平之世 此何光景 幸賴我聖上 至誠格天 近世以來 得免水
旱霜雹之災 年穀不至大無故 猶得以捱延撑住 若一有凶荒 被億萬生靈 流離
漂泊 將至於何境耶 孟子曰 凶年飢歲 糞其田而不足 又稱貸而益之 使老稚轉
乎丘壑 惡在其爲民父母也 賈生亦曰 水旱相乘 天下大屈 有勇力者 相聚而衡
擊 是皆理勢之所必至 思之及此 誠可寒心 唐劉晏之掌國計 未嘗假貸于民曰
使民僥倖得錢 非國之福 使吏倚法督責 非民之便 吾有賤必糴 有貴必糶 以此
無甚貴甚賤之患 宋之初 設靑苗法 蘇軾議曰 法莫良於常平 貧民有資濟之益
吏胥無催驅之勞 而官所得利亦多 今變爲靑苗 不得抑勒 則上戶不願 惟貧民
取去納官之際 雖行督責 逋欠亦多比 如以一牛易五羊 忘一牛之失 而言五羊
之功 今壞常平 而言靑苗之功 何異於此 前史之得失 後代之龜鑑也 晏之所行
迺常平之法 而財用裕足 天下安樂 宋行靑苗 流毒天下 萬命嗷嗷 今所取捨
當何法而可 今之論者 每以還上諉以糶糴之遺法 然糶糴何嘗如此 糶糴之法
原於魏李悝 成於漢耿壽昌 壽昌白令邊郡築倉 以穀賤時 增其價以利農 穀貴
時 減其價以利民 此所謂常平 一糶一糴 皆所以便民利農 今之還上 與此有一
毫近似者耶 古今善理財者 莫如耿壽昌劉晏 而漢唐成效 班班可攷 如欲革去
還上之弊 外常平而不可他求也 亦定矣 今宜定爲新令 令八路郡縣 方秋穀賤
稍增其價而市之 春而穀貴 稍減其價而賣之 則民覩其利 爭先霧集散斂 惟意

이삼환은 환자를 본시 고구려 고국천왕 때 빈민 구제 목적으로 실시한 진대법(賑貸法)에서 비롯되었다고 이해하고 있었다. 진대법은 춘궁기 백성들의 양식이 떨어질 때 곡식을 빌려 주었다가 가을 추수 뒤에 소정의 이자를 붙여 거두어들이는 빈민 구제책으로 시작되었던 것이다. 그 뒤 고려시대에도 진대법이 실시되어 왔으나 조선시대의 환자는 고려 말엽부터 시작되어 조선 왕조에 들어 본래의 취지와는 달리 백성들을 괴롭히는 수단으로 전락되었다는 것이 이삼환의 판단이다.

그는 폐단의 대표적인 예로 관리의 농단과 부패를 꼽았다. 관리들의 농단이 가능한 원인은 주로 금속화폐를 사용하던 중국의 청묘법과는 달리 우리나라에서는 곡식을 대상으로 하기 때문이라는 것이다. 즉 곡식은 알곡이 곱거나 거친 것이 현격하게 차이가 나고 더욱이 도량형도 일정치 못하며 저장하고 출납할 때 관리가 사사로이 이익을 챙길 허점이 많아 법을 어기면서 훔치고 각종 농간을 부린다는 것이다. 심지어 관리들은 자신들의 이익을 챙기기 위하여 좋은 곡식을 빼돌리고 왕겨나 귀리 등을 섞어 채운다고 하였다. 그 밖에 참새나 쥐가 먹어 없어지는 것, 습할 때 생기는 곡식 벌레인 해충으로 인한 부패, 운반이나 처리

指顧可辦 糶時增價 糴時減價 雖若官失其利 穀賤而糴 穀貴而糶 此如廉賈之倍收 終獲巨利 蘇軾所謂官所獲利亦多者 政謂此也 不待周濟之政 而春秋兩時 小民之被惠 固已不貲 行之五六年 必餘一年之蓄 相其機宜積儲 待時以資凶荒 不虞之備 則事簡功茂 公私兩利 將見環東土含生之倫 淪浹聖澤 鼓舞感祝 豈不休哉 豈不盛哉."

과정에서 발생하는 낟알의 유실 등으로 인한 손실분은 어쩔 수
없다 하더라도 결국에는 모두 농민들의 부담으로 돌아온다는
것이다. 결국 농민은 농민대로 부담이 가중되고 관청은 관청대로
경비로 써야 할 돈이 고갈되어 관청의 운영도 어렵게 된다는
것이다.

　관리의 농간 외에도 경제적으로 곤궁한 백성들은 환자를 통하
여 곡식을 빌리면 우선 끼니 걱정을 덜기 때문에 다행으로 여기지
만 나중에 갚기 어렵다는 것은 돌아보지 않다가 갚지 못하면
독촉과 책망을 받는 고달픔을 겪게 되고, 빈곤한 집 자식들은
도피하게 되며, 보호할 가족이 없이 고독한 사람들은 어려움을
관아에 호소하는 등 매우 참혹한 실정이라고 하였다. 그리고
농민들은 수확을 하여도 대여곡을 한꺼번에 갚을 수 없어 다시
꾸고 빌리고 가산을 팔아야 하는 실정에서 백성들의 원망과 고통
이 급박한 상황에 이른다고 하였다. 또한 가정 파탄으로 회수할
방법이 없는 경우가 생기면 관아에서는 원곡을 채우기 위해 같은
동리에 사는 사람들에게서 강제로 징수하는 인징(隣徵), 일가친척
의 집안 사람들에게서 강제로 거두어 가는 족징(族徵)과 같은
일을 벌이기 때문에 불안하고 소란한 사회가 되었다는 것이다.

　이삼환은 이와 같은 환자의 폐단을 없애기 위하여 상평법(常平
法)의 시행을 요구하였다. 상평법은 중국 한나라 경수창(耿壽昌)이
조적법(糶糴法)으로 시작하였던 것인데, 당나라에서는 유안(劉晏)
이 시행하였다. 그후 송나라에서 청묘법을 시행하며 농민의 폐해
가 커지자 다시 소식이 청묘법을 반대하며 상평법의 부활 시행을

주장하였다. 이는 풍년에는 정부에서 곡식을 비싼 값으로 사들이고 흉년에는 곡식을 싼 값으로 내다 팔아 곡식 가격의 등락에 따른 농민의 피해를 줄이던 방법으로 농민의 생활 안정책으로 도입되었던 것이다. 이삼환은 이 상평법이 옛 조적법과 같은 것이라 하면서 사람들이 현재 조선에서 시행되는 환자가 조적의 유법(遺法)이라고 하는 주장을 반박하였다. 그는 상평법의 시행을 주장하며 "예나 지금이나 재물을 잘 다스리는 자는 경수창이나 유안과 같은 이 없고, 한나라와 당나라에서 효험을 본 것이 분명하게 밝혀졌음을 살펴 볼 수 있습니다. 만약 환자의 폐단을 없애려 한다면 상평을 제외하고는 다른 방법을 찾을 수 없습니다. 확실합니다"라고 확신하였다. 그리고 "사들일 때 가격을 올리고 팔 때 가격을 내림으로써, 비록 혹 관청에서 당장은 그 이익을 잃더라도, 풍년이 들어 곡식이 흔하면 사들이고, 흉년이 들어 곡식이 귀하면 팝니다. 이것이 마치 멀리 보고 큰 이익을 꾀하는 상인이 두 배의 수입을 거두는 것과 같아 결국 큰 이익을 얻게 되는 것입니다"라 하며, 이 법을 시행하면 단기적으로는 이익이 없는 것처럼 보여도, 장기적으로 볼 때 국가의 입장에서도 큰 이익이라 하였다. 그는 상평법의 성공을 확신하며 "5~6년만 시행해 보면 반드시 1년 분의 축적이 남을 것입니다. 기회를 보아 마땅히 저축해 두어 때를 기다렸다가 흉년에 사용하여 급박한 일에 대비하면 일이 간단하고 성과도 대단할 것"이라 자신하였다.

이처럼 그는 응지소를 통하여 환자를 폐지하고 상평법을 실시하여 농민의 고충을 덜어주는 동시에 관청의 경비 조달도 도움이

되게 할 것을 강하게 주장하였다. 이러한 그의 주장은 환자제도를
폐지하는 대신 상평창의 기능을 잘 활용하자는 유형원(柳馨遠)의
주장과 유사하고, 상평창의 기능을 살리면서 사창(社倉)[12]을 적극
적으로 도입하자는 안정복의 주장과 상평창의 폐단을 들어 부정
적인 입장을 보이면서 사창제도를 권장한 성호의 주장과 약간
다른 견해라 하겠다.[13]

2. 양정정책의 폐단과 개선안

이삼환은 징집 대상인 양정의 수급 정책에 나타나는 폐단을
다음과 같이 지적하고 개선책을 제시하였다.

무엇이 양정(良丁)의 폐단인가? 지금 태평성대에 다행히 흉년과
전염병의 재난이 없어 매년 갓난아이가 날로 늘어나고 있습니다.
이에 마땅히 양정이 크게 불어나 군인의 수효도 모자람이 없어야
하는데, 해마다 찾아 모아도 항상 모자라 걱정하고, 백성 가운데

---

12) 사창은 대체로 면단위 이하에 100호를 1社로 하여 설치하는데, 일정한
　　母穀을 만들어 두었다가 구황과 같이 긴급할 때 구제용으로 쓰던 농민
　　자립 구휼제도의 하나이다. 상평창이 주로 물가 조절 기능으로 설치되었다
　　면 사창은 주로 구휼 기능을 목적으로 설치되었는데, 모두 농민의 생활
　　안정이 주된 목적이었다.
13) 구체적인 내용은 필자의 저서, 『순암 안정복의 동사강목 연구』, 성균관대학
　　교출판부, 2012, 324~327쪽 참조.

아들이 많으면 한 명을 징집 대상자로 하고 황구(黃口)라 하여 어린아이를 군적(軍籍)에 마음대로 올립니다. 무릇 아들을 많이 낳으면 옛날에는 이른바 '더할 나위없이 기쁘고 좋은 일[吉祥善事]'이라 하였는데, 민가에서 아들을 낳으면 문을 잠그고 근심하고 탄식하며 재난을 만난 듯하니 그 정상이 참으로 괴롭고 그 사정이 참으로 애처롭습니다. 그 근원을 헤아려 보니 오로지 노비법(奴婢法)이 마땅함을 잃어 그러하오니 지금 먼저 노비법을 재고하여 주십시오. 지금 개인이 소유하고 있는 노비는 모두 어머니 신분을 따르고 아버지 신분을 따르지 않는데 이 무슨 법도입니까? 고려 정종(定宗) 대에 (정책을) 논의하는 자들은 천한 노비들이 어머니는 알고 아버지는 모르고 있는 자라 하면서, 아버지 신분을 따르게 하면 쉽게 송사(訟事)를 일으키기 때문에 결국 아버지를 따르지 못하게 하였습니다. 우리 조정에서도 중세(中世)에 역시 그 결정을 따라 시행하기로 정하였으나, 지금 노비들이 어찌 일찍이 아버지를 모르는 자가 있겠습니까? 설령 있다 하더라도 이는 특별히 수만 수천 가운데 하나일 뿐인데, 수만 수천 가운데 하나 때문에 법례(法例)로 정하여 윤리에 어긋나게 하는 것이 어찌 옳습니까? 전(傳)에 '짐승은 어미를 알되 아비는 모른다' 하였고, 야인(野人)은 '부모가 어찌 헤어지는가?' 하였습니다. 고을의 선비는 아버지 사당 모시는 일을 알고, 학사대부(學士大夫)는 조상 모시는 일을 알고 있습니다. 지금 노예와 같이 천한 사람들이 비록 감히 스스로 고을의 선비들과 섞이지 못하고, 홀로 많은 시골 사람들과도 섞이지 못하는데, 도리어 아버지를 모르는 짐승과 같이 취급합니까? 아버지는 귀중하고 어머니는 가벼이 여기며, 아들은 귀하고 딸은 천하게 여긴 까닭에 남자의 관례(冠禮)는 아버지가 가르치고 여자의 출가는 어머니가 가르칩니다. 성인이 예(禮)를 만든 뜻이 이와 같고, 그 구별이 정확하고 이치에 합당합니다만, 지금 노비에게 모두 어머니를 따르도록 하여 다시는 아버지가 있다는 것을 모르도록 해야 하겠습니까? 참으로 그것이 합당한지 모르겠습니다.

이런 고로 아버지가 양민이고 어머니가 천민이면 양인의 아들은 번번이 천민에 속하게 되고, 천민이었다가 속량(贖良)한 자가 사삿집의 천민과 혼인하면 이전과 같이 다시 천하게 되니, 양천(良賤)이 뒤섞여 혼란스럽고 변별할 수가 없습니다. 고로 부역을 도피하려는 간사한 무리들이 모두 이에 의탁할 수 있고, 혹 옛 주인에게 의탁하거나 귀족 세력에 의탁하여, 시골 마을의 인가가 비록 번창하여도, 천적(賤籍)이 반이 넘어 귀족의 울타리 아래 인가가 서로 붙어 있어도 한 명의 양정(良丁)은 없고 도망하여 온 자가 많으니 군액(軍額)이 어찌 줄지 않겠습니까?

지금 만약 법령을 개정하여 아들은 반드시 아버지 신분을 따르게 하고, 딸은 어머니 신분을 따르게 하면, 양민의 자손은 대대로 양민이 되고, 천한 노비의 자손은 대대로 천하게 되어 양천이 판별되고 서로 혼잡하지 않을 것입니다. 관청에서도 양민과 천민 두 개의 방안을 수립하여 비록 한 마을에서 함께 거주하더라도 반드시 나누어 두 개로 하고, 양민이 부역을 피하여 거짓으로 천민의 호적에 기록하는 자가 있거나, 천한 노비가 주인을 배반하고 몰래 양민의 호적에 입적하면, 그 3세 호적을 살펴 반드시 잡아내어 먼저 중형으로 처벌하

178

여 속이는 버릇을 혼내주고, 양민은 양민 호적[良案]에 되돌리고 천민은 천민 호적[賤案]에 되돌립니다. 호적 문서를 완성하고, 관청에서 직접 하나하나 밝혀 본다면 백성들도 부역을 도피하는 버릇을 끊어버릴 것이고, 관리는 간계를 용납할 길이 없으며, 지금까지 투탁한 자는 그 자자손손 세대가 사천(私賤)이 되어 영원히 빠져 나올 가망이 없음을 보고, 반드시 자기 한 몸 부역을 피하지 않고 스스로 천민 호적으로 되돌아 갈 것입니다. 이와 같은 무리는 자수를 허락하여 모두 양안(良案)에 귀속하고, 또 혹 귀족 권세가가 전에 투탁한 자는 양안에 귀속시키는 것을 허락하지 않으며, 억지로 강제하여 노비가 되었다면 관청에서 실상을 엄격하게 조사하여 양민을 강제로 종을 만들었을 때[壓良爲賤] 처벌하는 법으로 다스립니다. 간혹 떠돌아다니며 일정한 정착지가 없는 무리들은 전적으로 부역을 회피하려고 양안이나 천안에 입적하지 않은 자는 적발되는 대로 바로 노비로 몰수하되, 관에서 적발하면 관노(官奴)로 몰수 하고 향교나 서원에서 적발하면 교노(校奴)·원노(院奴)로 몰수하며, 옛 주인이 적발하면 옛 주인의 가노(家奴)로 몰수합니다. 비록 다른 지방으로 떠돌아 옮겨갔다 하더라도 양안과 천안에 입적되지 않은 자는 종전의 보오법(保伍法)[14]을 사용하여 잠시라도 거주하지 못하도록 합니다. 이와 같이 하면 호(戶)에는 반드시 호적이 있어 사람들 모두 호적에 입적함으로써 호적없이 부역을 피하여 도망하는 무리가 세상에서 용납되지

14) 保伍는 본시 鄕兵 조직으로 조선에서는 面 단위 정도의 民兵 조직을 말한다.

못할 것이고, 장차 호구가 증가하고 번창하면 양정(良丁)이 더욱
늘어날 것이니 군액(軍額)을 채우기 어렵다는 것을 어찌 걱정하겠습
니까?15)

---

15) 『소미산방장』 권6, 잡저, 대인응지소. "何謂良丁之弊 目今聖明之世 幸無凶
荒札瘥之災 生齒日繁 是宜良丁滋多 軍額無厥 而年年推括 每患闕乏 民有多
男 逐一簽名黃口小兒 便隷軍籍 夫多男子 古所謂吉祥善事 而民家生男 闔戶
憂歎 視同禍災 其情誠慘 而其事誠可哀也 究厥弊源 職由奴婢法之失宜而然
也 今請先論奴婢之法 今世私賤 皆從母不從父 是何法哉 高麗定宗之世 議者
以爲 賤隷有知母而不知父者 從父則易致爭訟 遂不許從父 我朝中世 亦因其
議而定行 然今之賤隷 何嘗不知父者哉 設令有之 是特萬千中之一爾 因萬千
有一之故 定爲法例 乖反倫理 奚其可哉 傳曰禽獸知母而不知父 野人曰父母
何別焉 都邑之士知尊禰 學士大夫知尊祖 今奴隷之賤 雖不敢自厠都邑之士
獨不得比諸野人 而反同不知父之禽獸哉 父重母輕 男貴女賤故 男子之冠也
父命之 女子之嫁也 母命之 聖人制禮之意若是 其區別精當 今於奴婢 使之一
從乎母 而更不知有父 誠未知其合宜也 是故父良母賤 則良人之子 輒歸於賤
賤之贖良者 一娶私賤 依舊還賤 良賤貿亂 莫可辨別故 奸民之逃役者 皆以投
托爲能 或托於故主 或托於貴勢 鄕村野闔人戶雖繁 賤籍逾半 貴勢籬下煙火
相接 無一良丁 逃避者衆 軍額如之何其不縮也 今若改定令甲 使男必從父
女必從母 良家子孫世世爲良 賤隷子孫世世爲賤 良賤判別 不相混雜 官立良
賤二案 雖一村同居 必分而二之 或有良人避役 而冒錄於賤案 賤隷叛主 而暗
入於良案 則考閱其三世帳籍 期於現發 先施重刑 懲其欺罔之習 而良歸於良
案 賤歸於賤案 完成文籍 官自閱視 則民絶逃役之習 吏無容奸之路 而從前投
托者 見其子子孫孫代爲私賤 永無脫出之望 必不以一身避役 而自歸於賤案
如此之類 許其自首 悉歸良案 又或貴勢之家以前之投托 不許歸良 抑勒爲奴
則官爲嚴覈 施以壓良之律 間有浮浪無着之徒 專欲避役 不入於良賤二案者
隨其摘發 便沒爲奴 自官摘發 則沒爲官奴 校院摘發 則沒爲校奴院奴 故主摘
發 則沒爲故主家奴 雖流移他方 不入良賤二案者 用古者保伍之法 不許住接
如此則 戶必有籍 人盡入案 無籍逃役之徒 無所容於世間 將見戶口繁增 良丁
滋益 何患軍額之難充耶."

조선시대의 군인은 신분이 양인 이상이 되어야 한다. 다시 말하면 노비와 같은 천인 신분은 원칙적으로 정병(正兵)이 될 수 없다. 그런데 조선 후기 삼정이 문란했던 시기에는 군적(軍籍)에 군에 입대해야 하는 장정이 항상 부족한 실정이었다. 흉년이나 전염병이 유행하지 않은 평온한 시기인데도 징집 대상자가 모자라 어린아이까지 군적에 올리는 기이한 현상이 벌어져 아들을 낳으면 오히려 문을 잠그고 숨기며 재난을 당한 듯 걱정을 하는 실정이라는 것이다. 왜 이런 현상이 계속되었을까?

이삼환은 그 주된 원인을 노비천적법(奴婢賤籍法)에서 찾았다. 그는 "지금 개인이 소유하고 있는 노비는 모두 어머니 신분을 따르고 아버지 신분을 따르지 않고 있는데, 이 무슨 법도입니까?" 반문하면서, 고려 정종(定宗) 대에 천한 노비들은 누가 자기 어머니인지는 알고 있지만 누가 아버지인지는 모르고 있는 자라 하고, 아버지 신분을 따르게 하면 쉽게 송사(訟事)를 일으키기 때문에 천민인 어머니 신분을 따르게 하였다는 것이다. 조선에서도 이 제도를 그대로 답습하였는데, 노비라 하여 아버지를 모르는 자가 설령 있다 하더라도 수천, 수만 명 가운데 하나일 정도로 극히 일부일 뿐이라고 하였다. 그 하나 때문에 종모법(從母法), 즉 자녀가 어머니의 신분을 따르는 법 때문에 노비로 삼는다는 것은 명분으로나 윤리적으로 보아도 있을 수 없다고 주장하였다.

이렇게 부당한 종모법 때문에 양민인 아버지와 천민인 어머니 사이에서 낳은 아들은 항상 천민에 속하게 되고, 또 천민이었다가 일정한 금액을 지불하고 양민이 된 자, 즉 속량(贖良)된 자도 사삿집의 천민과 혼인하면 이전과 같이 다시 천민이 되게 함으로써, 양천(良賤) 신분이 뒤섞여 매우 혼란스럽게 되었다는 것이다. 이러한 신분의 혼란을 틈타 병역을 도피하려는 간사한 무리들이 교묘하게 간계를 부려 여기에 의탁하여 징집 대상자에서 빠져 나가고, 혹 옛 주인이나 귀족 세력에 의탁함에 따라 시골 마을의 인가가 많아 비록 번창한 것 같지만, 천민으로 가장한 천적(賤籍)이 반이 넘고 귀족들이 사는 주변에는 많은 인가가 있어도 양정(良丁) 은 한 명도 없는 반면, 도망하여 온 자가 많아 군액이 줄지 않을 수 없다고 하였다.

　이삼환은 이러한 폐단을 없애기 위하여 나름대로의 대책을 제안하였다. 그것은 법령을 개정하여 아들은 반드시 아버지 신분을 따르게 하고, 딸은 어머니 신분을 따르게 하면, 양민의 자손은 대대로 양민이 되고, 천한 노비의 자손은 대대로 천민이 되게 하여 양민과 천민이 판별되고 서로 혼잡스럽지 않다고 하면서, 관청에서도 양민과 천민 두 개의 호적안을 만들도록 하자는 견해 를 제시하였다. 물론 양민 남편과 천민 부인 사이에서 낳은 자식은 당연히 양민으로서 양정 대상이 되기 때문에 양정 부족 사태도 해결된다는 판단이다. 만약 양민이 군역을 피하여 거짓으로 천민의 호적에 기록하는 자가 있거나, 천한 노비가 주인을 배반하고 몰래 양민의 호적에 입적하면, 그 3세 호적을 살펴 색출하여 먼저 중형으로 처벌하고, 양민은 양민 호적에 되돌리고 천민은 천민 호적에 되돌리자고 하였다. 그리고 관청에서는 호적 문서를 완성하고, 관아 안에서 하나하나 살펴 감시한다면 백성들도 군역

182

을 도피하는 악습을 끊을 것이고, 관아의 관리는 간계를 부릴 수 없다고 하였다.

특히 귀족 권세가가 병역을 피하기 위해 위조한 자는 양안에 귀속시키는 것을 허락하지 않고, 억지로 강제하여 노비가 되었다면 관청에서 실상을 엄격하게 조사하여 양민을 강제로 종을 만들었을 때[壓良爲賤] 처벌하는 법으로 엄하게 처벌할 것을 주장하였다. 또 고의로 병역을 회피하려고 떠돌아다니며 일정한 정착지가 없는 무리들로서 양안이나 천안에 입적하지 않은 자는 적발되는 대로 곧바로 노비로 몰수하되, 관에서 적발하면 관노(官奴)로 몰수하고, 향교나 서원에서 적발하면 교노(校奴)·원노(院奴)로 몰수하며, 옛 주인이 적발하면 옛 주인의 가노(家奴)로 몰수하자고 하였다. 이렇게 하면 호(戶)에는 반드시 호적이 있기 때문에 사람들 모두 호적에 입적하게 되고 호적없이 부역을 피하여 도망할 수 없기 때문에, 장차 호구가 증가하고 번창하면 양정이 더욱 늘어나 군액을 채우기 어렵지 않다고 하였다.

요컨대 이삼환은 양정이 모자라는 원인을 종모법의 핵심인 노비천적(奴婢賤籍)에서 찾고, 그에 대한 개선책을 제시하였다. 종모법에 의하여 양반의 아들이라 하여도 양민이 될 수 없어 양정 대상에서 제외되고, 더욱이 군역을 피하려는 양민들이 이 법을 악용하여 군역 대상에서 빠지는 예가 많은 것이 군정 파탄의 큰 원인으로 보았던 것이다. 그는 그 해결책으로 종모법을 폐지하고 아버지가 양인이면 어머니의 신분을 가리지 않고 아들을 양인으로 하되, 딸은 예외로 하였다. 이런 주장을 보면 그는 종래

여러 실학자들이 주장해 오던 노비천적 그 자체를 없애는 데까지
는 이르지 못하였던 것으로 보인다. 일찍이 유형원이 노비세습의
혁파를 주장하였던 것과 비교된다. 그리고 성호는 노비의 매매를
금할 것을 주장한 반면 역시 노비제도 혁파는 주장하지 않았고,
안정복은 노비천적을 폐지할 것을 주장하였으되 역시 노비제도
폐지까지는 주장하지 않았는데,16) 이삼환 역시 노비제도를 완전
히 혁파해야 한다는 생각까지는 이르지 않은 것으로 보아, 성호와
안정복의 노비인식에서 크게 진전된 점을 찾아보기는 어렵다.

3. 전부정책의 폐단과 개선안

경작지에 부과하는 조세, 즉 전부(田賦)에 관한 폐단을 지적하고
그 개선책을 다음과 같이 제시하였다.

무엇이 전부의 폐단인가? 정전(井田)의 법은 이미 폐지되고 10분의
1[什一] 세(稅)로 부과되면서부터 맹자[鄒聖]가 이미 정한 준칙이
있으니, 참으로 고금을 통하여 바꿀 수 없는 제도인데, 우리 조정의
토지세[田賦] 또한 10분의 1세보다 가벼워 크게 비교됩니다. 10분의
1이나 10분의 2로 하고 그 하나를 골라도 덕(德)이 지극히 두텁습니다.
비록 그렇다 하더라도 홍수나 가뭄과 같은 재난은 요(堯)나 탕(湯)도

16) 강세구, 『순암 안정복의 동사강목 연구』, 359쪽.

벗어나지 못하였으니, 간혹 하늘이 내린 재난을 당하여 논밭으로 못쓰게 되어 황폐된 땅은 세금을 면해주고 그 다음은 세금을 경감해 주면서 '급재(給災)'라 하였습니다. 이는 실로 흉년에 백성을 구제하는 정책에서 빠뜨릴 수 없는 것으로 더욱 충분히 살펴 신중하게 해야 합니다.

조정의 옛 법에는 항상 세금을 감면해 주어야 할 재난의 시기를 당하면 매번 비총(比摠)[17]의 제도를 사용하였습니다. 조정의 상부에서는 먼저 총 수량을 정하여 각 도에 하달하고, 각도 관찰사는 그 부족분을 명확하게 알아내게 되는데, 조정의 명령이 이미 내려져 있어 감히 위반하여 어기지 못하고 적절하게 조절하여 크고 작은 고을을 헤아려 여러 고을에 고르게 분배합니다. 고을 수령은 그 부족분을 명확하게 알아내고 감영의 명령이 있으면 감히 옥신각신하지 않으며, 또한 적절하게 조정하여 재난의 경중을 헤아려 시골 농가에 고루 분배하되, 그 농가의 농부가 비록 크게 원통하고 고민스런 상황이라 하여도 엄하고 두려운 상부의 명령을 누가 위반하겠습니까?

당초에 비총은 이미 헤아려 계산한 수량과는 거리가 멀어, 몸소 직접 검사하여 자세하게 살피지 않으면 감면해주는 수량[給災]에서

---

17) 비총법은 조선 숙종 때부터 조선 말까지 시행된 부세 부과의 방식으로 정부에서 세수 총액을 미리 정해놓고 각 지방에 할당하는 세법으로 국가의 총세원을 확보하려는 의도에서 실시하였다. 田稅·大同·三手米 등 田結稅를 비롯, 노비의 身貢·漁稅·鹽稅·船稅 등의 징수에 광범하게 이용되었으나 가장 큰 의미를 지니는 것은 전결세 수취에서의 비총법이다.

부족하게 됩니다. 형세가 실로 그러합니다. 대저 밭벼의 재해를 입은 것을 보면 그 상태가 한결같지 않아, 모를 심었는데 자라지 않은 것이 있고, 자랐는데 결실하지 않은 것이 있으며, 비록 볏짚이 밭에 가득 차 있어도 수확한 것이 없으면 황폐한 것과 구별이 되지 않으나, 결국에는 황폐한 밭 외에는 모두 감면을 받지 못합니다. 아. 저 소민들은 온 힘을 쏟아 경작하고 오로지 가을에 수확이 있기를 바라고 있었는데, 가을이 왔으나 수확이 없다면 비록 세금으로 징수하지 않더라도 곤궁이 급박하여 장차 의지하여 살아날 수 없는데, 하물며 세금으로 징수하는 고통을 받는다면 어떠하겠습니까?

지금 만약 한결같이 고을을 신뢰하여, 나라에서 세울 훌륭한 계책의 본보기로는, 매년 가을 성숙기가 돌아오면 군읍(郡邑)의 수령들에게 각처를 3회 순회하여 살핀 다음, 재난 입은 곳을 신중하게 살펴 피해가 크고 작음을 헤아려 처리하고 문서로 작성하여 군에서는 도에 올리고 도에서는 조정에 올립니다. 조정에서 문서를 살펴보고 감면액을 결정하면 거의 이러한 폐단이 없을 것입니다. 사람들은 혹 나라에서 쓰는 돈이 넉넉지 못하다고 걱정하는데 이 또한 그렇지 않습니다. 백성이 풍족한데 임금이 누구에게 주겠습니까? 부족한 것은 교환함에 있습니다. 아래를 덜어 위를 보태는 것은 손실이 되고, 위를 덜어 아래를 보태는 것이 이익이 됩니다. 위에서 덜고 아래에서 더는 차이에 나라 정책의 득실이 반드시 있는 것입니다. 만약 나라에서 쓰는 돈이 부족하면 마땅히 온 나라의 재물을 아끼고 일체 쓸데없는 경비를 없애 줄여 아끼는 데에 힘쓴다면 당당한 천승(天乘) 대국(大國)으로서 어찌 써야 할 재물이 혹 고갈되었다 하여

186

걱정하겠습니까?[18]

　전부(田賦)는 경작 토지에 부과한 조세이다. 이삼환은 평시
조선 정부에서 시행하여 거두는 전부의 세율은 옛날부터 기준이
되어 온 십일세(十一稅)보다 가볍다고 판단하여 불만이 없다. 그가
문제삼은 것은 가뭄이나 홍수와 같은 자연 재해로 인한 흉년에
피해의 정도에 따라 조세를 감면해 주는 급재(給災)와 정부에서
필요한 재정을 충분히 확보하기 위하여 조세를 징수하기 전에
세수 총액을 정하여 각 도에 할당하는 비총제(比摠制)의 운영
방법의 개선이다.

---

18)『소미산방장』권6, 잡저, 대인응지소. "何謂田賦之弊 井地旣弊 什一自賦
鄒聖已有定訓 實爲古今不易之制 而我朝田賦又輕於什一大較 什一什二而
取其一 德至厚也 雖然 水旱凶荒 堯湯之所不免 間遇天降之災 土田荒穢
則荒田蠲稅 其次減賦 名曰給災 此固荒政之所不可闕 而尤宜十分審愼者也
國朝舊例 每當給災之辰 循用比摠之制 自廟朝之上 先定都數 頒下各道 各道
道臣 明知其不足 而朝令旣降 不敢違拒 就其中劑 量大郡小縣 分俵於列邑
列邑守宰 明知其不足 而上營有令 不敢爭執 又就其中劑 量被災淺深 分俵於
田野農戶 彼農戶小民 雖有萬萬寃苦之狀 嚴畏上令 誰得以違諸 當初比摠
旣是懸度爲數 非有躬親檢察之狀 則其不足於給災之數 勢固然矣 大抵 田禾
之被災者 不一其狀 苗而不秀者有之 秀而不實者有之 雖有藁草盈疇 其無所
收穫 則與荒廢無別 畢竟荒廢之外 擧不蒙蠲減 噫 彼小民竭力耕作 只望秋之
有穫 秋旣無穫 則雖無徵斂 窮窘迫急 將無以資活 況有徵斂之苦哉 今若一依
郡 國上計之例 每到秋熟 令郡邑守宰 三回巡省 百道審愼 凡所被災處 裁量
輕重 修成文簿 郡上之道 道上之朝 按簿給災 則庶無此弊 人或以國用不贍爲
憂 此又不然 百姓足 君誰與 不足在易 損下益上爲損 損上益下爲益 上損下
損之間 國計之得失 必有所在矣 若夫國用之不足 惟當爲天下惜財 除去一切
冗費 務從簡省 則以堂堂千乘之大 豈憂財用之或屈耶."

이삼환이 목격하는 당시의 실정은 조정에서 먼저 총 수량을 정하여 각 도에 하달하면 관찰사는 할당량과 실제 농민들이 납부할 수 있는 양의 차이에 나오는 부족분을 명확하게 계산하여 대책을 세워야 하는데, 실제는 농촌의 실정과 맞지 않는 조정의 징수 명령이 이미 내려져 있어 감히 위반하여 어기지 못하고 정부에서 받은 할당량을 적당히 조절하여 크고 작은 고을을 헤아려 여러 고을에 분배한다는 것이다. 고을 수령 또한 부족분을 산출하지만 감영의 명령을 감히 옥신각신하지 못하고, 역시 적당히 조정하고 재난의 경중을 헤아려 시골 농가에 고루 분배하는데, 농부는 과한 부담 때문에 원통하고 고민스러워도 엄하고 두려운 상부의 명령을 위반할 수 없는 처지라고 토로하였다.

그리고 비총에 의하여 정한 총 세수액은 직접 현지에서 자세하게 검사하여 결정한 것이 아니기 때문에, 재해로 인한 부족량을 감면해 주는 급재와도 큰 차이가 나 그만큼 농민들이 부담을 안게 된다는 것이다. 실제 농촌 현장에서 밭벼의 재해를 입은 것을 보면 그 상태가 한결같지 않아, 모를 심었는데 자라지 않은 것이 있고, 자랐는데 결실하지 않은 것이 있으며, 비록 볏짚이 밭에 가득 차 있어도 결실이 좋지 않아 수확한 것이 없으면 황폐한 것과 다름없는 경우가 많다는 것이다. 그러나 결국에는 아예 처음부터 황폐한 경작지 외에는 감면을 받지 못하는 실정이기 때문에 사실상 결실이 나빠 수확이 없거나 적은 농가의 경우에는 급재의 혜택을 받지 못하여 참혹한 상태라는 것이다. 이삼환은 "세금으로 징수하지 않더라도 곤궁이 급박하여 장차 의지하여 살아날 수 없는데, 하물며 세금으로 징수하는 고통을 받는다면 어떠하겠느냐?"고 하면서 정부의 탁상 농정을 비판하고 농민들이 피해를 입히지 않는 비총과 급재 정책의 개선을 촉구하였다.

이에 대한 대책으로 이삼환은 다음과 내용을 제시하였다. 매년 가을 성숙기가 돌아오면 군읍의 수령들에게 각처를 3회 순회하여 살피게 한 다음, 재난 입은 곳을 신중하게 조사하고 살펴 피해가 크고 작음을 헤아려 문서로 작성하여 군에서는 도에 올리고 도에서는 조정에 올리도록 한다. 조정에서는 각 도에서 올린 문서 내용에 근거하여 검토하고 감면액을 결정하면 거의 이러한 폐단이 없을 것이라 하였다. 그의 생각으로는 사전에 현장을 답사하지 않은 정부의 일방적인 비총제의 강행을 중단하고 먼저 농촌의 수확에 관한 실정을 파악한 다음 수입 총량을 결정하자는 취지라 하겠다.

그는 조세 징수나 구휼 정책이 원칙적으로 아래를 덜어 위를 보태는 것은 바람직하지 못하고, 위를 덜어 아래를 보태는 것이 이익이 된다고 하면서, 위에서 덜고 아래에서 더는 차이에 나라 정책의 득실이 있다고 하였다. 더불어 나라에서 재정이 부족하면 마땅히 아껴 쓰고 일체 불필요한 경비를 없애고 줄여 아끼는 데에 힘써야 한다고 하였다.

이상과 같은 이삼환의 응지소는 삼정의 문란에 관한 실상을 농촌 현장에서 직접 보고 경험한 것에 근거하여 그대로 꾸밈없이 토로하고,[19] 그 대책을 농민의 입장에서 현실에 맞게 나름대로 구체적으로 소신을 밝힌 것이라 하겠다. 대체로 현장에서 농민들에게 절실하고 실질적인 이익을 실현하기 위한 내용들이다. 상평법은 환자의 폐해가 커지면서 이전부터 여러 정치인이나 학자들에 의하여 주장되었으나 조정에서는 논란만 계속되는 형편이었고, 종모법을 폐지하고 양인 아버지와 천민 어머니 사이에서 남자 아이가 출생하면 어머니가 천민이라도 종부법(從父法)으로 하자는 주장은 양정(良丁)을 늘리기 위한 대책이 될 수도 있었을 것으로 생각된다. 그리고 비총제나 급재 제도의 약점을 보완하기 위하여 사전에 논밭에 가서 실제로 철저하게 조사해야 한다는 답험실사(踏驗實査)는 지극히 합당한 요구였던 것이다. 그러나 당시 조정에서도 가을 추수기에 정부에서 경차관(敬差官) 등을 지방에 파견하여 현장 실사를 하는 방법을 써 보지만 형식적인 실사에 그치는 경우가 비일비재함에 따라 농민들의 원성이 여전하여 큰 도움이 되지 못하였다. 이삼환이 이를 모를 리 없었겠으나 정부의 각성과 철저한 실천 의지를 촉구한 것이 아닐까 생각한다.

그도 성호학파의 다른 실학자들과 함께 농민의 경제적 지위 향상에 주된 관심을 두었다. 그리고 군정의 확보를 위하여 노비천적의 전면 혁파 대신 노비 아들은 종부법, 딸은 종모법으로 하자는 절충안을 제시한 것은 보기 드문 착상이라 하겠다.

---

19) 『소미산방장』 권6, 잡저, 대인응지소. "凡妷三弊 臣旣熟覩而詳悉."

제3장

성호학파 재기 활동과 호서지방 성호학통

제1절 이삼환과 정약용의 서암강학 개최[*]

1. 강학의 개최 과정과 내용

서암(西巖)은 충청도 온양의 서쪽에 있는 산으로 그 안에 봉곡사 (鳳谷寺)라는 절이 있었다. 1795년 10월 26일부터 10일 동안 이 봉곡사에서 정약용이 주선하고 이삼환이 주관하여 강학이 이루 어졌다. 강학의 개최 취지와 과정, 강학 내용, 참석자 명단 등이 이삼환이 쓴 「석암사술지십운(石巖寺述志十韻)」[1])에 다음과 같이 간략하게 나타나 있다.

오호라. 나의 종조 성호 선생께서 80년 동안 도를 강론하신 저서가 집에 가득한데, 천인성명(天人性命)의 변론, 정(正)을 지키고 사(邪)를 물리치는 말씀, 인예(仁禮)로써 극복하는 가르침은 고명하고 광박(廣

---

* 본 절의 글은 필자의 논문 「정약용의 성호학파 재기 시도에 관한 일고찰」과 「호서지방 성호학통의 전개」의 내용을 부분적으로 전재하거나 수정 보완 하여 수록한 것이다.
1) 『與猶堂全書』 권21, 詩文集, 西巖講學記에는 「석암사술지십운」을 「木齋鳳 谷校書記」라 하였다.

博)한 지식이다. 또한 육경(六經)과 사서(四書),『심경(心經)』·『근사록(近思錄)』·『소학(小學)』·『가례(家禮)』 등의 책에 질서(疾書) 여러 편을 갖추어, 고금(古今) 뭇 성현들의 은미한 말씀과 심오한 뜻을 찬연히 다시 밝혀 털끝만큼도 유감없이 하였으니 참으로 위대하다. 이보다 더 나을 수는 없다. 편질이 너무 번다하여 탈고를 하지 못하였는데, 당시 문하를 드나들며 공부한 뛰어난 제자들은 이미 세상을 떠났고, 후배들은 학문이 얕아 갑자기 그 책무를 떠맡을 수 없다. 내 친구 정군(丁君) 미용(美庸, 若鏞)이 마침 은대(銀臺)로부터 금정(金井) 역승(驛丞)으로 임명되어 와서 개연히 수정(修整)을 자기의 소임으로 삼고 나에게 편지를 보내, "(성호)선생의 유문(遺文)을 지금까지 민멸되게 하여 전해지지 않은 것은 후학의 허물입니다. 시작이 있지 아니하니 어찌 성과가 있겠습니까?" 하였다. 마침내 온양 봉곡사에서 만나기로 약속하였는데, 그 때 원근의 사우(士友)들이 풍문을 듣고 모인 사람들 또한 많았다.

　『가례질서』의 수교(讎校)로부터 시작하여, 차례와 순서가 문란한 것은 바로 잡고, 글자의 획이 잘못된 것은 고치며, 범례를 새로 만들고 강(綱)과 목(目)을 세워 일부(一部)의 완전한 책을 만들었다. 그 나머지 여러 책들은 내년에 마치기로 기약하였으니 매우 성대한 작업이었다. 오호라. 하늘이 사문(斯文)을 버리지 않아 선생의 학문을 훗날 세상에 크게 밝혀지게 하였으니, 어찌 오늘의 작업이 그 조짐이 아니라고 느끼겠는가? 이에 내가 미용(美庸)에게 부탁하여 그 일을 서술하도록 하고 또한 각기 술지(述志) 십운(十韻)을 지어 뒷날 징신(徵信)으로 삼도록 하였다. 이날 모인 사람은 한산(韓山) 이광교(李光教) 문달(文

達), 진산(晉山) 강이인(姜履寅) 사빈(士賓), 이중(履中) 용민(用民), 이오
(履五) 백징(伯徽), 함평(咸平) 이유석(李儒錫) 여앙(汝昻), 청송(靑松)
심로(沈潞) 중심(仲深), 복천(福川) 오국진(吳國鎭) 맹화(孟華), 안동(安
東) 권기(權蘷) 요신(堯臣), 나의 동생 명환(鳴煥) 패겸(佩謙), 조카 재위
(載威) 우성(虞成), 생질 밀양(密陽) 박효긍(朴孝兢) 사옥(嗣玉)이다.2)

주요 내용을 간추려 보면 성호의 저서가 많은데 아직도 탈고가
이루어지지 못한 것이 많다는 것, 정약용이 금정찰방으로 부임하
여 성호 저서의 교정 정리를 촉구하고 강학회를 열게 되었다는
것, 그리고 간략한 수교 과정, 그리고 이삼환과 정약용 외 11명의
참석자 명단을 기록하였다.

정약용이 금정찰방으로 부임한 뒤 당시 덕산에 칩거하며 후학
을 양성하던 이삼환과 다시 접촉하게 되는 상황을 잠시 살펴보자.

---

2) 『소미산방장』 권2, 詩, 石巖寺述志十韻 并記. "嗚乎 我從祖星湖先生八十年
講道著書滿家 天人性命之辨 扶正闢邪之辭 仁禮克復之訓 高明廣博地負海
涵 又於六經四子心經近思錄小學家禮等書 具有疾書諸編 使古今群聖賢之
微言奧旨 燦然復明 無毫髮憾 優優大哉 不可尙己第 其編帙繁浩 未克脫藁
蓋當時及門高足諸公 已盡凋喪 後輩淺學 卒無能任其責者 吾友丁君美庸
(若鏞) 適自銀臺出 補金井驛丞 慨然以修整爲己任 以書來曰 使先生遺文尙
至今泯焉 無傳後學之咎也 不有作始 曷底于成 遂約會溫陽之鳳谷寺 時遠近
士友之聞風 會者亦衆 始自家禮疾書讐校 次序之紊亂者正之 字畫之訛誤者
改之 發凡起例 綱擧目張 成一部完書 他餘諸書 期以明歲卒業 甚盛擧也
嗚乎 天未喪斯文 使先生之學 他日大明于世 安知今日之役不爲之兆也 余於
是 屬美庸敍其事 又各賦述志十韻作 來後徵信 同會者 韓山李光敎文達 晉山
姜履寅士賓 履中用民 履五伯徽 咸平李儒錫汝昻 靑松沈潞仲深 福川吳國鎭
孟華 安東權蘷堯臣 吾弟鳴煥佩謙 姪載威虞成 甥密陽朴孝兢嗣玉."

정조 때 우부승지로 승정원에 재직하고 있던 정약용은 주문모(周文謨) 신부 국내 잠입사건에 둘째 형 정약전(丁若銓, 1758~1816)이 관련되자 연좌되어 1795년 7월 충청도 청양 금정찰방으로 좌천되었다. 금정은 이삼환이 살고 있던 덕산에서 그리 멀지 않은 곳이다. 정약용은 이전부터 성호학파의 장래나 성호문집 정리 문제로 이삼환과 긴밀한 관계를 유지해 왔지만, 근래 자주 만날 수 없던 차에 마침 금정찰방으로 부임해 왔던 것이다. 그는 부임해 오자 곧 이삼환에게 편지를 써서 성호학파를 다시 일으켜야 한다는 취지의 내용과[3] 성호문집 교정문제 등에 관해 의견을 제시하였다.[4] 성호문집 정리가 자신의 책임이라 하면서, "(성호)선생의 유문(遺文)을 지금까지 민멸되게 하여 전해지지 않은 것은 후학의 허물입니다. 시작이 있지 아니하니 어찌 성과가 있겠습니까?"라 하면서 빨리 착수할 것을 촉구하였다. 정약용이 이삼환에게 성호문집 정리를 촉구한 것은 이삼환이 성호의 종손이자 직제자이고, 당시 덕산을 중심으로 한 호서지방 성호학파를 이끌고 있던 원로인데다가 양부 이병휴가 1776년 타계하기 전 성호문집을 일차 정리하는 데 참여한 사람으로 성호 유고를 소장하고 있었으며, 특히 이삼환이 당대 성호 예학의 권위적 위치에 있었기 때문이라 생각된다.

정약용은 이삼환의 권유를 받아 「서암강학기(西巖講學記)」를

---

3) 『與猶堂全書』 권19, 書, 上木齋書, 乙卯(1795) 秋在金井.
4) 『여유당전서』 권13, 序, 鳳谷寺述志詩序.

綿衣問喪三年間儒行冠義以下七篇皆可讀讀訖更取曲禮等不讀者

詳究義理細析名物周而復始融洽會通則禮記一書斯無憾矣

西巖講學記

乾隆末年乙卯十月廿有四日余自金井赴禮山坎舍木齋李先
生先已來會廿六日至閑谷訪李文達行十里踰疏松嶺又十里
即溫陽西巖之鳳谷寺厥明日木翁來臨於是近邑諸士友次第
來會校師門遺書先取家禮疾書凡起例○鳧山在溫陽之西
其南廣德山其西千方山崇巒壁嶂嵽林絕壑幽窈可喜時早雪
盈尺每晨與諸友就洞水敲冰掬泉以盥以漱及夕與諸友同
登山阿遠逃眺望煙雲錯雜山氣益佳則與諸友繕寫疾書而
木齋手自校訂夜則與諸友講學論道或木齋發問而諸人答對
或諸人貿問而木齋辨論如是者十日甚樂事也木齋及諸人問
答略見下

與猶堂全書

第一集　詩文集　西巖講學記

二十三

李森煥字子木己酉生驪興人

李鼎煥字文達丙子生韓山人　故承旨秀逸孫

李嵀威字處成丁丑生驪興人　故提學又鎮玄孫

朴孝兢字嗣玉丁丑生密陽人

「서암강학기(西巖講學記)」(『여유당전서』 수록)

지어 당시 강학이 이루어진 과정과 참여인물, 이삼환과 참석자의 질의응답, 참석자들이 쓴 십운시(十韻詩) 등에 관한 내용을 구체적으로 기록하였다. 그 머리글에는 다음과 같이 참석자들이 강학회에 모이는 상황과 실제 강학이 진행되는 과정이 보다 상세하게 기록되어 있다.

건륭(乾隆) 말년(末年) 을묘(乙卯, 1795) 10월 24일, 나는 금정(金井)에

198

서 예산(禮山) 감사(坎舍)에 도착해 보니 목재(木齋) 이선생이 먼저
와 모여 있었다. 26일 한곡(閑谷)에 이르러 이문달(李文達)⁵⁾을 방문하
고, 10리를 가 소나무가 드문드문 있는 고개를 넘어 다시 10리를
가니 곧 온양 서암의 봉곡사였다. 이튿날 목옹(木翁, 이삼환을 말함)이
여기로 오고 가까운 고을의 여러 선비들이 차례로 모였다. 사문(師門)
의 유서(遺書)를 교정하는데 먼저 가례질서(家禮疾書)를 꺼내 범례(凡
例)를 발기(發起)하였다.

　○ 봉곡(鳳谷)은 온양의 서쪽에 있고, 그 남쪽은 광덕산(廣德山)이요
그 서쪽은 천방산(千方山)이다. 산이 높고 험준하며 산림이 우거지고
깊어 그윽하고 고요하여 즐거웠다. 그 때 이른 눈이 한 척이나 쌓였는
데 매일 새벽 여러 친구들과 함께 골짜기로 들어가 얼음을 깨 한
웅큼으로 얼굴을 씻고 양치질하였다. 저녁 때에는 여러 친구들과
함께 산마루에 올라 거닐며 구경하였는데 안개와 구름이 뒤엉켜
산의 기세가 더욱 아름다웠다.

　낮에는 여러 친구들과 함께 질서(疾書)를 선사(繕寫)하고 목재(木齋)
는 손수 교정하였으며, 밤에는 여러 친구들과 어울려 강학하고 도(道)
를 토론하였다. 혹 목재가 물으면 여러 사람이 답하고, 혹 여러 사람이
질문하면 목재가 변론하였다. 이와 같이 하기를 10일간 하였는데
매우 즐거운 일이었다. 목재와 여러 사람들의 문답을 다음에 대략
나타낸다. (이하 생략)⁶⁾

5) 李文達은 李廣敎를 말함.
6) 『여유당전서』 권21, 시문집, 西巖講學記. "乾隆末年 乙卯十月卄有四日
　余自金井赴禮山坎舍 木齋李先生已來會 卄六日至閑谷 訪李文達 行十里踰

실제로 강학에 참여한 사람은 모두 13명으로 다음 표와 같다.

서암강학에 참여한 인물(生年順)

성명(字)	본관	생년	비고
李森煥(子木)	驪州	1729	○ 星湖 從孫. 李秉休 養子
李光敎(文達)	韓山	1756	○ 예산인. 修堂 李南珪 曾祖
李載威(虞成)	驪州	1757	○ 李嘉煥 子. 이삼환 姪
朴孝兢(嗣玉)	密陽	1757	○ 朴長溫(이병휴 사위, 이삼환 매부) 子
姜履寅(士賓)	晉州	1759	○ 江原監司 姜鎬의 5대손. 三休堂 姜世龜 女孫
李儒錫(汝昻)	咸平	1760	○ 서산인. 承旨 李日運 子
沈 潞(仲深)	靑松	1761	○ 예산인
丁若鏞(美庸)	羅州	1762	○ 당시 금정찰방
吳國鎭(孟華)	福川	1763	○ 吳錫履(안정복 문인) 堂姪
姜履中(用民)	晉州	1765	○ 姜鎬의 5대손. 姜世龜 女孫
權 蘷(堯臣)	安東	1765	○ 霞溪 權愈의 女孫
姜履五(伯徽)	晉州	1766	○ 姜鎬의 5대손. 姜世龜 女孫
李鳴煥(佩謙)	驪州	1773	○ 李秉休 親子

서암강학에 참여한 사람들의 관계를 보면, 이삼환·이명환·이재위는 당시 덕산에 살고 있던 당내 형제나 숙질(叔姪) 관계이다.

疎松嶺又十里 卽溫陽西巖之鳳谷寺 關明日 木翁來臨於是 近邑諸士友 次第來會 校師門遺書 先取家禮疾書 發凡起例 ○鳳谷在溫陽之西 其南廣德寺 其西千方山 崇巒疊嶂 穹林絶壑 幽窈可喜 時早雪盈尺 每晨興與諸友就澗水 敲氷掬泉以盥以漱 及夕與諸友同登山阿 逍遙眺望 煙雲錯雜 山氣益佳 晝則與諸友繕寫疾書 而木齋手自校訂 夜則與諸友講學論道 或木齋發問 而諸人答對 或諸人質問 而木齋辨論 如是者十日 甚樂事也 木齋及諸人問答 略見下."

즉 이명환은 이병휴가 64세에 낳은 친 아들인데 이삼환이 직접
교육하며 길러온 동생이고, 이재위는 본가 맏형 이철환의 아들이
었다. 이광교는 19세기 허전(許傳)문인 수당(修堂) 이남규(李南珪)
의 증조부이고, 강이인·강이중·강이오는 전 강원감사 강호(姜鎬)
의 5대손이자 삼휴당(三休堂) 강세구(姜世龜)의 현손이며, 이유석
은 이삼환의 친구인 승지 이일운(李日運)의 아들이었다. 오국진은
전 우의정 오시수(吳始壽)의 5대손으로 안정복 문인 오석리(吳錫
履)의 당질(堂姪)이고, 권기는 하계(霞溪) 권유(權愈)의 현손(玄孫)이
었다. 대부분 당시 예산·아산·서산지방에 거주하던 젊은 유생들
이다.

이와 같이 서암강학은 성호학파가 천주교 문제로 이미 분열되
고 정부의 천주교 박해로 점차 쇠미해 가는 어려운 상황에서,
당시 성호학파의 원로였던 이삼환이 주관하고, 그의 집안 사람들
과 성호학에 관심있는 예산과 아산 근동의 선비들, 즉 이삼환으로
부터 수업하던 호서지방의 젊은 사림들이 참여하여, 마침 이
해 여름 금정찰방으로 부임해 온 정약용이 적극적으로 앞장서
이루어지게 되었던 것이다. 즉 호서지방 성호학파에 속한 사람들
이 주축이 된 강학이었다고 하겠다.

이들이 강학회에서 한 일은 구체적으로 무엇이었던가? 앞서
본 이삼환의 「석암사술지십운」 즉 「봉곡교서기」와 정약용의 「서
암강학기」 머리말의 기록을 종합해 보면, 서암 강학은 낮에는
성호의『가례질서』정리 작업을 하고 밤에는 도학을 질의응답하
며 토론하는 일이었다.『가례질서』작업은 성호가 질서해 놓은

내용 가운데 뒤섞인 차례와 순서를 바로 잡고, 글자가 잘못 기록된 것을 고치며, 범례를 새로 만들고 강과 목을 세워 다시 편집하는 일이었다. 여러 사람이 질서의 원문을 다른 종이에 베껴 검토하고 정리하면 이삼환이 최종적으로 결정하여 옮겨 쓰는 방법이었다. 이 가례질서는 당초 성호가 타계한 뒤 이병휴가 도맡아 정리하던 것인데 당시에는 완성치 못하였던 것이다.

그리고 밤에는 교정작업을 덮어두고 시(詩)를 짓거나 문답을 통한 강학을 하였다. 「서암강학기」의 기록에 따르면 강학은 주로 참석자들이 질의를 하면 이삼환이 답해주는 형식이었다. 강학기에 수록된 질의 내용은 복건(幅巾)제도의 연혁(오국진 질문), 단건(單巾)과 겹건(袷巾)의 시비(강이중 질문), 상복(喪服)의 착용(권기, 정약용, 강이인 질문), 이기론(오국진, 정약용 질문), 서건학(徐乾學)의 『독례통고(讀禮通考)』 평가(정약용 질문), 『시경』의 육의(六義) 주소(註疏)(강이중 질문), 잠계(箴戒) 게시의 의미(강이오 질문), 도문학(道問學)과 존덕성(尊德性) 공부의 경중(오국진 질문), 배읍언어(拜揖言語)(권기 질문), 성호도 남에게 질문하였는가 여부(강이중 질문), 조문시 상주만 절하는가 여부(정약용 질문), 성호가 『대학』 질서에서 변론하지 않은 까닭(정약용 질문) 등을 들 수 있다. 성호의 저서 『사칠신편』에 있는 이기론과 예학 등 성호의 학문과 관련된 것이 많았던 것으로 보인다.

그리고 이삼환은 이 강학이 성호의 학문을 후세에 알리는 계기가 될 것이라는 기대와 뜻을 기리면서 그 징표로 참석자 모두에게 십운시를 각기 지어 내도록 하였다. 그리고 정약용에게는 강학에

202

관한 사실을 기록으로 남기도록 부탁하였는데, 그것이 바로 「서암
강학기」이다. 정약용은 강학 개최의 취지와 과정을 약술한 머리말
을 비롯하여 참석자, 이삼환과 참석자의 질의응답 내용, 13인의
십운시에 이삼환의 「봉곡교서기」를 넣어 「서암강학기」를 썼다.
이렇게 주야로 교정 작업과 강학을 하는 동안 이삼환은 강학회의
주관자와 스승의 입장에서 참석자들의 언행에도 소홀하지 않아
눈에 거슬리는 일이 있으면 훈계하여 주의를 주기도 하였다.[7]
  13인의 시 가운데 이삼환이 지은 시를 다음에 소개한다.

稷下傳經禮	직하(稷下)[8]에서 경례를 전하니
彬彬盛質文	완전하구나. 성대한 질과 문이여
寸心千古合	작은 뜻 천고에 부합되고
要道片言分	긴요한 도 한마디로 밝혀지네
俊傑今相見	준걸을 이제 마주하니
風流舊已聞	풍류를 들은 지 이미 오래로다
夜深孤寺雨	밤깊은 고독한 절에 비는 내리고

---

7) 『여유당전서』 권21, 시문집, 서암강학기. "木齋曰 少年群屋 未易無諧謔
  然語及閨閫 以鄙悖之說相加者 甚是惡習 況勿窺人私書 昔賢攸訓 矧他人室
  家間諺札乎 諸君欲以德業相勉 宜從此等處用力 而勿以惡小而爲之也 時士
  賓家諺札 堯臣發之傳以爲笑 故有是責." 강이인의 집에서 온 편지를 권기
  가 보고 그 내용을 누설하여 웃음거리가 된 사실을 두고 이삼환이 강학에
  참가한 자를 모두 모아놓고 훈계한 것이다.
8) 중국 전국시대 齊나라 威王 때 산동성에 있는 수도 臨菑의 궁성 서쪽에
  있던 문이 稷門이었는데, 그 아래 거대한 學宮이 있어 많은 학자들이
  거처하며 학문하였다고 한다

地絶亂山雲	먼 외진 곳 산구름 어지러이 떠있구나
樽酒經旬會	술 마시며 보낸 열흘간의 모임에
膏油繼暮焚	기름 붓기를 연이어 밤을 지새었네
同門投末契	동문으로 끝자리에 끼어 있으니
異地憶離群	다른 사연으로 참여하지 못한 이들 아쉽구나
學不求溫飽	배움에 온포(溫飽)를 구하지 않거늘
窮能外戚欣	궁해도 능히 척흔(戚欣)을 물리칠 수 있네
眞交無貌敬	참된 교제는 외모로 공경하지 않고
實業在誠勤	진실된 공부는 성실과 근면에 있다네
奧妙由心得	오묘한 이치는 마음의 깨달음에서 비롯되고
淸閑遠俗紛	청아한 여유는 세속의 어지러움 멀리하네
諸君同此志	제군들이 이 뜻을 같이함에
軟語竟朝曛	부드러운 말로 하루를 마치는구나

옛날 전국시대 제나라 수도의 직문(稷門) 아래에 있던 학궁(學宮)에 수많은 학자들이 드나들며 성황을 이루던 직하학파(稷下學派)에 비유하면서, 이삼환은 서암강학의 개최를 매우 자랑스럽고 가치있는 일로 자평하며 이 시를 지었음을 살펴볼 수 있다.

11월 5일, 나머지는 뒷날 계속하기로 약속하고 10일 동안의 강학회를 끝낸 다음 하산하여 헤어졌다. 헤어질 때 정약용은 참석자들에게 시 한 수씩 지어 주었다.

강학은 끝났지만 정약용의 질의와 이삼환의 응답이 오가는 편지가 그 해 말까지 계속되었다. 상례와 이기론에 관한 질문이 대부분이고 기자(箕子)의 평양 전제(田制)에 관한 질문도 있었다.9) 이는 곧 당시 이삼환이 얼마 남지 않은 성호문인으로서 성호학파의 원로 학자라는 사실을 정약용이 인정하고 있다는 증거라 하겠다.

2. 강학의 개최 동기와 배경

정약용이 이 강학을 주선한 연유는 구체적으로 무엇일까? 정약용은 벼슬길에 오르기 전부터 이삼환과 긴밀한 사이였지만, 자주 접할 수 없던 차에 1795년 마침 찰방으로 부임하자 곧 편지로 성호학파의 현실과 성호문집 교정문제 등에 관하여 협의하였다. 이 소문을 듣고 나머지 열한 명이 기꺼이 협조하기로 하여 10월 25일 온양 봉곡사에서 모이기로 하였던 것이다.10) 정약용이 평소 성호학문에 얼마나 관심이 많았던가는 이미 잘 알려진 사실이다. 당시 그가 성호와 성호학파, 성호문집 등에 관하여 어떤 생각을 지니고 있었던가를 이삼환에게 보낸 다음 편지를 참고해 보자.

우리 당이 쇠락하여 십 수 년 전의 광경을 다시 하지 못하고 있습니다. 만일 원로 유림들께서 의연하게 사문(斯文)의 소중함을 자임(自任)

---

9) 「서암강학기」 뒷 부분에 있는 '木齋下山後答書曰'과 '十二月卄八日木齋書' 참조.
10) 『여유당전서』 권13, 序, 鳳谷寺述志詩序 및 권19, 書, 上木齋書.

하여, 다른 사람의 시비를 돌아보지 않고, 자기의 이해를 헤아리지 않으면서 용감하게 나아가 일으킬 방도를 다하지 않는다면, 어찌 시들어가는 끝에서나마 용기를 얻어 극복의 공을 세우겠습니까. 오직 우리 성호(星湖) 부자(夫子)는 하늘이 낸 영웅호걸의 인재로서 도(道)가 없어지고 교(敎)가 해이된 뒤에 태어나 회재(晦齋)와 퇴계(退溪)를 사숙하여, 심성(心性)의 학(學)을 경(經)으로 하고 경제(經濟)의 업(業)을 위(緯)로 하여 수백여 편의 책을 써 후학을 크게 은혜롭게 하였습니다. 그 동당(同黨)이 적전(適傳)하고 급문고제(及門高弟)가 대개 문채나게 이어 왔으며 또한 그 뒤를 이은 소년 모모와 같은 여러 친구들은 울연(蔚然)히 흥기(興起)하여 볼만하였습니다. 무술(戊戌)년(1778)과 기해(己亥)년(1779) 사이에 서울의 유담지사(游談之士)들이 장집(長楫)을 받들어 좇고 위의(威儀)를 갖춤이 엄연하게 삼대(三代)의 기상이 있었습니다. 이것이 누구의 힘이겠습니까. 모두 성옹(星翁)이 토대를 개척하고 문호를 세움으로써 이 도를 다시 일으켜 만세(萬世)에 꺾일 수 없는 업(業)을 수립한 것입니다. 성인의 가르침에 숭정학(崇正學)을 부지런히 하고 간절하게 하여 이단(異端)을 막는 근본으로 삼도록 하였습니다. 실로 문왕(文王)을 모시고 일어나는 자가 있어, 분연히 근원이 없는 땅에서 스스로 일으켰는데, 하물며 성호의 문에서 공부하고 성호의 가르침을 들은 사람이야 어떠하겠습니까? …11)

---

11) 『여유당전서』 권19, 서, 上木齋書, 乙卯(1795) 秋在金井. "第吾黨衰遲散落 無復十數年前光景 苟非鴻工鉅儒毅然自任以斯文之重 不顧旁人是非 不計 自己利害 勇往直前 以盡興起之方 則尙安能鼓舞於委靡之餘 得以樹克復之

206

이 글은 정약용이 금정찰방으로 부임해 와서 서암강학이 있기 얼마 전에 이삼환에게 보낸 편지 내용의 일부이다. 주목되는 내용을 간추려 보면, 성호학파가 쇠미해 있으니 원로들이 앞장서서 일으켜야 한다는 것, 성호는 영웅호걸로서 급문고제(及門高弟)를 많이 배출하였다는 것, 1778~1779년에 있었던 천진암(天眞庵)·주어사(走魚寺) 강학이 볼 만하였는데 모두 성호의 가르침에서 나왔다는 것 등을 들 수 있다. 주어사 강학이 구체적으로 어떤 것이었는지 확실히 알 수는 없겠으나,12) 주어사 강학을 성호의 힘으로 돌리는 정약용의 표현대로라면 성호의 학문적 가르침과 무관하다고 볼 수 없을 것이다. 정약용의 성호학통 의식이 매우 강하였다는 사실을 알게 하는 대목이라 하겠다. 어쨌든 정약용은 지금의 성호학파가 종전처럼 학문적으로 떨치지 못하고 있다는 것을 매우 아쉽게 생각하고 있었다고 하겠다. 그리하여 자신이 찰방으로 내려오자 곧 호서지방의 성호학통으로서는 가장 연장

勳乎 惟我星湖夫子 以天挺英傑之才 生於道喪敎弛之後 得以私淑於晦退 經之以心性之學 緯之以經濟之業 著書累百餘編 以嘉惠後學 其同堂適傳 及門高弟蓋莫不彬彬郁郁 繼往開來 而又其後進少年如某某諸友 蔚然興起 煥然可觀 往在戊戌己亥之間 京洛游談之士 恭趨長楫 攝以威儀儼然 有三代 氣象 是誰之力 皆星翁爲之 拓基址立門戶 以中興斯道 而樹萬世不拔之業也 前後聖敎勤勤懇懇以崇正學 爲闢異端之本 苟有待文王而興者 將奮然自作 於無根沒源之地 而況游星翁之門 而聞星翁之風者哉."

12) 天眞庵 走魚寺講學 내용이 구체적으로 무엇이었는가는 논자에 따라 의견을 달리하기 때문에 본고에서 단정하여 말하기는 곤란하다.(徐鐘泰, 『星湖學派의 陽明學과 西學』, 서강대학교 대학원 박사학위논문, 1995, 74~75쪽 참조)

자이며 원로이고 성호의 직제자인 이삼환에게 성호학파의 재흥
을 위한 각성을 촉구한 것으로 풀이된다. 정약용이 권철신 문인이
기는 하지만 표면적으로는 이때 천주교를 떠나 있었고, 권철신은
천주교와 관련하여 이미 정부의 지목을 당하고 있는 형편에서
당시로서는 성호학파를 재기하는 일을 이삼환이 주도하는 것이
상책이라고 생각하였던 것으로 판단된다.

더불어 당시의 현안이 성호문집을 교정 정리하는 일이라는
것을 그도 잘 알고 있었다. 그는 금정에 내려오자 교정작업을
하기에 적당한 곳으로 산사(山寺)를 물색하기도 하고, 교정작업에
필요한 문구(文具)와 참여자들이 먹을 식량을 자신이 준비하기로
제안하였다.[13] 서암강학이 이러한 과정을 통하여 이루어졌던
것을 보면, 정약용은 금정찰방에 부임하면서 성호문집 교정과
더불어 강학을 사전에 계획하고 있었다고 볼 수 있다. 다시 말하면
서암강학은 이삼환을 내세워 정약용이 적극적으로 계획하고 주
선하여 이루어졌던 것이다.

그러나 이삼환과 정약용이 참여한 강학이 이것이 처음은 아니
었다. 10년 전 서울에서도 있었다. 그 때에는 서울에 있는 사람들이
참여하여 도를 논하며 문답을 하였으나, 그 후 수년 동안 흐지부지
되었던 것으로 보인다. 이에 이삼환은 그러한 경험을 경계삼아
이번에는 참여자들에게 강학이 철저히 이루어지도록 부탁하였
다.[14] 이렇게 볼 때, 호서지방의 이삼환과 서울에 있던 정약용은

---

13) 『여유당전서』 권19, 서, 上木齋書.

208

일찍부터 성호학파의 계승을 위해 소장파 인물들 중심으로 관심을 갖고 협력하였다고 볼 수 있다. 더불어 이삼환은 성호 유고 교정작업에 대해서도 이들에게 적극 협력을 요구하였고 특히 정약용에게 크게 의지하려 하였던 것으로 보인다.15)

이 서암강학이 성호학통과 관련하여 시사하는 점에 관하여 잠시 살펴보기로 하자. 앞서 언급하였듯이 1795년 당시 이삼환이나 정약용 두 사람은 모두 성호학파가 쇠퇴해 있음을 염려하면서 재기를 다짐하고 있었다. 이러한 당시 상황에서 비록 10일간의 짧은 강학이었지만 이삼환과 정약용에게는 큰 의미가 있었다. 먼저 이삼환의 입장으로 보면, 성호학파 제1세대 원로들이 1791년 안정복을 마지막으로 모두 타계하였고, 당내 성호문인들 또한 대부분 타계하여 자신이 성호문인의 원로로서 성호학파를 이끌어야 할 처지에 놓여 있었다. 이병휴가 살아 있을 때 학문적으로 가까웠던 친형 이철환이 1779년에, 두 살 아래인 성호의 손자 이구환마저 1784년에 이미 타계하였기 때문에 문중의 성호문인으로는 이삼환이 책임지어야 할 위치에 있었던 것이다. 한편 성호의 급문제자(及門弟子)가운데 여러 사람이 기대했던 권철신은 천주교와 관련되어 있었기 때문에 당시로서는 이미 사상적 분열 상태에 놓인 성호학파를 다시 결집하여 일으킨다는 것은

---

14) 『여유당전서』 권19, 서, 答李文達. "昔在十年前與京裏諸友講學論道 甲者滿口贊揚 乙者奉身逡巡 乙者加倍誦祝 甲者應聲謙讓終之 數年之後竝走 得失之場卒無能卓然樹立者 玆深可戒者 向在山寺 木翁縷縷叮囑 卽勉去此習."
15) 『여유당전서』 권18, 서, 與茯菴李公(基讓).

사실상 기대할 형편이 못되었고, 이삼환도 가문의 존속이나 성호
학파의 재기를 위해서는 정부의 박해 위험을 피하여 천주교를
배척해야 하는 입장이었다. 이삼환 자신은 이제 67세의 원로가
되어 후학을 양성하면서 항상 성호학파의 진로를 걱정하지 않을
수 없었던 것이다. "급문고족(及門高足) 제공(諸公)이 이미 모두
세상을 뜨고 후배[이삼환 본인을 말함]의 얕은 학문으로는 갑자기
그 책임을 맡을 수 없다"16)라고 하였다든가, 또 언젠가 사위
유명환을 앞에 두고 자신의 학통을 이어받을 사람 때문에 매우
고민한 일도 있었다. 뒷날 유명환은 이를 기억하며 쓴 이삼환
제문을 통하여,

> 하루는 소자가 선생을 모시고 앉아 있는데 선생께서 크게 한숨을
> 쉬면서 "이 세상에 나의 도를 전할 사람을 얻기가 어렵구나"라고
> 하시어, 내가 아무 말없이 물러났습니다. 선생의 이 말씀은 제가
> 불민함을 심히 탄식한 것으로 저는 재기(才器)가 미치지 못함을 스스
> 로 알고 있었습니다.17)

라 하였다. 이삼환이 시중드는 사위를 보고 자신의 도학을 이을

---

16) 『여유당전서』 권21, 시문집, 서암강학기 및 『소미산방장』 권2, 詩, 石巖寺逃
志十韻. "當時 及門高足諸公 已盡凋喪 後輩淺學 卒無能任其責者."
17) 『소미산방장』 부록, 제문(兪命煥 撰). "一日 小子侍坐 先生太息歎曰 此世
難得傳吾道之人云 爾則小子默然而退 蓋先生此言 深嘆小子之不敏 而小子
自知其才器之不逮也."

사람을 얻기 어렵다는 고민을 토로하였는데, 사위 유명환은 자기의 재기가 부족함을 부끄럽게 생각하고 있었다. 유명환은 이삼환이 가학의 명맥을 이어나가지 못할 것을 걱정하였던 것으로 오해하였으나, 사실은 이삼환이 자신의 도학을 전해 줄 사람이 없다고 한 것은 유명환의 재기가 부족하다는 것을 말한 것이 아니고, 자신이 이끌어 온 가학이나 성호학통의 전승을 걱정한 것으로 보아야 할 것이다. 이삼환의 문인들이 모두 이삼환을 성호의 적통으로 알고 있고 성호의 도학을 공부한 유일한 종사로 이해하고 있다는 사실에서도 그렇게 생각된다.[18] 따라서 그는 성호학통을 자신으로부터 이어 받을 인재에 대해 평소 걱정을 많이 하였다는 사실을 엿볼 수 있다. 나아가 그가 평소 학통의 진로와 성호학파를 다시 일으켜야 한다는 절박함에 얼마나 고심하고 있었던가를 읽을 수 있다.

이러한 때에 정약용이 금정찰방으로 부임하여 경비를 부담하고 강학회를 준비하여 가례질서 교정과 강학을 적극적으로 주선하였으니, 이삼환과 정약용에게서 성호학파의 재기에 대한 일치된 희망을 찾아 볼 수 있다. 정약용은 이삼환에게 유고 정리를 자기에게 맡겨 줄 것을 말하고, 다시 편지를 통하여 성호 선생이 남긴 글이 지금까지 민멸되게 한 것이 후학(後學)의 책임이라고 하며 유고 정리를 서두를 것을 촉구하면서[19] 온양 봉곡사에서

---

18) 『소미산방장』 부록, 사림장통문. "木齋李先生 … 接星門之統緖 道學爲獨得之宗."
19) 『여유당전서』 권21, 시문집, 서암강학기. "吾友丁君美鏞 適自銀臺出補金

모임을 갖기로 약속하였던 것이다. 그 결과 봉곡사에서 서암강학
을 통하여 일단 『가례질서』의 정리를 마쳐 1부를 완성하고 나머지
유고는 다음 해에 계속하기로 미루었던 것이다.

　요컨대 이삼환이 주관하고 정약용이 적극적으로 주선하여 이
루어진 서암강학은 1차적으로 성호 유고 정리가 주된 목적이기는
하지만, 이 강학 자체가 성호학파의 일원으로 성호학통을 계승한
다는 의식과 쇠미해진 성호학파의 재기를 염두에 두고 추진 실행
되었다는 데에 큰 의미를 둘 수 있다. 또한 정약용이 추진하여
이루어진 서암강학을 통하여 18세기 말 호서지역 성호학통의
존재와 활동을 확인할 수 있었다는 사실도 주목하게 된다.

3. 정약용의 성호학파 재기 염원과
안정복 계열 성호학통

　여기에서 정약용의 성호학파 재기에 관한 염원을 좀 더 구체적
으로 살펴보기로 한다. 정약용은 금정찰방으로 내려올 무렵을
전후하여 성호학파의 쇠퇴에 내심 크게 우려하면서 계파를 초월
하여 성호학파의 재기를 염두에 두고 있었다. 우선 안정복 계열
성호학통을 보는 그의 시각이 권철신이나 이기양 등이 안정복이

　井驛丞 慨然以修整爲己任 書來曰 使先生遺文尙至今泯 焉無傳後學之咎也
不有作始 曷底於成 遂約會溫陽之鳳谷寺."

살아 있을 때의 안정복에게 대하던 태도와는 크게 다르다는 사실
을 찾아 볼 수 있다. 1790년대 안정복 문인 황덕일·황덕길 형제는
경기도 양천에서 성호학문을 연마하며 후학을 양성하고 있었다.
천주교 문제로 안정복과 갈등을 겪었던 권철신의 계열인 정약용
도 그러한 사실을 알고 황덕길이 성호학파를 재기하는 데 앞장서
주기를 기대하고 있었다는 사실에 주목하지 않을 수 없다. 1780년
대만 하여도 천주교에 적극적으로 관심을 두고 활동하던 인물들
이 1791년 진산사건 이후 다수가 천주교를 멀리하고 있던 때이기
도 하다. 정약용이 황덕길과 심유(沈溵)가 안정복의 문인인 것을
알고 있으면서 이들에게 성호학파의 재기에 기대를 걸었던 사실
로 볼 때, 당시 권철신 계열 성호학통에게 성호학파의 재기를
기대하기는 어렵다고 생각하였던 것이 아닌가 짐작된다.

　금정찰방으로 부임하여 이삼환에게 보낸 다음 편지 내용을
참고하여 보자.

　　지금 서울의 사우(士友)에 심사윤(沈士潤)과 황이수(黃耳叟) 제공(諸
　　公)의 하는 일이 모두 뛰어나 여느 사람들이 아닙니다. 문하(門下)에
　　실로 마땅히 표준되는 일세(一世)로서 사람들의 앞에 서야 할 것
　　같은데 응하지 않고 겸양(謙讓)하여 물러나 있으니 뭇사람의 희망을
　　저버리는 것입니다. 어찌합니까. 어찌합니까.[20]

　20)『여유당전서』권19, 서, 上木齋書, 乙卯(1795). "今洛中士友 亦有沈士潤黃耳
　　　叟諸公樹立 皆卓然不群 如門下誠宜標準一世 以爲人先 不應謙讓卑牧 以孤
　　　衆人之望也 如何如何."

「정약용이 황덕길과 심유에 관해 이삼환에게 보낸 편지」

위 편지에 보이는 심사윤(沈士潤)은 심유(沈浟)인데 정약용의 매부 이승훈(李承薰)과는 사돈간이다. 주어사 강학에 빈객(賓客)으로 참가한 일도 있다. 황이수(黃耳叟)는 황덕길(黃德吉)이다. 당시 형 황덕일(黃德壹)과 함께 양천(陽川)에 살며 후학을 양성하고 있었다.21) 정약용은 이들이 성호학파의 표준이 되는 사람으로

───────────

21) 황덕일과 황덕길의 생애 및 학문활동에 대해서 필자의 저서, 『성호학통연

뛰어난 학자로 평가하고 있었다. 그러나 이들은 오로지 칩거하여 학문과 후학 교육에만 전념하고 앞에 나서 적극적으로 성호학파를 일으킬 활동을 하지 않는다고 정약용은 내심 불만을 나타냈던 것이다. 정약용은 이들이 성호학파의 재기를 위한 적임자라고 생각하고 앞에 나서 주기를 기대했던 것으로 보인다.

정약용이 이들에게 큰 기대를 걸었다는 사실은 심유에게 보낸 편지에,

> 지금 주서(朱書)를 숙독(熟讀)하는 자는 오직 집사(執事)와 황장(黃丈)이 서로 드날리는데 후진(後進)을 잘 가르치고 인도할 책임을 의당 누가 담당하겠습니까.22)

라고 말한 데에서도 잘 드러난다. 그는 심유와 황덕길이 주자의 저서를 숙독하였기 때문에 당연히 후학 양성의 책임을 맡아야 한다고 하였다. 여기에서 정약용이 당부하는 후학 양성의 책임이란 이들이 모두 성호학파의 일원이라는 점과, 그리고 앞서 이삼환의 편지에서 이들을 성호문인의 표준이 된다고 한 점으로 미루어 성호학파의 재기를 위한 후학 양성의 적임자라는 것을 말한다 하겠다. 주자의 저서를 숙독하였다는 것은 유학공부에 매진하여 그 학문이 높다는 것을 말한다. 정약용이 이삼환과 심유에게

구』 제3편에 구체적으로 언급되어 있다.

22) 『여유당전서』 권18, 書, 與沈士潤(浟). "今熟讀朱書者 惟執事與黃丈對揚 休敎引導後進之策 當誰擔夯耶."

보낸 편지가 스스로 서학으로부터 손을 떼었다[23]는 1791년 이후
라는 점을 감안해 볼 때, 심유나 황덕길이 성호학으로 성호학통을
지켜나가려 했던 뜻을 이해하고 벽위로 일관하던 이들에 대한
종전의 생각을 바꾸어 적극적으로 접하려 했던 것이 아니었을까
생각되기도 한다. 어쨌든 그가 유독 심유와 황덕길을 지목하여
성호문인의 표준으로 평가하여 성호학파 재기를 위해 앞에 나설
것을 말하고, 후학양성에 매진하기를 강조한 의도에는 이들이
성호학통의 재기에 적격자라는 판단을 하였기 때문일 것이다.
정약용이 비록 안정복 문인은 아니었다 하더라도, 안정복의 문인
들과 교류하여 자신이 추구하는 성호학통의 재기와 성호학문의
전승에 이들과 함께 협조하려 하였다는 사실을 보여주고 있는
대목이라 하겠다. 대체로 성호학파의 재기에 대한 그의 집념은
그 자신이 밝혔듯이, 1791년 서학에서 손을 뗀 후부터 더욱 강하게
나타났다고 보여진다.

　정약용이 성호학파를 재흥하려는 의지가 유배생활이 시작되
면서 제대로 뜻을 펼 수 없게 되었지만, 황덕길은 양천에서 성호학
을 익히는 한편 후학들에게 "후학이 된 자는 마땅히 성호가 쓴
책을 읽고 성호의 학문을 배워야 한다"[24]라 하면서 성호학통의
계승정신을 철저히 주입시켜 나아갔다. 그리고 말년에는 이구환

---

23) 『여유당전서』 권16, 墓誌銘, 自撰墓誌銘. "丁未以後四五年 頗頃心焉 辛亥
　　以來 邦禁嚴 遂絶意."
24) 『下廬先生文集』 권4, 書, 答鄭希仁, 丙戌(1826). "爲後學者 惟當讀星湖書
　　學星湖學."

216

의 아들 이재남(李載南)과 자주 교류하면서 성호문집 정리에도
힘을 기울였다. 정약용이 황덕길을 이해하고 있었던 것처럼, 황덕
길이 정약용을 어느 정도 가까이 하였는지 모르겠으나, 결국
황덕길은 성호학통을 재기시키는 데 성공하여 20세기까지 전승
케 하였다.

요컨대 정약용이 성호학통을 계승시킬 후학 양성을 유배생활
로 말미암아 뜻과 같이 할 수 없던 반면, 그가 희망을 걸었던
황덕길은 성호학통으로서 강한 집념을 가지고 후학양성을 하여
많은 문인을 배출하였는데, 그 가운데 허전(許傳)은 성호학통
전승의 대표적인 인물로 평가받고 있다.[25]

1790년대 중후반 들어 정약용이 이삼환에게 황덕길이나 심유
등을 회유하여 성호학파 재기에 앞장 설 것을 권유하였다는 사실
은 정약용이 성호학파의 계파를 떠나 이삼환을 중심으로 이들과
협력하여 성호학파 재기를 촉구하였던 것으로 판단된다. 이처럼
1790년대 이후에는 이삼환이 성호학파의 원로 위치에서 쇠미해
진 성호학파 재기의 중심 인물이었다고 하겠다. 그즈음 관계에서
는 이기양이나 정약용이, 근기 재야에서는 황덕일·황덕길 형제,
심유 등이 이삼환과 소식을 주고 받으며 성호학파의 진로에 대하
여 교류하였던 것으로 보인다. 그러다가 1801년 신유사옥을 계기
로 정약용 측은 박해를 받아 크게 위축되어 가게 되었다.

---

25) 허전의 성호학통 전승에 대해서는 필자의 저서, 『성호학통연구』 제4편에
구체적으로 언급되어 있다.

제2절 성호영정 봉안 추진[*]

　18세기 말 호서지방에서는 성호의 영정을 봉안하려는 계획이 진행되고 있었고 그 책임을 이삼환이 맡아 추진하였다. 원래 영정은 1780년 봄에 제작되었는데 성호가 살아 있을 때의 모습을 본 사람이 상상하여 그린 것이다.[1] 짐작컨대 이용휴와 이삼환이 추진하여 화가가 그린 것으로 보인다. 특히 이용휴나 이철환은 당대 이름난 화가 강세황(姜世晃, 1713~1791)·정수영(鄭遂榮, 1743~1831)[2] 등과 교류하며 절친하였고, 이철환은 시서화에 능하였지만 바로 전 해인 1779년 작고하였다. 정수영은 그의 증조부 정상기(鄭尙驥, 1678~1752) 이후 선대와 성호가 절친하여 생전에

---

　* 이 성호영정 봉안에 대한 글은 필자의 논문, 「호서지방 성호학통의 전개」 『경기사학』 제5호, 경기사학회, 2001, 287~289쪽의 내용을 수정 보완하여 수록하였다.
　1) 『惠寰雜著』 권8, 季父星湖先生像贊. "眞幀成於庚子春 後先生已十八年矣 當時承顔之人 想像而寫之者也."
　2) 정수영은 실학자 鄭尙驥(1678~1752)의 증손자이고, 『東國大地圖』를 百里尺을 사용하여 제작한 지리학자 鄭恒齡(1700~?)의 손자로서 조선 후기 대표적인 문인 화가이다.

학문 교류가 많았기 때문에 성호와 접할 수 있는 기회가 있었을 것으로 생각되고, 1788년 이삼환의 초상화를 그려주어 지금까지 전해지고 있다.[3) 강세황은 안산에서 가까운 화성 사람으로 안산의 여주 이씨 집안 사람들과 시모임을 갖는 등 가깝게 지냈고, 처남 유경종(柳慶鍾) 등과 성호의 문을 드나들었기 때문에 성호의 모습을 가장 잘 알 수 있는 당대 제일의 화가이다. 그렇다면 강세황이나 정수영 모두 성호의 모습을 잘 알 수 있는 화가들이기 때문에 혹 이들 가운데 한 사람이 그린 것이 아닐까 추측된다.[4)

성호 영정은 제작되고도 영당이 건립되지 못했기 때문에 바로 봉안되지 못하였다. 19년이란 세월을 보낸 뒤, 이삼환은 이들을 대표하여 영당 건립을 위한 통문을 다음과 같이 써서 각지에 보냈다.

뭇 성인이 상전(相傳)한 근본을 깨달아 본체를 밝히고 쓰임을 알맞게 하며, 천년 동안 끊이지 않은 줄기를 접하여 과거를 계승하고 미래를 열었으니, 이에 유림들이 경모하는 정성을 품고 별묘(別廟)로 받들어 모시자는 의론이 일게 되었습니다. 우리 성호 선생께서는 산하의 정기와 시예(詩禮)의 유풍(遺風)으로 옥동(玉洞)의 문하에서 가르침을 받아 세상에서는 하남(河南) 두 부자(夫子)의 칭호를 얻으시

---

3) 『소미산방장』 권6, 雜著, 書鄭君房 松溪圖後 및 임배세, 「고덕 탁천장의 여주 이문」 『계간 내포문화정보』 제3호, 48쪽 참조.
4) 현재 성호 초상으로 통용되고 있는 영정은 최근에 그려진 것이기 때문에 여기에서 설명하는 영정과는 무관하다.

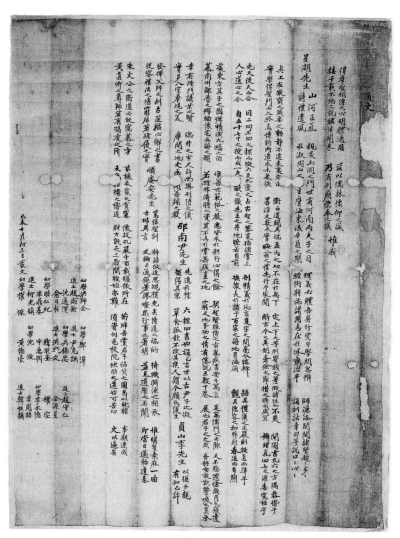

「성호영당 건립 통문」
(안산 성호기념관 소장)

고, 도산(陶山)을 사숙하는 학맥으로 해동에서 태어나 신유(辛酉)년의 주기를 이으셨습니다. 이의(理義)는 반드시 내 몸으로 체득하고, 행실은 학문과 사변(思辨)에 바탕을 두며, 경술(經術)은 여러 용도에 베풀어지게 하고, 뜻은 수신제가치국평천하에 두셨습니다. 염(濂)·낙(洛)·관(關)·민(閩)[5]의 여러 현인을 스승으로 삼고 부지런히 좇아 훈고(訓詁)와 장구(章句) 등에 관한 설을 논하며 입으로는 말을 하고 마음으로는 생각하며, 참된 공부를 경재잠(敬齋箴)에 두고 긴요하게 여겨, 동정(動靜)을 어긋나지 않게 하고 안팎을 공히 바르게 하셨습니다. 선생의 참된 학문은 성인의 도에 이르는 문을 깨닫고 들어가, 종국에는 박문약례(博文約禮)로 본말(本末)을 겸하여 갖추었고, 정도(正道)를 지켜 이단을 물리친 맹자(孟子)의 공을 우(禹)의 아래에 두지 않았으며, 경박한 글은 제거하고 근본이 진실된 글을 펴시고 주자의 예법을 가정에서 먼저 실행하였습니다. 상하의 등급을 정하여 귀천의 차이를 구별하였으며, 옛 것으로 징험하여 어긋나지 않도록 하고 고금의 다른 제도와 사치하고 검소함의 적절한 조치의 시기를 참작하여 모두 마땅하게 하였습니다. 하도낙서(河圖洛書)의 음양의 경계를 열어 선천(先天)과 후천(後天)에서 참작하고 조사하였으며, 이기(理氣)와 사단칠정(四端七情)의 근원을 합리적으로 변별하고 인심(人心)과 도심(道心)의 분별을 깊이 연구하였습니다. 이사삼사(二四三四)의 시초(蓍草)를 세어 육효구변(六爻九變)의 점괘를 징험하니 옛 성인의

---

5) 중국 宋代의 대표적인 성리학자 周敦頤, 程顥와 程頤, 張載, 朱熹의 출신지를 따서 붙인 이름임.

시책(蓍策)이 손바닥 위에 가리키고, 처음에 50·70 묘(畝)를 주어 한 농부가 100묘의 수확을 이루니 옛 어진 임금의 정(井)자의 토지구획이 눈앞에 환히 보이는 듯 합니다. 짤막한 말과 글 사이에서 정확한 뜻을 밝히고 정밀하게 분석하였으며, 제자백가(諸子百家)의 말에서 많은 장점을 습득하여 해박한 지식을 지니셨습니다.

예의 바르고 엄하기로 말하면 먹줄처럼 곧고 수준기처럼 평평하며, 후덕한 용모의 화합과 순수함을 보자면 봄기운이 온화하고 햇볕이 따뜻하게 비추는 것 같았습니다. 동방 기자(箕子)의 나라에 살면서 홍범구주(洪範九疇)의 다스림을 모두 정확하게 통하였고, 남쪽 나라 공·맹의 고향을 흠모하여 5묘의 좁은 땅에 사는 희망을 품고 계셨습니다. 오로지 착하고 모범된 세속의 가르침은 모두 몸소 행하고 마음으로 깨닫는 여유의 근본으로 삼아, 마치 나라를 다스리고 어려운 시대를 구제하는 바탕이 손바닥의 산가지와 뱃속의 계책에 갖추어지지 않은 것이 없는 듯합니다. 성현의 경전 뜻에 부합하여 질서(疾書)를 만든 것이 수만 언이요 천지 사물의 실상을 궁구하여 『사설(僿說)』 30권을 지었으니, 이는 유문(儒門)의 정맥(正脈)이요 실로 군자의 커다란 성과입니다. 하늘이 유고를 정리하지 않은 채 세월이 오래되었음을 마음 아파하는데 내 장차 어릴 적 깨우침을 받들지 못함을 어찌 버린 채 탄식하겠습니까? 요행히 문하를 좇아 가르침을 청한 현자들이 있어 방에 들어와 규범을 받드는 아름다움이 실로 많았습니다. 창 밖에는 눈이 한 자 남짓 쌓였는데 아직도 줄을 서서 모시는 모습과 좌석 사이에 계신 선생을 생각하며 열심히 깨우치시는 가르침을 듣는 듯 합니다.

소남(邵南) 윤동규(尹東奎) 선생은 예학(禮學)에 나아가 홀로 그 종(宗)을 얻었고, 육경과 사서를 외워 자기 말처럼 하여 옛 윤자(尹子)에 비유하였으나 몹시 청빈함[簞食瓢飮]으로 그 즐거움을 고치지 않아 사람들이 오늘날 안씨(顔氏)가 다시 태어났다고 하였습니다. 정산(貞山) 이병휴(李秉休) 선생을 아들과 같이 사랑하고 막역한 친구처럼 허락하셨으며, 아버지와 스승의 가르침을 발휘하시고 옛 상자에는 심해(心解)의 서적이 가득 넘쳤는데, 조용히 예법의 마당에 어렵게 살면서도 몸소 행하는 실천을 드러냈습니다. 순암(順菴) 안정복(安鼎福) 선생은 성현의 가르침에 신뢰가 두터워 이단의 말을 애써 물리치고, 『이자수어(李子粹語)』를 『근사록(近思錄)』의 규모를 본떴으니 참으로 도를 전함이 바르고 명백하며, 역사를 편찬함에 『동국통감(東國通鑑)』의 오류를 바로잡으니 찬연히 일을 함에 뚜렷하고 밝게 하였습니다.

장하도다. 연원이 서로 이어지고 더욱 도학이 크게 열리는 것이 보입니다. 오로지 첨성리 농촌의 한 구비는 이제 당시 달리던 수레의 남은 터입니다. 주문공(朱文公)이 도를 지킴에 의지하고 사모하는 도리를 다하고, 황직경(黃直卿)이 스승을 모시기에 마땅히 공경함을 나타내는 장소가 있었습니다. 다만 본가가 빈궁함으로 말미암아 (영당을) 짓는 일이 다소 지연됨을 면치 못하였습니다. 영정을 성대하고 엄숙하게 설치하여 천백 년 우러러 의지하며 둘 곳으로 하자면, 재력이 이미 바닥나 삼수간의 경영도 역시 시작하기 어렵습니다. 만일 우리 당 군자들이 협찬할 대책이 없다면 어떻게 일이 잘 되어가겠습니까? 모름지기 여러 고을의 향교와 서원의 도움을 받는 방법

으로 시작할 것을 가히 알립니다. 일이 빨리 이루어지기를 기대하며
통문으로 널리 알립니다.

기미년 초사흘 통문을 발송합니다.

유학(幼學) 권경(權儆), 진사(進士) 유광진(柳光鎭), 이정기(李鼎基),
유학(幼學) 목인기(睦仁紀), 유일주(兪日柱), 심통한(沈通漢), 진사(進
士) 조상겸(趙尙兼), 유학(幼學) 홍사전(洪師全), 황덕일(黃德壹), 유학
(幼學) 심유(沈浟), 신혜연(申惠淵), 한우규(韓羽奎), 진사(進士) 홍낙문
(洪樂文), 유학(幼學) 오석충(吳錫忠), 진사(進士) 윤극겸(尹克謙), 유학
(幼學) 정담(鄭潭), 진사(進士) 한성겸(韓性謙), 이주철(李周喆), 유학(幼
學) 이영덕(李永德), 권필(權宓), 김원성(金源星), 진사(進士) 조수인(趙
守仁).6)

---

6) 『소미산방장』 권5, 문, 성호이선생영당통문은 안산 성호기념관에 소장된
   원본 「星湖先生影堂建立通文」을 옮겨 기록한 것으로 보인다. 본문은 같으
   나 문집에는 통문 발기인이 생략되었기 때문에 여기에서는 원본 통문을
   사용하기로 한다. 성호기념관소장 「星湖先生影堂建立通文」. "得群聖相傳
   之心明體適用 接千載不絶之統繼往開來 玆以儒林懷仰之誠 乃有別廟崇奉
   之議 惟我星湖先生 山河正氣 詩禮遺風 親炙玉洞之門世有河南兩夫子之目
   私淑陶山之脈生膺海東後辛酉之期 理義必體吾身行資乎學問思辨 經術將
   施諸用志在於修齊治平 師濂洛關閩諸賢趨趨步步 誦訓詁章句等說口口心
   心 眞工在敬齋之箴要之 動靜不違表裏交正 實學得聖門而入終焉博約兩造
   本末兼該 衛正道闢異端孟氏之功不在於禹下 略浮文敷本實晦翁之禮先行
   乎家間 定上下之等別貴賤之差徵諸往而不爽 酌古今之異制奢儉之節措之
   時而咸宜 闡圖書九六之方偶參稽乎先天後天而合 辨理氣四七之源委究極
   乎人心道心之分 因二四三四之揲而徵六爻九變之占 古聖之蓍策指諸掌上
   自五十七十之授而成一夫百畝之徹先王之井地瞭若目前 剖精義於片言隻

통문의 주요 내용을 요약하면 첫째, 유림들이 성호 사당을 건립하자는 의론이 제기되고 있다는 것, 둘째 성호는 퇴계를 사숙한 학맥으로 태어난 해도 퇴계가 탄생한 해인 신유(辛酉)년으로 삼주기라는 것, 셋째, 성호는 여러 방면의 학문 성과를 이룩하고 많은 저서를 낸 유문(儒門)의 정맥으로 유고 정리가 절실하고 버려둘 수 없다는 것, 넷째, 윤동규·이병휴·안정복은 성호의 가르침을 받은 대표적인 문인으로 학문이 높은데, 윤동규는 경학에 능하고 이병휴는 예법을 몸소 실천하였으며 안정복은 이단을 배척하고 역사에 해박하다는 것을 소개하고, 이들이 모두 타계한

字之間毫分縷析 撫衆長於諸子百家之語地負海涵 語其禮儀之正嚴則繩直而準平 觀其憙容之和粹 則春溫而日煦 處東方箕子之國殫精演九疇之治 慕南州鄒魯之鄉緬懷宅五畝之願 惟善世範俗之教悉皆本於躬行心得之餘 若經邦濟時之資莫不具於掌籌腹畫之地 契聖賢經傳之旨爲疾書幾千萬言 窮天地事物之情有僅說三數十卷 是爲儒門之正脈 展也君子之大成 天不整遺 愴 歲月之寢遠 吾將安放嘆警咳之莫承 幸有踵門請業之賢 實多入室奉規之美 窓外之雪尺許尙想列侍之儀 席間之地丈函如聞善誘之教 邵南尹先生 先進於禮 獨得其宗 六經四書如誦記言世以古尹子比擬 簞食瓢飲不改其樂人謂今顏氏復生 貞山李先生 以猶子親 有知己許 發揮父師之訓古篋溢心解之書 從容禮法之場窮居著踐履之實 順菴安先生 篤信聖訓 力排異言 粹語倣近思規模允矣傳道之端的 史編正通鑑差謬燦然行事之著明 猗歟淵源之相承益見道學之丕闡 惟瞻星桑瓶一曲 卽當日薨軸遺基 朱文公之衛道 必致寓慕之方 黃直卿之尊師宜有揭虔之所 第緣本家之貧寠 未免結構之稽遲 像設孔嚴千百載瞻依所在 財力旣乏三數間經始亦難 苟非吾黨君子協贊之圖曷以就緒 須資列邑校院佽助之道始可告功 事期速成 文以遍告 己未十月初三日發文
幼學權儆 進士柳光鎭 李鼎基 幼學睦仁紀 兪日柱 沈通漢 進士趙尙棄 幼學洪師全 黃德壹 幼學沈㳞 申惠淵 韓羽奎 進士洪樂文 幼學吳錫忠 進士尹克謙 幼學鄭潭 進士韓性謙 李周喆 幼學李永德 權宓 金源星 進士趙守仁."

지금 우리들이 맥을 이어야 한다는 취지를 역설하였다. 끝으로 영당을 짓기에 성호 본가의 재력으로는 어렵기 때문에 각 고을의 향교와 서원을 중심으로 협조가 시급하다는 내용이다. 그 가운데 핵심 내용은 영당 건립에 필요한 경비를 협조해 달라는 내용이라 하겠다.

이들 유림들이 어떤 연유로 이즈음 성호영당 건립의 필요성을 느꼈을까? 그동안 영당 건립을 성호의 증손 이재남(李載南, 1765~1835)과 덕산의 여주 일가에서 추진하였으나 재남은 가세가 어려워 경비를 부담할 여력이 없었고[7] 이삼환 역시 재정적으로 넉넉지 못하여 차일피일 미루어 오다가 1799년 무렵 여러 유림들이 적극적으로 나서게 되었던 것으로 짐작된다. 지방 유림들이 이렇게 나선 배경으로는 그동안 이삼환의 후학들이 다수 배출되고 성호학통에 대한 이들의 관심 증대를 들 수 있다. 앞서 보았듯이, 1795년 금정찰방 정약용이 주선하여 이루어진 온양 서암 봉곡사에서의 강학은 어렵게 이어져 오는 이 지역 성호학통에 큰 자극제가 되었을 것으로 보인다. 다시 말하면 당시 승정원 승지를 역임한 젊은 관료 정약용의 적극적인 성호학통 재기와 전승 의지는 이곳 유림들에게 큰 힘이 되어 이삼환을 비롯하여 이곳 유림들의 성호학파 인식을 새롭게 바꿔 놓았을 것이라는 점이다. 그리하여 영당 건립도 이들이 추진하면서 당시 이 지역

---

7) 『소미산방장』 권5, 문, 성호이선생영당통문. "… 緣本家之貧寠 未免結構之稽遲像設."

성호학파의 원로이자 성호의 종손인 이삼환을 내세워 통문을
돌려 여러 유림들의 재정적 협조를 구했던 것으로 생각된다.

이 통문에는 통문을 쓴 이삼환을 제외하고 22명의 발기인이
기록되어 있다. 이 가운데 심통한은 황덕길의 고종사촌이고, 황덕
일은 황덕길의 형이다. 심유는 안정복 문인으로서 천주교인 이승
훈과 사돈 사이이고 황덕일·황덕길과도 가까운 관계이다. 그리고
김원성은 성재 허전의 사촌 동서이며 19세기 말엽 안희원(安禧遠)
과『성호선생전집』발간 추진을 주관한 김호승(金鎬承)의 고조부
이다. 역시 황덕일 형제와도 가까운 관계이다. 특히 황덕일은
당시 경기도 양천에 칩거하여 동생 황덕길과 함께 후학을 양성하
고 있었는데, 영당 건물 건립을 추진하는 발기인에 들어 있다는
사실에 주목하지 않을 수 없다. 황덕일이 처음부터 건립 추진을
주선하면서 참여하였는지, 근기지방에서 안정복 계열 성호학통
을 대표하는 인물이기 때문에 명단을 넣었는지는 모르겠으나,
아마도 이삼환이 덕산의 성호학통을 이끌면서 더욱 가까운 사이
가 되지 않았을까 생각된다. 황덕일·황덕길 형제는 스승 안정복이
1791년 사망한 이후 안정복의 벽위정신을 계승하여 강력한 천주
교 배척론을 펴는 한편 성호학에 강한 애착을 보인 대표적 인물이
다. 이들은 성호의 저술을 소장하고 공부하면서 직접 성호학문을
후학들에게 강의할 정도로 성호학에 열중하였다. 뒷날 허전이
성호학에 심취한 것도 이들의 강렬한 성호학 교육 영향이었던
것이다.

이삼환은 이들보다 연령이 약 20년 이상 많은 대 선배이고

성호의 종손이자 직제자이기 때문에, 원로 성호문인들이 이미 사망한 상황에서 정약용이 이삼환을 스승처럼 대우하였듯이 이들도 이삼환을 당시 성호학파의 종사로 우대하였던 것으로 생각된다. 반면 이삼환도 이들이 안정복의 대표적인 문인으로 한양과 경기지방에서 성호학파를 이끌어 가고 있는 사실을 잘 알고 있었다. 앞서 본 바와 같이 1795년 정약용이 이삼환에게 황덕길과 심유가 성호학파를 일으키는 데에 앞장서 주도록 요청한 것도 당시 이러한 상황을 정약용이 잘 알고 있었기 때문이다. 연유야 어쨌든 이삼환은 덕산에서, 황덕일은 양천에서 성호학파를 재기하는 데 각기 노력하는 과정에서 영당 건립의 필요성에 공감하고 황덕일을 비롯한 유림들이 성호의 직제자이자 종친이며 호서지역 성호학통을 이끄는 종사 이삼환을 내세워 건립의 통문을 각지에 보내려 하였던 것으로 생각된다.

그렇다면 이 통문은 호서지방 성호학통 사림들이 주관하여 영당 건립이 추진되었다 하더라도 각 지역 성호학통 후학들이 참여하여 발기되었다고 볼 수 있을 것이다. 그 중에도 근기지방 성호학파의 동조가 컸으리라 생각된다. 이는 근기지방 성호학통과 호서지방 성호학통이 이미 이때 상호 협조 관계에 있었다는 사실을 말해 준다 하겠다.

어쨌든 덕산 성호학통의 적극적인 움직임에도 불구하고, 영당이 과연 설립되어 성호 영정이 봉안되었는지는 확인할 수 없다. 설사 영당 건립이 성사되지 않았다 하더라도 이 지방 성호학파 사림들에 의하여 영당 건립이 추진되어 성호 영정을 봉안하려

228

했다는 사실이 중요하다. 비록 성호의 본거지인 안산이 아니고
충청도에서 성호 가문의 문인이 주도하여 영정을 제작하고, 그후
같은 지역에서 성호학문을 따르는 지역 유림들이 영당을 건립하
려 하였다 하더라도, 1800년 전후 덕산지역 성호학통의 존재와
활동을 확인할 수 있고 이후 호서지방 성호학통이 이 지역을
중심으로 확산 전승되어 가는 근거지였다는 확신을 갖게 된다.
그러나 이삼환을 돕던 정약용이 신유박해를 맞아 전라도로 유배
되었고, 이삼환과 가까웠던 다수의 젊은 성호문인들이 천주교에
관련되어 죄를 입고 사형되거나 유배된 뒤 덕산의 이삼환은 성호
학통을 전승시킬 인재를 찾고 있었으나 쉽지 않아 우려했던 것으
로 보인다.8) 아마도 당시 서산·당진·예산 지역의 천주교 전파가
활발하였기 때문에 이러한 우려가 더욱 크지 않았을까 추측된다.
　이삼환을 종사로 하는 호서지방 성호학통은 1800년 황덕일이
죽고 동생 황덕길이 형의 유지를 이어 이끄는 근기지방 성호학통
과 학문적으로는 하학을 중시하고 사상적으로는 벽위 성향을
고수하며 친숙한 관계를 맺으면서 성호학통을 확대 발전시켜
왔다.

---

8)『소미산방장』부록, 제문(兪命煥 撰).

제3절 19세기 호서지방 성호학통[*]

　1813년 이삼환이 타계한 이후 호서지방 성호학통이 어떤 진로
를 걸었는지 현재로서는 자세하게 알 수 없다. 다만 19세기 말
성호 유고가 간행되려는 움직임이 있었을 때의 사료에 따르면
호서지방 성호학통이 건재하고 있다는 사실을 찾아 볼 수 있다.
이삼환이 타계할 때까지 호서지방 성호학파를 이끌어 왔다는
사실과 19세기 말 성호학통이 건재하여 성호 유고 간행에 협조하
였다는 사실로 볼 때, 이삼환의 타계 이후 수십 년 동안 그의
문인들 혹은 이 지역 다른 성호학통 후예들이 어떤 형태로든
호서지방 성호학통을 전승하였을 것이라는 확신을 갖게 된다.
본 절에서는 19세기 말 호서지방 성호학통이 벌인 성호문집 재편
의 움직임을 분석하고, 아울러 19세기 말부터 20세기 초까지
경상도 밀양에서 진행된 성호문집 간행에 호서지방 성호학통
인물들의 참여와 영남 성호학통과의 관계를 검토해 보면서, 당시
호서지방 성호학통의 존재 확인과 걸어온 길을 유추해 보기로

---

　* 본 절의 내용은 필자의 논문, 「호서지방 성호학통의 전개」, 290~306쪽을
　　수정 보완하여 게재한 것이다.

한다. 이로써 이삼환 이후 호서지방 성호학통 존재의 윤곽이
어느 정도 확인되지 않을까 기대해 본다.

1. 호서지방에서의 성호문집 편교와 간행 계획

성호 유고는 1763년 성호가 타계한 뒤 여러 번에 걸쳐 편집과
교정이 시도되어 이루어졌다.[1] 1764년부터 성호의 조카 이병휴가
주관하고 성호의 손자 이구환이 협조하여 편집 정리한 문집『성호
선생문집(星湖先生文集)』이 1774년 이병휴가 발문을 붙임으로써
1차 정리가 끝났다.[2] 그 뒤 서암강학을 통하여 이삼환과 정약용
등이 주관하여『가례질서』의 교정이 이루어졌고, 이어 경기도
양천의 황덕길이 성호의 증손 이재남(李載南)의 도움으로 성호
유고를 정리하였으나 미처 마치지 못하고 1827년 세상을 떴다.[3]
이후 수십 년 동안 손대지 못하다가 황덕길 문인 허전(許傳)이
19세기 후반 들어 성호학파의 종장이 되면서 성호문집 간행에

---

1) 성호 문집 편찬과정에 관한 연구로 필자의 논문,「성호문집 편찬과정과
성호선생문집」『성호학보』제5호, 성호학회, 2008이 있다.
2) 이병휴의 초본은 산삭 보완되어 1922년 密陽 慕濂堂本인『星湖先生全集』
의 간본으로 사용되었다. 그러나 전집 발간시 많은 내용이 교체되거나
보완되었다.
3) 유탁일 교수는 황덕길은 이병휴가 편교한 문집은 손을 대지 않고 그동안
미정리된 부분만 손댔을 것이라고 하였다. 柳鐸一,『星湖學脈의 文集刊行
研究』, 부산대학교출판부, 2000, 66쪽.

관하여 남다른 관심을 보였다. 당시 허전의 이러한 생각을 허전
문인들이 잘 알고 있었으나 재정적인 문제로 착수할 형편이 되지
못하였다. 1885년 무렵 안희원(安禧遠, 1846~1919)이 서울에서
유인목(柳寅睦)·손기영(孫耆永) 등과 손잡고 이병휴가 편집한『성
호선생문집』을 고본으로 하여 간행하기로 결의하였으나 착수하
지 못한 것이 그 예이다.4) 그후 1890년 이명익(李明翊) 이하 호서지
방 사림 90명이 동원되어 대대적인 편교가 이루어지게 되었다.
당시 참여한 인물을 다음에 열거해 본다.

1890년 성호문집 편교 참여자 명단5)

有司	인명
都廳	李明翊(前參奉)
校正有司	李楷(幼學)·李晦基(進士)·洪有周(幼學)·李東九·姜僖善·沈在昇(前參奉)·鄭敬好·趙完植(進士)·蔡長默·洪大厚·李炳鎏·蔡石永(幼學)·李鐘憲·尹柱鎔·尹熙民(前參奉)·李明翕(幼學)·沈義慶·趙鐘憲(進士)·李序珪·吳喜相(幼學)·兪興瀋·權器玉·權景采(進士)
掌書有司	李漢植(幼學)·姜禹善
掌財有司	姜翼善(幼學)
直日	李章植
京有司	趙鐘弼(前參奉)·李命九(前正言)·李容九

---

4) 성호문집 편찬 과정을 다룬 논문으로 필자의 논문,「성호문집 편찬과정과
   성호선생문집」『성호학보』제5호 참조.
5) 유탁일, 앞의 책, 275쪽에 있는 자료 'Ⅲ-2『星湖先生文集』校正時爬任錄'을
   기본 자료로 삼아 보충하여 작성하였다.

奉冊有司	李鐘憲(幼學)·羅始容
清州有司	申升永·羅世容
地域有司	*文義：申昇求(進士) *懷德：李啓寅(幼學) *洪州：沈在守 *沃川：金在祺 *槐山：李敦和·沈在淑(前都事) *鎭川：韓國源(進士)·蔡奎龍(前府使) *忠州：韓斗源(進士) *陰城：丁箕燮(幼學) *延豊：李哲和(進士)·洪翼華(幼學) *丹陽：趙興善 *永春：吳崙相 *堤川：金履鎬 *淸風：申鉉哲(前參奉) *牙山：洪　垠(幼學) *天安：洪祐鐘·洪慶厚 *木川：李憲九·李熙商 *新昌：李奭敎·趙鐘髙(前參奉) *溫陽：權章奎(幼學)·姜泰憲 *公州：權承采·吳然述·李喜錫 *禮山：李敏植·李鐘敎(進士) *大興：李夏善(幼學) *德山：尹興永 *林川：李容夔(幼學)·鄭世好·金基性 *定山：李章緖 *結城：李完鎭(前縣監) *石城：兪鎭彙(前監役) *鴻山：尹興求(前軍職) *保寧：成晩基(進士) *庇仁：蔡完默(幼學) *藍浦：李冕植(進士) *韓山：申觀休(前參奉)·趙鐘昊 *連山：李炳日 *懷德：宋希燮

*唐津:成正基
*沔川:李章憲
*泰安:李正夏·尹宗燮
*瑞山:李宗和·韓宅源
*海美:韓喆東·尹世永

*李南珪는 孝服으로 不參함.

교정에 참여한 사람의 수효만 하더라도 90명에 이르고, 참여한 사람들의 출신지 혹은 거주지가 모두 호서지방, 지금의 충청남북도에 걸쳐 있으며, 유사도 지역적으로 골고루 안배된 대대적인 작업이었던 것을 알 수 있다. 당시 호서지방 성호학통의 규모가 어느 정도였는가를 짐작할 수 있다. 특이한 것은 서울·경기지역 사람들이 임원에서 빠져 있다는 점이다. 성호 유고의 교정을 이들 호서지방 사람들 중심으로 추진하고 있었다는 사실을 알려 주고 있다.

당시 성호학통 사림이 많이 모여 살던 지역으로는 서울·경기지역을 비롯하여 호서지방, 그리고 영남지방이었다. 호서지방의 성호학통은 앞서 본 바와 같이, 성호와 가까운 집안 후손들이 살고 있던 덕산을 중심으로 점차 확산되었던 것인데 이삼환의 역할이 컸고, 주류는 그 후학들이 사승으로 전승하였을 것으로 생각된다. 이전에 이병휴가 성호 사후 10여 년 동안 덕산을 중심으로 사실상 성호학파를 이끌었을 때 성호학파 안의 유능하고 패기 있는 젊은이들이 그의 문하를 드나들기도 하였다. 그러나 이병휴가 죽은 뒤 성호학파가 안정복 계열과 권철신 계열로 분열되어 10여 년 혼란을 거듭하다가, 이삼환이 이 지역 성호학파를 이끌며 후학들을 양성하면서 양부 이병휴계와는 성격이 다른 성호학통을 이끌었던 것이다. 이병휴는 덕산 지역에서 지역 젊은이들을 대상으로 후학을 양성하는 데에 그리 심혈을 기울이지는 못하였음은 앞서 본 바와 같다. 어쨌든 호서지방의 성호학통이 후대로 이어져 오는 데에는 성호 가문의 역할이 컸고, 그 가운데에서도 이삼환이 이 지역 사림들을 이끌며 성호학통의 종장 역할을 하였던 것이다.

영남지방의 성호학통은 성호가 살아 있을 때부터 성호학문이 전파되어 나갔는데 19세기 후반 이후에는 안정복 계열 성호학통과 관련이 깊다. 안정복 계열 성호학통으로 황덕길 문인 허전은 1864년 김해부사로 나아간 것을 계기로 영남지방에 성호학통의 뿌리를 깊게 내려 당대 성호학통의 활동이 가장 활발한 곳으로 만들었다. 이렇게 허전 문인은 서울·경기지역과 영남지방을 중심으로 분포되어 있었지만 성호학통의 본거지라 할 수 있는 호서지방에도 적지 않은 문인들이 있었다. 19세기 후반 예산의 이남규(李南珪, 1855~1907)와 서산의 이명구(李命九, 1842~1895)가 문인으로서 출중하였던 대표적인 인물이다. 이들은 성호문집 발간에도 매우 적극적이었을 뿐 아니라, 이 지역 성호학통의 중추적인 인물로서 관직에 있으면서 서울·경기지역 성호학통과도 잘 소통하던 사람들이었다.

호서지방 사림들 중심으로 벌인 성호문집 교정사업은 대대적이고 조직적으로 이루어졌다. 교정에 직접 참여하는 유사가 있는가 하면 지역담당 유사도 있고, 장서(掌書)·장재(掌財)·봉책(奉冊) 유

사도 있으며, 호서지방 출신 서울 사람들의 참여를 관장하던 경유
사(京有司)도 있었다. 대부분 현직 관리가 아닌 유림이거나 퇴직
관리들이었다. 이들 가운데 이병옥·이명구·한철동·이남규는 충
청도 출신으로 안정복 계열 성호학통인 허전 문인이고, 한택원·윤
세영·심재승·이명구 등은 1889년 경상도 산청 법물리에서 허전문
집 『성재선생문집(性齋先生文集)』을 간행하는 데 재정적 협조를
한 사람들이기도 하다. 허전은 생전에 성호문집이 간행되지 못한
것을 매우 안타깝게 생각하다가 뜻을 이루지 못하고 죽었고, 문인
들은 우선 허전 문집을 간행하고 이어 허전의 유지를 받들어
성호문집을 간행하기로 잠정 계획하고 있던 과정이었다.

이렇게 호서지방 사람들 중심으로 성호 유고의 대대적인 교정
작업이 이루어진 다음, 이어 문집 발간을 계획하고 1891년 9월
간행을 발의하는 통문을 발송하였는데 그 본문은 다음과 같다.

위 글을 통유(通諭)하는 일. 주자(朱子)와 퇴계(退溪)의 도덕이 유문
(遺文)이 아니고 장차 어디에서 그 도덕을 고찰하며, 한강(寒岡)과
미수(眉叟)의 도학이 유집(遺集)이 아니고 또한 어디에서 그 도학을
살피겠습니까? 우리 선생의 도학과 문장은 퇴도(退陶)에 뿌리를 두고
한강과 미수를 이어 울연히 동방의 대현(大賢)인데 유고와 유적이
하나도 간행되지 못했으니 사림의 한입니다. 무릇 몇 세대가 지났는
데 이제로부터 또 몇 년이 지나면 후학들은 모두 선생이 계셨는지
조차 모를테니 어찌 절박함을 걱정하지 않겠습니까? 지금 일의 형세
로 보건대, 간행을 시작하기가 어려운 형편입니다. 그러나 지금 도모

236

하지 않으면 애석하게도 그 저서나 흩어진 편지 뭉치가 장차 어느 곳에 묻혀 버릴지 모를 일입니다. 비록 "일이 크고 힘이 미치지 못한다"고 하나, 만일 마음과 힘을 같이 할 수 있다면 어찌 이루지 못하리라고 걱정하겠습니까? 이로써 발고(發告)하니 이는 성현을 흠모하는 본의에서 나온 것입니다. 여러 군자께서 하나같이 상응하여 주셨으니 원컨대 특별히 재물을 더 내주시어 일이 이루어질 수 있도록 해 주신다면 어찌 대행(大幸)이 아니겠습니까? 다만 재물을 모으고 운반하는 방법은 다음 기록에 의거하고 사안에 따르겠습니다.(4개 부칙 생략)

1891년 9월6)

통문의 내용을 간단히 요약하면, 성호는 퇴계→ 한강→ 미수로 이어진 학통을 계승한 대현(大賢)인데, 그의 유고가 몇 세대가 지나갔는데도 간행되지 못하여 한이 된다는 점과 재정적으로 어렵더라도 유고를 지금 간행하지 못하면 유고가 없어질 우려가 있고 후학들은

---

6) 高宗 28년(1891) 畿湖人士들의 『성호선생문집』 간행 발의 통문(유탁일, 앞의 책, 277쪽 원문자료)

"右文爲通諭事 晦退之道德 而非遺文 將何所考其道德也 寒眉之道學 而非遺集 亦安所審其道學也 唯我星湖先生道學文章 淵源于退陶 緖業于寒眉 蔚然爲我東方大賢 而遺藁遺蹟 一未鋟梓 士林之齎鬱 凡幾世于玆 自此又幾年則 後學駿然 幷不知有先生 寧不悶迫乎 見今事力 縱難開刊 然失今不圖則 惜乎其陳編斷簡 將不知埋沒于何地也 雖曰 事鉅力綿 苟能同心齊力 何憂乎不成哉 玆以發告 寔出慕賢底意也 僉君子相應一般 伏願 另加出財 得以竣事 寧不大幸也 第其鳩財輸財之方 依後錄從事焉."

성호의 존재를 모를 것이라는 것이다. 이 모두가 성호를 흠모하는 뜻에서 나왔으니 유고를 간행하는데 필요한 재정적 협조를 바란다는 요지이다. 부칙에서는 간행사업이 "사사로운 일이 아니고 존현(尊賢)의 공적인 일이다. 만일 조금이라도 소홀함이 있으면 유벌(儒罰)을 면치 못한다."[7]는 강한 메시지를 담고 있다. 또한 이 통문에는 이러한 간행사업이 자신들이 할 일이라는 것이 함축되어 있다. 호서지방 충청도 사람들에 의해 발의되었다는 사실과 자신들이 해야 할 사업이라는 점은 곧 그들이 성호학통이라는 자부심에서 나온 것이라 보아 좋을 것이다. 이 통문의 발의인으로 참여한 사람들의 면면을 보면 간행 의도가 성호학통 의식에서 발로되었다는 사실을 더욱 실감케 한다. 1891년 성호문집 간행을 위한 통문 발기인 68명의 명단은 다음 표와 같다.

1891년 『성호선생문집』 간행 발의 통문 발기인

金益容(前判書)·許 鐶(前郡守)·李 鋋(進士)·鄭顯奭(參判)·韓徽源·洪龍觀·姜文馨·朴準基(司書)·沈在臣(幼學)·李根秀·韓鎭泰(主事)·金景洛(進士)·趙命敎·朴世煥·尹啓永·李中斗·李一寧·柳膺睦·崔鳳九·權東壽·黃好淵·尹始榮·金相元(都事)·李慶秀·趙鐘雲(校理)·柳海愚·郭 琦(校理)·朴始淳·申冕休·姜濬永·李炳逵·姜信浩(進士)·金重煥·李 宗·金鳳五(幼學)·張錫龍·洪顯昇(縣監)·李容萬·韓喆愚·李敦行(參奉)·李㝡鎭·丁理燮·尹喜培(監役)·李炳楎(進士)·吳德泳(承旨)·李邁久(主事)·睦源赫(幼學)·鄭學默·申肯木(都事)·許 穡(進士)·李源珪·沈在淑·吳奭相·鄭佑默·兪哲濬(主簿)·韓國

源·申克休(參議)·宋彦植(幼學)·尹鐘翼·李命九(校理)·洪正憙(幼學)·鄭應
哲(正言)·李源兢·李鶴寧·李元培(注書)·李南珪·權用奎(幼學)·李必柱(進
士). 이상 68명

　　문집간행 발의 통문에 기록된 사람들의 특징을 보자. 우선
성재 허전과 관련된 사람들이 많다는 점이다. 전판서 김익용은
허전의 시장(諡狀)을 쓴 고급 관료 출신이고, 전군수 허익은 허전의
양자이며, 이일영·황호연·조종운·박시순·이병옥·장석룡·윤희
배·이매구·허숙·이명구·정응철·이남규 등은 허전 문인이다. 그
리고 이들 허전 문인은 대부분 문과에 급제하거나 음사로 벼슬을
한 사람들이다. 충청도 이외 지역사람들이 여러 명 들어있다는
사실에서 1890년 성호문집 교정이 순수하게 호서인으로 이루어
졌다는 점과 인적 구성에 있어 다르다 하겠다. 이는 아마도 간행
추진을 원활하게 하기 위한 뒷받침을 감안하여 구성한 조치가
아니었을까 여겨진다. 그리고 참판 정현석은 황덕길(허전의 스승)
의 문인 정기화(鄭琦和)의 아들이고, 황호연은 황덕길의 손자이다.
이렇게 볼 때, 성호문집 간행의 주도 인물이 호서지방 사람이었다
하더라도 서울을 중심으로 활동하던 허전 문인들과 자연스럽게
손잡게 된 것으로 보인다. 사실 호서지방 출신 성호학통으로
과거에 급제하여 벼슬길에 나선 사람들도 서울에서 허전 문인으
로 드나든 경우가 많았기 때문에 이들의 호서지방 출신 성호학통
여부는 별 의미가 없다고 생각된다. 호서지방 성호학통이 주된
멤버이지만 재정적 여건 등 간행 사업을 수월하게 진행하기 위하

여 가능한 전국적인 사업으로 추진하려 하였던 것이 아닌가 생각
된다. 그렇다 하더라도 문집 간행을 호서지방 중심 성호학통이
추진하면서 이끌어 나아갔다는 사실과 성호학통으로서의 긍지
를 보이며 성호학을 후학들에게 전하려 하였다는 점에서 이곳
호서지방 성호학통의 맥을 뚜렷하게 지켜오고 있었다는 사실을
찾아 볼 수 있다.

그러나 이렇게 대대적으로 추진된 성호문집 간행계획이 어떤
이유에서인지 흐지부지 되고 말았다. 이 무렵 영남지방 성호학통
은 우선 그들의 스승 허전의 문집 간행을 추진하여 1891년 단성(丹
城) 법물리(法勿里)에서 『성재선생문집』 33권을 완성하였으니,
성호학통의 본거지인 기호지방의 성호문집 간행추진과는 대조
적으로 적극적이었다. 활동 지역은 다르지만 간행 사업을 이끌었
던 주요 멤버들이 대부분 허전의 문인이거나 사숙하던 인물이라
는 공통점이 있다.

2. 『성호선생문집』 간행과 호서지방 성호학통

이렇게 기호지방에서 무산된 성호문집 간행이 20여 년이 지나
1916년 경남 밀양 퇴로리(退老里) 서고정사(西皐精舍)에서 실현되
기에 이르렀다.[8] 이 간행에 사용된 고본(稿本)이 예산의 이남규가

---

8) 『성호선생문집』 간행 과정에 대한 구체적인 내용은 유탁일, 앞의 책,

『星湖李先生全集營刊道會時爬任錄』, 『慕賢錄』(朴海徹 撰)

교정한 27책 본으로 알려져 있다. 이 고본이 앞서 본 1890년
호서지방에서 대대적인 각 지역의 협조 아래 이병휴의 『성호선생
문집』을 산삭 보완하여 이루어진 수정본이다.9) 밀양에서 문집간

---

9) 「禮山 香泉山房會中 通文」(유탁일, 앞의 책, 287쪽 원문자료). "當初校正之
役 李參奉明翊 李侍郎南珪 與有司 若而人 積有年考據證援 刪其汗漫袪其重
複 盖欲省費 從簡而爲此者也."

69~100쪽 참조.

행을 주관한 소눌(小訥) 노상직(盧相稷, 1855~1931) 등이 몇 차례 기호인과 상의하여 성호문집 간행을 위한 고본을 청하자, 1916년 8월 예산에 사는 이장직(李章稙, 1863~?)과 아산에 사는 이삼환의 후손 이덕구(李德九, 1880~?)가 이남규의 수정본을 직접 가지고 밀양에 왔던 것이다. 그런데 밀양 퇴로리에서 간행한『성호선생문집』의 간본(刊本)인 이남규 본은 이병휴가 주관하여 만든 초본 『성호선생문집』과 전체의 목차는 비슷하지만 많은 편수가 생략되고 서간문의 경우는 편지 내용도 크게 산삭된 부분이 많아 이병휴의 초본과는 사실상 거리가 있다.

어쨌든 이렇게 판각을 위한 고본이 갖추어지자 같은 해 10월 '밀양(密陽) 퇴로리(退老里) 서고정사(西皐精舍) 회중(會中)'에 속한 11명의 이름으로 간행 통문을 경향 각지로 보냈다. 11명의 명단은 다음과 같다.

> 이명구(李命九)·손양희(孫亮喜)·노상직(盧相稷)·이병희(李炳憙)·손철현(孫哲鉉)·이병규(李炳圭)·안화진(安和鎭)·이장직(李章稙)·유진상(兪鎭相)·이덕구(李德九)·허석(許鉐)   이상 11명.

이 11명의 발기인에 충청도 사람 이장직·유진상·이덕구가 들어 있다. 이장직과 유진상(1877~?)은 충청도 유림을 대표한 것으로 보이고, 이덕구는 이병휴의 6대손이요 이삼환의 5대손으로 성호 집안을 대표한 것으로 보인다.

그런데 주목되는 것은『성호선생문집』이 밀양 퇴로리에서 간

242

행되는 과정에서 보인 충청도 사람들의 협조이다. 우선 1916년
9월 밀양 간소(刊所)에서 이루어진 계안(契案)에 호서지방 충청인
이 다수 포함되어 있다. 주목되는 사실은 대부분 영남지방과
충청도 사람만으로 구성되어 있고 서울 사람들은 극히 소수라는
점이다. 여기에서 밀양의『성호선생문집』이 영남인과 충청도
사람들에 의해 추진되고 있다는 사실을 알 수 있다. 기호인의
명단과 거주지는 다음과 같다.

『성호선생문집』 간소 계안에 기록된 기호인

지역	성 명
아산	尹芝秀·趙鐘高·姜驥善·李德九·姜泰漢·李範九·李錫九·李泰九
예산	趙榮元·李靖稙·洪祐庠·李麟性·李存九·兪鎭喜·鄭雨肅·李章稙·李三珪·兪鎭相·金禹成·李肯馥·尹明秀·權澄采·李憲珪·李台珪·李夏珪·李玄珪·李奭珪
천안	李容九·李容弼·洪祐鎭
온양	吳炳昇·姜佐善·姜泰完·姜泰建
공주	權景采·河祥逵·兪興濬
당진	金基性
청양	鄭敏宇·蔡愚錫
홍성	丁東燮
합덕	沈星鎭
사기소	李治勳
※서울	李明翊·李庭珪
※경기 연천	權泰榮·黃駿性
계	47명

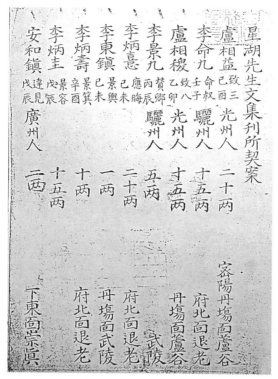

『성호선생문집』 간소 계안

　모두 47명이 계안에 수록되어 있다. 이 가운데 이명익과 이정규가 서울에, 권태영과 황준성이 경기도 연천에 거주하는 경우를 제외하고 모두 충청도 사람이다. 서울에 살고 있던 사람들이 대거 이 계안 명단에 들어 있지 않는 이유가 무엇일까? 밀양에서 서울에 고의로 통보를 하지 않았는지, 또는 통보를 받고도 협조를 안했는지 확언하기 어려우나, 서울 사람들은 본시 이병휴의 원고를 이남규가 산삭한 27책을 원고본으로 밀양 퇴로리에서 이병희

244

(李炳憙)가 주관하던『성호선생문집』간행에 불만이 많았던 것으로 보인다.[10] 즉 퇴로리에서 간행되는 성호문집이 이병휴의 초고본을 너무 산삭하여 부실하다는 것이다. 그리하여 1774년 이병휴가 편집하여 만든 초고본 전부를 간행할 것을 주장하면서, 안희원을 중심으로 서울 유림측과 협조하여『성호선생전집(星湖先生全集)』이 추진되어, 결국 1922년 안희원의 선재(先齋)인 밀양 전사포리(前沙浦里) 모렴당(慕濂堂)에서 간행되었다.『성호선생전집』간행에 역시 영남인들의 참여가 대다수인 것을 보면 서울 유림들은 물론이고 영남지역에서도 퇴로리 여주 이씨 이병희 일가 중심의 문집간행에 불만이 컸던 것으로 보인다.

한편 간소 계안에 수록된 호서지방 사림의 분포를 보면 예산 사람이 19명, 온양을 포함하여 아산 사람이 12명, 기타 천안·공주·당진·청양·홍성은 많아야 세 사람을 넘지 않는다. 이렇게 볼 때, 예산과 아산 사람들이 주축이 되어『성호선생문집』간소 계안에 참여하였다는 사실을 알 수 있다. 예산은 호서지방 성호학통의 본거지요 아산은 성호의 직·방계가 사는 곳이었다. 아산에 사는 이범구는 성호의 7대손이고, 이태구와 이덕구는 이삼환의 5대손이다. 그리고 윤지수는 이덕구의 매형이자 성호의 수제자 윤동규의 6대손이며, 황준성은 황덕길의 현손으로, 모두 성호문인의 후손들이다.

이상과 같이 성호문집이 발간되기까지 이남규를 대표로 하여

10)「星湖李先生全集營刊道會時爬任錄」,『慕賢錄』(朴海徹 撰).

호서지방 성호학통이 문집 원고를 다시 편집하고, 이를 밀양에서
간행할 때 간행본으로 제공하는 등 중요한 역할을 하였다.

3. 향천산방

그런데 『성호선생문집』 간행을 위한 호서지방의 협조 가운데
특히 주목되는 점은 예산 '향천산방(香泉山房)'의 존재이다. 향천
산방이 어디에 소재해 있었는지 지금으로서는 정확하게 알 수
없으나 유림들이 드나들며 학문을 교류하던 곳으로 이 지방 성호
학통의 중심지 역할을 하던 곳이 아니었을까 생각된다. 1917년
3월 19일 향천산방 회중은 이장규(李章珪) 이하 93명의 이름으로
밀양 성호문집 간소 앞으로 통문을 보내왔는데 그 내용은 다음과
같다.

> … 매번 이덕구의 편지로 대강 듣고 있습니다만 개판(開板)한 지
> 수십 일이 되어 이미 14~15책을 새겼다 하니 준공이 얼마 남지
> 않은 듯합니다. 곧 선생의 글이 150년이 지난 뒤에 비로소 쓸 수
> 있게 되었으니 우리 당의 경사스런 행운입니다. 무엇이 이보다 위대
> 하겠습니까? 만일 여러 군자들의 존위지성(尊衛之誠)과 천리지실(踐
> 履之實)이 아니었다면 어찌 이 위대한 일을 능히 해낼 수 있었겠습니
> 까? … 서울의 인쇄소에서 누차 원집(原集)을 요구하는 편지를 보내왔
> 는데 역시 원만하게 일이 잘 되었다고 사양하여 '27책이 이미 밀양에

서 간행되니 거듭 인쇄하는 것이 필요치 않다.'고 하였습니다. 다만 수집한 원집 가운데 어쩔 수 없이 빠진 것은 속집(續集)으로 하여 다른 책을 인쇄할 때 함께 하면 될 것입니다.

원고 책을 드린 뒤에 이르러 홀연히 막고 방해하며 교정본이 완전치 못하다고 지탄하면서 전집을 꼭 인출해야 한다고 하니, 전부 인쇄하는 것을 누가 바라는 바가 아니겠습니까? 공비는 많이 들고 사람은 적으며 경비 부담을 싫어한다는 것뿐입니다. 교정본을 비난하는 사람들도 선배들의 문집을 교정하여 간행하지 않을 수 없다고 말합니다. 고쳐 다듬고 다듬어 줄이는 것이 형세입니다. 일찍이 듣건대 『퇴계선생문집』이 거의 70책이나 되는데 현행 원집은 27책에 지나지 않습니다. 대산(大山)선생 문집 역시 이 숫자에 그칩니다. (성호)선생이 도산(陶山, 退溪)을 받든 처지를 헤아리고 그 글이 비록 많다 하더라도 이 수효를 준용(遵用)함이 그 의미가 없는 것이 아닙니다. 당초 교정하는 일은 참봉(參奉) 이명익(李明翊)과 시랑(侍郞) 이남규(李南珪)가 유사 몇 사람과 함께 몇 년에 걸쳐 증거에 입각하여 방만한 곳은 깎고 중복되는 곳은 없앴던 것인데, 대개 경비를 절약하고 간략하게 하려고 이렇게 한 것입니다.

또한 『이정수어(二程粹語)』는 양구산(楊龜山)이 편집한 것으로 산절(刪節)의 예를 남겼고, 『이자수어(李子粹語)』는 성호선생이 편찬한 것으로 역시 산절의 예를 따른 것입니다. 주자가 정(程)·장(張) 책에서 전문(全文)을 쓰지 않고 줄이고 생략한 것은 흔히 있는 일입니다. 이로부터 의당 힘써 바르게 고치고 힘을 다하여 변별합니다. 들건대 영남(嶺南) 도회(道會)를 초치한 것은 경회(京會)의 격렬한 논쟁으로

말미암은 것인데, 선입견 때문에 요즈음까지도 다 알지 못하고 있습
니다. 곡절을 자세히 할 아무것도 없습니다. 저희들은 다만 선배들의
의견을 잘 지키고 27책의 완성을 힘써 도모하는 것이지 다른 일은
꾀할 겨를이 없습니다.

　저희들의 학식이 낮고 역량이 부족하여 장사(藏笥)의 날에 창론(倡
論)하지 못하고 또 책판을 올릴 때 도움을 드리지 못함을 용서해
주십시오. 의기로 느끼는 바는 천리(千里)로써 정신을 모아 완성을
기약하는 일이 사문(斯文)의 큰 일입니다. 이 즐거움이 여러 군자들의
숨은 공입니다. 간행사업의 준공을 알리기 전에 몇 사람을 보낼
것인가를 정하되 특별히 노고가 많은 사람을 주선하여 모시겠습니
다.11)

---

11) 「禮山 香泉山房會中 通文」(유탁일, 앞의 책, 287쪽 원문자료)
　"每憑李德九書 審聞梗槪 開板數朔 業已鏤過十四五冊云 竣功從以在 卽先
生之書 始克行於百五十年之後 吾黨之慶幸 孰大於是 苟非僉君子 尊衛之誠
踐履之實 曷能辦此偉大之業哉 … 京印所之屢要原集來函 亦以圓滿成就
爲辭有曰二十七冊 旣自密陽刊板 不必疊印 只蒐集原集中 不可不脫漏者
爲續集而幷印他帙矣 及乎奉冊之後 忽生止支貳 指斥校正之本之不完 而必
欲印出全集云 全部登印 其誰不欲耶 唯貢費甚鉅 人少背擔耳 若夫校本之斥
言 前輩文集 莫不校讐而就板也 校而刪 刪而節略 勢也 嘗聞退陶老先生文集
幾七十冊 而現行原集 止二十七冊 大山先生之文集 亦止此數 揆以先生宗仰
陶山之地 其文雖多 遵用是數 非無其義 當初校正之役 李參奉明翊 李侍郞南
珪 與有司 若而人 積有年考據證援 刪其汗漫袪其重複 盖欲省費 從簡而爲此
者也 且二程粹語 楊龜山之所編輯 而刪節有成例 李子粹語 先生之所彙纂而
亦遵刪節之例 朱夫子之於程張書 不用全文而節略者 比比矣 自此當力質而
痛辨也 聞有嶠南之道會 招因京會之激論 適爲先入之見 未及悉此際以也
追詳曲折 當無餘蘊 在吾儕 只宜篤守前見 務圖二十七冊之竣完 乃而他不暇
計 鄙等學識蔑劣 力量未敷 免不能倡論於藏笥之日 又不趁相役於登梓之際

위 통문을 요약하면, 성호의 저서가 성호가 타계한 지 150년 만에 간행되니 경사라는 것, 서울에서도 문집 인쇄를 위한 원고 요구가 왔으나 밀양에서 27책을 간행한다는 사실을 들어 거절하였다는 것, 일부 사람들이 전집(全集)을 간행할 것을 주장하나 공비나 인원 소요가 많이 들기 때문에 누락된 내용은 후에 속집(續集)을 간행하기로 하고 부득이 27책으로 간행할 수밖에 없다는 것, 선현의 원집을 후학이 산절하는 것은 전례가 있으니 문제가 되지 않는다는 것, 밀양으로 가져간 고본은 본시 이명익과 이남규가 교정한 것이라는 것, 밀양의 간행작업에 대해 향천 유림들이 큰 도움을 주지 못해 미안하고 고맙게 생각한다는 것 등이다.

여기에서 특히 주목되는 내용은 기호지방의 유림들 가운데 성호선생의 유고를 산삭없이 모두 간행해야 한다는 주장이 있었음을 지적하고, 그 주장이 옳기는 하지만 재정 여건상 현실적으로 실현되기가 어렵기 때문에 밀양 퇴로리의 27책 간행을 선택할 수밖에 없다는 내용이다. 전집을 간행해야 한다는 사람들이 주로 서울과 경기지역의 성호학통이었다고 볼 때, 성호문집 간행을 두고 호서지방 사람들과 서울지역 사람들의 의견이 크게 엇갈렸다는 사실을 알 수 있다. 또한 그동안 영남과 호서에서는 목판을, 서울에서는 전집 인쇄를 조건으로 동활자(銅活字)를 고집함으로써 의견이 엇갈려 서로 좋지 않은 분위기를 자아냈다.[12] 성호문집

然聲氣所感千里 神契期完 斯文之大事 甘爲斂君子之後殿 刊事告竣之前 定當起送幾人 奉以周旋於賢勞之役矣."

12) 安往居,「警告星湖先生文集刊役所兩派」(유탁일, 앞의 책, 291쪽 원문자료).

간행으로 서울과 경기의 유림, 호서지방의 유림, 영남지방의 유림
으로 나뉘어 의견을 달리하는 양상을 보였으나, 결국 예산을
중심으로 한 호서지역 유림들은 밀양 퇴로리에서 추진하는 27책
문집 간행에 손을 잡고 협조하였던 것이다. 당시 성호학파는
안정복 계열 성호학통인 허전 문인들이 주도하였지만, 영남이나
서울에 거주하는 성호학통은 공히 성호의 후손과 집안이 다수
거주하고 있고, 아직도 성호학통이 건재한 예산과 아산을 호서지
방 성호학통의 본거지로 생각하고 있었던 것으로 보인다.

예산 향천산방 회중의 통문 명단은 다음과 같다.

예산 향천산방 회중통문 명단

李章珪	丁周燮	權廙奎	金基成	鄭敏好	李容九	李容弼	李殷植	洪祐鎭	李治勳
李靖植	趙榮元	李彦九	李麟性	姜佐善	李哲珪	兪致觀	洪祐庠	李憲珪	權承采
柳錫祚	尹芝秀	李章植	權景采	趙鐘高	吳炳序	尹商燮	李鳳求	李承觀	禹受命
姜驥善	李彌漢	李啓明	成在基	李成九	趙洛元	兪致兢	李廙珪	洪政植	權寧國
兪鎭喜	鄭雨肅	李三珪	趙鐘夒	姜泰完	沈星鎭	韓胄源	蔡愚錫	李圭冕	兪鎭相
權仁采	姜太聖	權容澤	洪 垸	趙秉泰	姜泰建	金禹成	韓祥東	李鐘高	尹明秀
鄭顯謨	蔡東說	沈益鎭	李夕珪	姜泰漢	李貞珪	李容夒	李治善	丁奎泰	閔東夏
李震九	韓龍愚	兪興濬	洪允周	權鼎王	韓昌東	許 侃	權昌奎	李周衡	李宗寧
申鳳休	睦允相	李範九	尹定秀	李喜性	吳仁澤	權彝秉	鄭喆秀	韓範東	洪忠植
韓明愚	李崙珪	姜泰泳	계 93명						

이들은 모두 예산·아산·당진·청양·천안 등을 거주지로 하는
사람들로 보이는데, 1916년 밀양 간소 계안에 기록된 47명 가운데
에서 17명이 빠지고 63명이 다른 사람들로 추가되었다.[13] 특히

서울에 거주하던 이명익과 이정규(李庭珪), 경기 연천의 권태영과 황준성이 빠진 것으로 보아 93명은 당시 예산 향천산방을 출입하던 호서지방 유림들이었던 것으로 생각된다. 그러니까 향천산방을 드나드는 순수한 호서지방 성호학통 유림이라 하겠다.

향천산방에서는 밀양 간역에 적극적으로 협조한다는 통문 외에도 그 실천으로 『성호선생문집』 간역을 위한 경비도 염출하였다. 개인별 출연 내역은 다음과 같다.

모두 20명이 246원을 출연(出捐)하였는데, 그 가운데 70원은 간역소에 납입하고 176원은 예산에서 비용으로 썼다고 하였다.[14] 출연한 사람 20명 가운데 12명(유진상·윤명수·한주원·조종기·조종설·강태한·권석규·권경채·조낙원·이종설·홍완·정주섭)은 1917년 3월 향천산방 통문 발기인이고 나머지 8명은 발기인이 아닌 출연자이다. 예산 읍내에 살았던 유진상이 80원으로 가장 많은 출연을 하였는데, 그는 달리 목판(木板) 40장 값을 부담하였던 것으로 보아 상당한 재력가였던 것 같다.[15] 문집간역에 호서지방 유림측에서는 비교적 이장직과 유진상이 적극적이었고, 여주

---

13) 1916년 간소 계안에는 들어 있으나 향천산방 통문에 없는 사람은 서울의 이명익·이정규, 경기 연천의 권태영·황준성, 청양의 정민우, 아산의 이덕구·이석구·이태구, 온양의 오병승, 홍성의 정동섭, 예산의 이존구·이긍복·권형채·이태규·이하규·이현규, 공주의 하상규 등 17명이다.

14) 麗澤堂藏本 『星湖先生文集』 刊役時 出捐錄에는 천안의 洪承均이 10圓, 예산의 兪鎭相이 70圓을 출연한 것으로 기록되어 있는데, 유진상의 70원은 개인이 약속한 간역출물비 40판 값인지, 혹 향천산방에서 쓰고 남은 경비인지 의문이 간다.

15) 『星湖先生文集刊役出物記』.

향천산방의 개인별 출연 내역

進士	兪鎭相	80圓		進士	權景采	10圓
郡守	尹明秀	4圓		主事	趙洛元	10圓
承旨	韓胄源	25圓			李鐘高	3圓
主事	趙弼元	5圓		參奉	韓畊愚	4圓
參奉	崔柄稷	5圓			洪 埈	5圓
	申冕雨	3圓			丁周燮	5圓
參奉	趙鐘夔	13圓			禹垠河	2圓
郡守	趙鐘高	2圓		郡守	李容弼	20圓
主事	姜泰漢	8圓		承旨	兪致興	30圓
	權奭奎	2圓			합계	246圓
主事	韓達源	10圓		(※이 가운데 70원만 납입하고 176원은 예산의 비용으로 씀.)		

이씨 가문에서는 이삼환의 후손 이덕구가 밀양을 오르내리며 중간 역할을 하였던 것으로 보인다. 이렇게 볼 때 예산의 향천산방이 밀양 간역을 돕는 호서지방의 중심지와 같은 역할을 하였던 것으로 생각된다. 아마도 이삼환 이후 호서지방 성호학통의 전승이 이 향천산방을 중심으로 전개되었던 것이 아닌가 추측된다.

지금까지 1890년대 있었던 성호문집 교정과 1916~17년 밀양 퇴로리에서의『성호선생문집』간행 과정에 보이는 호서지방 유림들의 참여를 통하여 호서지방 성호학통의 존재와 활동상을 살펴보았다. 1813년 이삼환이 사망한 뒤 성호의 증손 이재남(李載南)이 1820년대 중반 성호 유고의 편교를 위하여 서울 서남쪽 양천에 사는 황덕길을 찾아 온 것을 보면, 당시 충청도 예산지역 성호학통보다는 황덕길에 거는 기대가 더 컸던 것이 아닐까 생각되기도 한다. 사실 이 지역 학통을 이끌던 이삼환이 이미 세상을 뜨고 그 후학들의 활동이 크게 드러나지 않는데다가, 이삼환을 따르던 정약용은 강진 유배지에서 돌아와 고향 광주(廣州) 초부면 (草阜面) 마현(馬峴)에 칩거하며 저술활동을 할 뿐 이전과 같은 관심을 보이지 않았던 것이다. 그렇다 하더라도 이삼환이 덕산에서 많은 후학을 양성하였다는 사실로 볼 때 그가 죽은 뒤에도 이 지역 성호학통은 이삼환의 후학들에 의하여 면면히 이어왔을 가능성이 높다. 이삼환이 후학을 양성하던 아미산(蛾眉山) 아래 소미산방(少眉山房)이라든가, 성호문집 간행을 도운 향천산방이 성호학통의 전승과 깊은 관련이 있을 것으로 생각된다.

그런데 앞서 성호문집 간행과정에서 호서지방 유림들의 인적 구성에 드러나 있듯이, 호서지방의 유림 가운데에는 성재 허전의 문인들 다수가 포함되어 있다. 이들 가운데에는 허전으로부터 직접 학문을 배운 사람도 있었겠지만 그의 문을 드나들며 교류를 통한 문인관계가 이루어진 사람들도 있었을 것으로 생각된다. 그러니까 이들은 호서지방 출신으로 허전 문인이면서 호서지방 에서 활동한 성호학통인 셈이다. 안정복 계열 성호학통인 허전은 19세기 후반 근기지방과 영남을 중심으로 전국에 걸쳐 문인을 두고 있었다. 성호문집 간행과정에서 갈등과 알력을 빚어 경파(京派)니 영파(嶺派)니 하면서 분파적 현상이 나타나기도 하였지만, 표면적으로는 재정적 이유를 들어 성호 유고 전부를 간행할 것인 가의 여부를 놓고 의견충돌이 빚어낸 일종의 감정대립의 성격으로 볼 수 있다. 허전이 살아 있을 때 영남과 근기지역의 성호학통 유림들은 대부분 허전을 종사(宗師)로 따랐는데, 허전 문인으로서

관직에 있던 다수의 호서지방 성호학통도 그 예외는 아니었을
것으로 판단된다. 그렇다고 볼 때, 19세기 후반 허전이 성호학파
종사의 위치에 있던 시절에는 호서지방과 근기지역, 그리고 영남
의 성호학통은 학문과 사상에 있어 공통점을 지니며 상호 교류가
이루어졌다고 생각된다.

또한 호서지방 성호학통이 이와 같이 성장하는 데에는 충청도
아산·예산 일대에 거주하던 여주 이씨(驪州李氏) 가문이 가학을
지키며 성호학통을 지키려는 역할 또한 컸던 것으로 판단된다.
더불어 예산 일대에 거주하던 한산 이씨(韓山李氏) 또한 여주
이씨와 긴밀한 관계를 맺으면서 충청지방 성호학통의 성장에
크게 기여하고 문집 발간에 다수의 사림들이 참여한 것으로 보이
는데, 이는 학파의 전승도 일정한 혈연·지연·학연 등으로 얽혀진
연고문화16) 안에서 가능해졌다는 사실을 말하는 것으로 앞으로
연구를 요하는 문제로 생각된다.

4. 호서지방 성호학통의 성격

앞서 보았듯이, 성호문집 간행을 놓고 영남 내부 혹은 영남과
서울 간의 갈등을 초래하였을 때, 호서지방 사림들은 퇴로리에서

---

16) 연고문화는 유탁일 선생이 특히 강조하는 부분이다. 필자 또한 선생의
    연고문화에 대하여 많은 관심을 두고 있다.(유탁일, 앞의 책, 머리말 참조)

추진하는『성호선생문집』간행의 편에 섰다. 노상익(盧相益)·노상
직(盧相稷) 형제를 비롯한 이명구(李命九)·이병희(李炳憙)·안화진
(安和鎭)·허채(許埰) 등 영남 밀양 퇴로리에서 성호문집 간행을
주도한 사람들과 손을 잡았던 것이다. 이는 곧 성호 유고를 산삭없
이 모두 간행해야 한다는 측의 견해에 동조하지 않았다는 이야기
이다. 즉, 밀양출신 허전 문인 안희원과 서울의 김호승(金鎬承)
측의『성호선생전집』간행 주장을 받아들이지 않았는데, 이들은
원칙적으로 이병휴 본을 산삭없이 전부 간행할 것을 주장한 대표
적인 인물이다. 문집이든 전집이든 간행하려는 측은 원고본을
지니고 있는 호서지방 측의 협조를 구해야 할 형편이었고, 호서지
방 사람들도 산삭이 많은 27권 간행에 모두 찬동한 것은 아니었던
것으로 보인다. 그리하여 호서지방 출신 재경(在京) 성호학통
가운데 27책 문집에 찬동한 사람이 더 많았던 것으로 보이지만,
한편 산삭이 적고 내용이 충실한 전집 간행에 협조한 사람도
적지 않았던 것으로 생각된다. 그러나 대체적인 흐름은 경비
문제 때문에『성호선생문집』간행 쪽으로 기울었다. 그나마 가장
적극적이었던 예산 향천산방에서 밀양 간소에 보내진 경비가
고작 70원 정도밖에 되지 않았다는 사실은 호서지방의 지원이
문집 간행에 재정적으로 큰 도움은 되지 못하였던 것을 말해준다
하겠다. 비록 그렇다 하더라도『성호선생문집』간행은 재정적
지원이 큰 영남 성호학통이 주도하고 간행 원고를 제공한 호서
지방 성호학통이 협조하는 형태로 이루어짐으로써, 이는 영남
성호학통과 호서지방 성호학통이 문집 간행에서 보인 제휴의

일단면을 보여준다 하겠다. 서울 측의 비협조적인 태도와는 대조적이었다.

영남측과 호서측이 서울측 성호학통과 달리 이처럼 보조를 맞출 수 있었던 데에는 이들의 성향이 비슷하였다는 점도 한 몫 하였던 것이 아닐까 생각된다. 영남 유림들이 전통적으로 벽위적이었다는 것은 잘 알려져 있는 사실이지만 성호학통이라 하여 예외는 아니었다. 오히려 벽위사상이 강한 안정복 계열 성호학통이 영남에 확산되어 있었기 때문에 기존 보수적인 영남 의 수구사상과 쉽게 제휴될 수 있었다고 하겠다. 그렇다면 호서지 방 성호학통은 어떠하였던가. 호서지방 서북쪽은 18~19세기 천 주교 전파가 활발한 지역이었고 초창기 천주교 전파의 주도적 인물들이 자주 드나든 지역이다. 그렇지만, 1790년대 정부의 박해 가 시작된 뒤로는 이 지역 좌장격인 이삼환이 앞장서 벽위적인 입장을 보임으로써 그 뒤로는 전통적으로 벽위적 태도를 고수해 온 것임은 앞에서 본 바와 같다. 이삼환이 「양학변」을 지어 천주교 를 배척하여 정조의 칭찬을 받았고 1801년 신유사옥 때 그가 거주한 지역이 박해를 받지 않았다고 하였는데, 이삼환 계열 성호학통은 이후에도 이 전통을 고수하였다. 더욱이 강력한 위정 척사를 고집하는 안정복 계열 성호학통 허전 문인이 많던 19세기 후반에는 배외적 강도에 있어 영남이나 호서지방이 큰 차이를 보이지 않았던 것으로 보인다. 퇴계학통이요, 미수학통이요, 성호 학통이라는 학문적인 동학의식과 여주 이씨(驪州李氏), 광주 노씨 (光州盧氏), 한산 이씨(韓山李氏), 김해 허씨(金海許氏) 등 특정 문중

의 문집간행에 대한 집단적 지원은 영남과 호서 성호학통의 협조
를 더욱 긴밀하게 하였을 것으로 추측된다.

　한편 호서지방 성호학통은 서울이나 영남의 성호학통과는 달
리 성호학통의 본거지 인식이 대단히 강하였다. 성호학파의 발원
지가 경기도 안산이라는 것은 누구나 다 아는 사실이지만, 성호가
타계한 후 안산은 33세의 성호의 손자 이구환이 가장을 지키고
있었으나, 소장파의 성호문인들은 대부분 충청도 덕산 장천의
이병휴를 찾았고 1764년 성호 유고 정리가 시작된 뒤로는 덕산이
사실상의 성호학파 본거지가 되고 말았다. 그리하여 윤동규나
안정복 등 원로 성호문인들도 문집교정에 관한 협의를 할 때에는
덕산의 이병휴와 협의해야 했고, 이병휴도 덕산에서 직접 이들과
편지 교류를 하면서 중대사를 논의하였던 것이다. 성호로부터
교육을 받은 족질이나 족손이 덕산에 집결하여 후학을 양성하며
안산을 대신해서 성호학통을 지킨 것은 가문에 의한 학통의 전승
케이스로 보아야 할 것이다. 다시 말하면 호서지방 성호학통이
이어오는 데에는 통상적 방법인 사승적 전승이 이루어지면서,
한편 이지안(李志安)계 여주 이씨 가문의 역할이 컸다는 것이다.
이 점, 안정복 계열 성호학통이 주로 사승관계로 전승되어 온
것과 다르다 할 것이다.

　앞서 본 바와 같이 호서지방 성호학통은 1799년에는 성호 영정
봉안을 위한 영당건립을 추진하였고, 19세기 말에는 이남규와
이명익을 중심으로 기존 성호문집을 수정 보완하는 사업을 조직
적이고 대대적으로 실행하였으며, 밀양에서 추진하는 성호문집

발간에 적극적으로 협조하였다. 이러한 이들의 활동은 성호학통 본거지로서 자신들이 할 일이라는 의식에서 나왔다는 점에 주목하게 된다. 이 호서지방 성호학통의 시발점에서 목재 이삼환이 주도적인 역할을 하였던 것이다.

5. 이삼환 계열 성호학통 존재의 의의

중복되는 언급이지만 지금까지 살펴 본 내용을 상기하며 호서지방 이삼환 계열 성호학통의 존재 의의에 대하여 생각해 보기로 한다. 흔히 성호학통을 말할 때 안정복 계열과 권철신 계열을 대표적인 계열로 대별하여, 전자를 우파, 후자를 좌파로 부르기도 한다.[17] 권철신이 이병휴의 문하에서 학문적 사상적 영향을 받았다 하여 권철신을 이병휴 계열로 보기도 한다. 1764년 이후 성호의 조카이자 문인인 이병휴가 덕산에서 성호학파를 이끌면서, 성호 유고를 정리하는 동안 성호학파 안의 유능하고 장래가 촉망되는 젊은이들이 그의 문하를 자주 드나들었던 환경으로 바뀐 반면, 성호의 수제자 윤동규나 안정복은 서신으로 주요한 업무를 협의하는 형편으로 생존시 성호가 중간에서 조정하였던 때와는 성호학파의 흐름이 사뭇 달랐다. 윤동규는 성호의 손자 이구환과

---

17) 성호학파의 학통에 관한 구체적인 내용은 필자의 저서, 『성호학통 연구』, 혜안, 1999, 17~33쪽 참조.

서신을 교환하면서 소식을 접하며 성호 유고에 관한 의견을 전달하였고, 성호가 지워버린 『사칠신편』 중발(重跋)을 다시 붙이려 하는 이병휴의 처사에 적극 반대하고 나서는 등 이병휴의 독단적인 유고 정리에 불만이 많았다. 안정복 또한 윤동규와 같은 처지였으나 윤동규와는 달리 이병휴의 하는 일에 적극적으로 반대하거나 간섭하려 하지 않았다. 가장 늦게 성호문인이 된 안정복은 그동안 윤동규와 이병휴를 선배이지만 스승처럼 존경하였고, 이들의 학문을 존중하며 자문을 구하고 수용하는 입장에서 성호학파의 원로로 성장하였다. 이들 또한 안정복의 자문에 적극적으로 응하고 학문적 충고도 서슴지 않았다. 그리하여 윤동규는 물론이고 이병휴도 안정복에게는 매우 호의적이고 중대한 일에 협조와 자문을 구하며 학문적 토의도 자주 하였다.『동사강목』 집필 시에는 성호를 비롯하여 이들의 협조와 충고가 큰 도움이 되었다. 안정복은 윤동규와 이병휴 사이에 나타나는 오랜 갈등을 간파하고 조정자적 역할을 하면서 성호학파의 원활한 운영에도 소홀하지 않았다.

  그러나 안산과는 달리 덕산은 연로해 가는 윤동규나 안정복에게는 가까운 거리가 아니기 때문에 쉽게 접촉할 환경이 되지 못하였다. 이러한 환경에서 성호학파에서 신사조에 관심이 많고 개방적인 학문 성향을 보이던 젊은이들이 그들과 유사한 학문 성향을 지닌 이병휴 문하를 선호하여 자주 접촉하였다는 것은 어찌 보면 당연한 처사가 아니었나 생각되기도 한다. 그 대표적인 인물이 권철신·이기양·이인섭(李寅燮)·한정운(韓鼎運)·심유(沈

泐) 등이다. 이들 가운데에서도 권철신과 이기양이 이병휴로부터 가장 신뢰와 인정을 받았다. 권철신과 이기양은 일찍이 양명학(陽明學)과 서학에 관심이 많아 이들 서적을 접하여 어린 시절 스승인 안정복으로부터 만류를 받아 왔다. 그러나 비교적 개방적 학문성향을 지닌 이병휴의 문하를 드나들며 이들은 안정복과 점점 거리를 두게 되었고, 이병휴도 이들의 학문에 제약을 가하지 않았기 때문에 안정복은 이병휴에게 불만을 나타내기도 하였다. 그러나 이병휴는 안정복의 불만을 그리 대수롭게 여기지 않는 태도를 보였다. 도리어 이병휴는 말년에 이들을 성호학파를 이끌어갈 지도자로 육성할 생각을 지니고 안정복에게 이들을 육성해 주기를 제의하기도 하였다.18)

한편 이병휴 가문에서는 양아들 이삼환을 비롯하여 이철환·이구환·이가환 등 집안의 조카들이 있었지만, 이들은 성호의 교육을 받은 당내 자질(子姪)들이지 이병휴의 문하생이라고 보기는 어렵다. 이들은 이가환을 제외하고 천주교에 호의적이지 않았고 성호의 가르침을 따라 하학에 충실한 젊은이들이었다. 비록 서학에 관심이 있었다 하더라도 천주교 사상을 수용하는 태도를 보이지 않았다.

1776년 이병휴가 사망할 때까지 권철신과 이기양은 이병휴 문하를 드나들며 이병휴의 가르침을 받았고, 반면 안정복과는

---

18) 이에 관한 구체적인 내용은 필자의 논문, 「성호 사후 성호학파 후계 논의와 육성에 관한 일고찰」 『성호학보』 제8호, 2010 참조.

비록 스승과 제자 사이이지만 거리를 두고 접근하지 않으려 하였으며, 안정복은 이들이 양명학이나 서학에 대한 관심에서 손을 떼게 하려고 권유하기를 그치지 않았다.

그러나 이병휴가 세상을 떠나자 덕산의 환경도 바뀌었다. 더욱이 이철환·이용휴·이구환 등이 차례로 세상을 뜨면서 덕산은 천주교에 호의적이지 않은 이삼환이 집안을 이끌어 가야 할 형편이 되었다. 또한 1780년대에는 천주교 전파가 확산되는 조짐을 보이고 특히 예산과 인근 지역이 다른 곳에 비하여 전파가 활발한 경향을 보이는 흐름에서 정부의 천주교 정책이 박해 쪽으로 선회하자, 성호학파 젊은이들의 신변이 위협을 받게 되었고, 나아가 성호학파의 존재까지도 위태롭게 되었다. 상황이 급박함을 깨달은 안정복은 더욱 벽위적인 입장을 보이며 천주교 배척에 나서게 되었다. 그러나 당시 젊은이들의 대표적 위치에 있는 권철신은 안정복의 만류에 전혀 동요되지 않았다.

1780년대에 들어 사실상 덕산의 당내와 성호학파의 원로의 위치에 있던 이삼환이 1786년 「양학변」을 지어 돌려 읽게 한 것도 이러한 급박한 배경에서 비롯되었던 것이다. 천주교 신자 이승훈이 이용휴의 외손자로서 이가환과 생질간이요 다산 정약용의 매부인 관계에서 이가환도 천주교에 호의적이었고, 당시 예산 지역이 천주교 전파가 활발했던 지역이라는 점을 감안하면, 이미 덕산의 여주 이씨 집안에도 천주교가 전파되었던 것이다. 이삼환이 점점 다가오는 위험을 느끼고 적극적인 대처에 나섰던 환경이 되었다 할 것이다.

　그런데 권철신은 성호학파의 향배와는 관계없이 스스로 천주교에 심취함으로써 1790년대 이후에는 분열되고 쇠미해진 성호학파의 재기를 위한 기대를 걸 형편이 못되었다. 한편 이용휴를 잘 따랐던 이기양[19]은 문과에 합격한 후로는 이곳 예산을 자주 드나들지 못했던 것으로 보이나 이삼환과는 친숙한 관계를 유지하였다. 1780년대 집안의 원로들이 모두 세상을 뜬 뒤, 이러한 주변 여건에서 이삼환은 천주교 배척과 함께 성호학통의 재기를 꿈꾸고 있었던 것이다. 그 실천적 예가 앞서 본 바와 같이 1795년 10월 정약용이 추진하고 이삼환이 주관하여 성사된 온양 서암강학과 1799년 이 지역 사람들과 함께 추진한 성호영당 설립추진이다.

　이상과 같이 덕산을 중심으로 한 성호학파의 흐름을 종합해 보면, 1763년 성호 사후, 성호학파는 덕산에서 이병휴가 이끌어 오다가 1776년 이병휴가 사망한 뒤 그를 추종하던 권철신을 중심으로 한 성호학파의 젊은이들이 떠났고, 이후 덕산의 성호학파는 1780년대 들어 이삼환이 종장이 되어 이끌어 가다가 이삼환이 타계한 뒤로는 이삼환의 후학들 체제로 움직이게 되었다고 보아야 할 것이다. 그렇다면 이후 예산·아산 지역을 중심으로 충청도 일대로 퍼져 나간 호서지방 성호학파의 주류는 대체로 성호학파의 본거지에서 재기에 심혈을 기울였던 이삼환 계열 성호학통으로 보아야 할 것이다.

---

19) 『惠寰雜著』 伏庵記 참조.

한편 이병휴의 문하를 드나든 권철신 계열은 정약용에 이어졌다고 하나 천주교 박해와 더불어 정약용의 유배로 학통을 더 이상 이어가기 어려웠다. 반면 덕산에 거주한 이삼환 계열은 본거지로서의 성호학통을 지키며 후학을 양성하여 주변으로 확산시켜 갔다. 안정복 문인 황덕길이 양천에서 하학 연마와 천주교 배척을 앞세우며 후학을 양성하여 성호학통을 전승하였듯이, 이들도 벽위적 성향을 고수하며 성호학통을 지켜 나갔던 것이다. 19세기 후엽 이남규와 이명구 등 이곳 출신으로 성재 허전 문인이 다수 등장한 것도 같은 성호학통이라는 동학의식이 작용하였을 것이다.

이제 호서지방 성호학통이 예산·아산을 중심으로 20세기 전후까지 이어온 사실은 어느 정도 분명하다고 말할 수 있을 것 같다. 이들은 향천산방을 거점으로 『성호선생문집』 간행에 적극적으로 협조하였던 데에서 보여주었듯이, 호서인들로서의 강한 성호학통 의식을 지니고 있었다. 또한 근기지방의 성호학통과 영남의 성호학통이 다른 성향을 보이면서 갈등을 보였을 때, 이들 호서지방 성호학통은 조정자적 태도를 취하면서 성호학통의 본거지적 자세를 유지하고 결집력 또한 강하였던 것으로 보인다. 그러나 이삼환 사망 이후 이 지방 성호학통이 안정복 계열 성호학통처럼 어떤 사승 관계를 이루면서 전승되어 왔는가를 분명하게 알기 위해서는 더 많은 자료를 기다릴 수밖에 없다.

결 론

　지금까지 목재 이삼환의 삶과 행적, 학문과 사상, 성호학파 재기를 위한 활동, 그리고 이삼환으로부터 출발한 19세기 호서지방 성호학통에 관하여 고찰하였다. 고찰한 내용을 요약 정리하고 이삼환 계열 호서지방 성호학통 존재의 연구사적 의의를 생각해 보며 본 연구의 맺음말로 대신하고자 한다.

　〈제1장 이삼환의 삶과 행적〉 이삼환의 삶과 행적은 성호의 언행과 가르침에 근원하였음을 찾아볼 수 있었다. 이삼환은 성호의 직계 자손을 제외하면 여주 이씨 동종 가운데 성호와 생활하며 성호의 가르침을 가장 많이 받은 종손이자 문인이다. 친손 이구환과 함께 성호의 일상생활에서 나타나는 언행을 가장 가까이 경험하며 가르침을 받았다. 따라서 이삼환은 여러 연유로 비록 출사(出仕)는 하지 못하였지만 성호의 언행과 학문을 가장 상세하게 아는 문인의 한 사람이라 말할 수 있다. 그는 성호 제문과 『성호선생언행록』을 통하여 생존시 성호의 모범된 언행을 소상하게 밝혔고, 그의 손자 이시홍은 조부 이삼환의 삶과 행적을 행장(行狀)을 통하여 밝혔는데, 이삼환의 일상을 보면 성호의 언행을 크게 닮았으며, 학문 또한 성호의 가르침을 그대로 전수하여 벗어나지 않았음을 찾아 볼 수 있었다.

그는 36세에 부인과 사별한 뒤 재혼하지 않고 독신으로 살면서 절제와 검소한 생활로 일관하며, 오로지 양부 이병휴와 그 가족을 위하여 헌신하는 삶을 살았다. 그런 가운데에서도 경제적으로 어려운 이웃을 먼저 돕고 경로 효친에 철저하였으며, 의학서를 연구하여 전염병 환자 치료에 솔선 헌신하는 등 봉사와 구휼에 앞장섰으며, 의리에 어긋나거나 남에게 손해를 끼치는 행동을 하지 않았다. 이렇게 그는 1763년 이병휴의 양자로 입후되어 성호 곁을 떠나 충청도 덕산으로 이사한 이후, 일생을 성호의 언행을 본보기로 삼아 실천하며 성호문인으로서의 삶을 살았다.

〈제2장 이삼환의 학문과 사상〉 이삼환은 성호의 학문과 교육 방법을 그대로 전수하여 실천하였다. 성호 예학의 연원을 이황→ 정구→ 허목→ 이하진→ 이익의 사승적 학맥으로 보았고, 특히 가학으로서의 예학을 미수 허목의 예학에서 발원하여 증조부 이하진이 수용하였으며 성호가 정리하였다는 사실을 밝혔다. 그 자신도 성호 예학을 이어 받아 연구 정리하고 고증하여 호서지 방에서 예학의 논란이 있을 때에는 그의 의견을 들어 매듭될 정도였다. 그의 가학은 가정에서 몸소 실천하는 것은 물론이고, 제자들의 몸가짐에도 반드시 '효제(孝悌)·충신(忠信)·예의(禮義)· 염치(廉恥)'로써 훈육하였을 정도로 예에 매우 엄격하였다.

그는 성호의 예식을 몸소 실천하거나 가르쳤을 뿐만 아니라,

성호의 학문 방법까지도 그대로 전수하여 실천하였다. 그 가운데 자득과 동몽교육의 개선, 고증의 철저, 실용 실천을 중시하는 학문 등을 들 수 있다. 성호는 직접 구두를 해주지 않고 글의 형세나 문맥이 아래 위로 이어지는 곳만 지적해 주어 스스로 깨닫도록 하였다. 이삼환도 성호의 자득과 구두지남(句讀指南)을 그대로 모방 실천하여 제자들을 교육하였다. 즉 우선 문리를 따라 뜻을 정확하게 파악한 다음, 다시 문장의 아래 위로 글자 하나하나 짚어 가면서 문맥을 자세하게 깨닫도록 하는 방법으로 학생을 가르쳤다. 글을 처음부터 읽어 주고 외우는 암송보다는 문맥이 이어지는 곳만 가리키며 스스로 터득하여 이해하는 방법을 썼던 것이다. 그리하여 그는 어려서부터 토씨 사용을 잘 익히도록 하였다. 이삼환의 이러한 교육 방법을 이 지역 서당 훈장들이 본받아 시행함으로써 이른바 '장천구두(長川句讀)'라는 이름으로 후세까지 전해졌다고 한다.

또 어린이가 걸맞지 않게 시부 중심의 글짓기에 탐닉하는 학문 조류를 비판하고, 정식으로 경사(經史)의 학문에 입문하기 전 단계에서 어린이 수준에 맞게 가르치도록 기본적으로 익혀야 할 기초적이고 실용적인 교육 자료와 독서 방법, 본받을 만한 성현의 언행을 모아 『백가의』라는 교재를 만들기도 하였다. 『백가의』는 일정한 체제를 갖추어 쓰여진 교재는 아니지만, 기초와 실용을 중시하는 내용, 그리고 정확한 이해를 위한 독서 방법의 습득 등을 수록한 사실에서 그의 실용적이고 효율적인 아동 교육 방법을 찾아 볼 수 있다.

그는 예론에 관한 각종 설을 치밀하게 변증하였다. 비록 문헌고증 중심이지만 여러 문헌을 동원하여 다각도로 비교 검토하고, 직접 시험해 보며 도면을 그리기까지 하는 치밀함을 보였다. 그가 특별히 예론에 관한 고증에 관심이 컸던 것은 성호의 가례질서 고증에서 큰 영향을 받았을 뿐 아니라, 가학으로서의 예학을 전승하려는 그의 의지 또한 컸기 때문이다.

성호가 몸소 일상생활에서 실천하여 제자들에게 모범을 보이고 국가와 민생을 위한 학문의 실용성에 많은 관심을 쏟았듯이, 이삼환도 그의 일상생활을 비롯하여 학문과 교육에서 성호의 언행과 가르침을 그대로 실천하려고 노력하였다. 그 밖에 성호의 교육을 받은 맏형 이철환의 과학적인 사고와 실용적이고 실천적인 학문 영향도 그에게 적지 않은 영향을 주었다.

이상과 같이 그는 성호의 가르침을 이어 받고, 형 이철환의 학문 성격을 답습하여 일상생활에 유용한 공부인 하학과 실천궁행(實踐躬行)의 공부에 주력함으로써 그의 학문 성향 역시 현실적이고 실천적 성향이 강하였다고 볼 수 있다.

이삼환은 1786년 「양학변」을 저술하여 천주교를 비판하고 배척하였다. 이삼환이 「양학변」을 저술한 동기와 목적은 첫째, 문인이나 가문의 사람들이 천주교에 빠지는 것을 막고 유학을 지키는 것이고, 둘째, 점차 조여오는 정부의 박해로부터 가문을 지키는 일이었다. 그도 천주교의 전파가 정부의 큰 박해를 불러 온다는 것을 예견하고 있었다.

그는 천주교는 불교의 나머지 설에 불과한 데다 중국 성인의 말씀을 끌어들인 허황되고 거짓 속임수에 불과한 이단이라고 단정하였다. 구세주로서의 예수 존재와 신격화를 비판하였고, 천당지옥설을 부인하였으며, 천주교에서 하늘을 아버지로 섬기는 것은 불경스런 법으로서 순리와 도리에 맞지 않는다고 하였다.

그리고 국내 선비들이 양학을 접촉하는 세 가지 유형으로, 첫째, 서양의 수학이나 과학기술에 감명받아 천주교에 관심을 보이는 자, 둘째, 유학자로서의 명예는 지키면서 천주교도들과 서로 어울리는 자, 셋째로 적극적으로 천주교를 신봉하는 자를 들었다. 이삼환은 지식층인 선비들의 천주교에 대한 관심에 대해서는 비교적 낙관적이었던 반면, 셋째에 속하는 생산활동에 종사하는 서민들의 천주교 입교에 대해서는 매우 우려를 나타냈다.

「양학변」을 통하여 본 이삼환의 서학인식은 다른 벽위론자와 마찬가지로 천주교를 불교와 같은 이단으로 다루고 있다는 사실이다. 현세적이고 합리주의적인 유학자의 일원적 세계관을 그대로 드러내며 천당지옥설이나 예수의 기적과 같은 신비주의적 요소를 배척하려는 경향이 짙게 나타난다. 그도 천주교를 어디까지나 유교에서 얻은 도덕적 기준으로 보고 평가하였다. 따라서 천주교의 해독을 물리치는 길로써 충효를 실행하며 유교의 가르침에 충실할 것을 강조하였다.

「양학변」 저술은 첫째로, 앞으로 정부 박해의 대상이 될 권철신 등 천주교와 관련이 깊은 성호학파 소장학자들과 결별을 의미한다고도 볼 수 있다. 둘째로 호서지방 성호학통을 벽위적 성향으로 이끌어 가는 데에도 큰 몫을 하였다. 이삼환의 벽위 노선은 그의 가문과 문인을 통하여 후대로 전승되어 갔다.

이삼환은 민생의 어려움을 타개하려는 개혁을 주장하였다. 1809년 쓴 응지소에서 조선 후기에 만연되어 백성들의 고난을 가중시켰던 환자(還上)·양역(良役)·전부(田賦)의 폐단 원인을 상세하게 밝히고 대책을 제시하였다. 환자의 가장 큰 폐단은 관리의 농단, 미납된 대여곡의 강제 징수, 자연 소모 등을 꼽았다. 이에 대한 대책으로 환자를 폐지하고 상평법을 실시하여 농민의 고충을 덜어주는 동시에 관청의 경비 조달도 도움이 되게 할 것을 주장하였다.

또 양정이 모자라는 원인을 종모법(從母法)의 핵심인 노비천적(奴婢賤籍)에서 찾고, 그에 대한 개선책을 제시하였다. 종모법에 의하여 양반의 아들이라 하여도 어머니가 천인이면 양인이 될 수 없어 군역 대상에서 제외되고, 군역을 피하려는 자들이 이 법을 악용하여 군역 대상에서 빠지는 예가 많은 것이 군정 파탄의 큰 원인으로 보았던 것이다. 그 해결책으로 종모법을 폐지하고 아버지가 양인이면 어머니의 신분을 가리지 않고 아들을 양인으로 할 것을 주장하였다. 그렇게 하면 양민의 자손이 늘어 군액을 충분히 채울 수 있고, 양민과 천민이 판별되어 서로 혼잡스럽지 않으며 관청에서도 양민과 천민 두 개의 호적안을 만들어 관리하면 편리할 것이라는 견해를 제시하였다. 그러나 노비제도를 완전히 혁파해야 한다는 생각까지는 이르지 못하였다 하겠다.

조세 징수의 폐단에서는 가뭄이나 홍수와 같은 자연 재해로 인한 흉년에 피해의 정도에 따라 조세를 감면해 주는 급재(給災)와 정부에서 필요한 재정을 충분히 확보하기 위하여 조세를 징수하기 전에 세수 총액을 정하여 각 도에 할당하는 비총제(比摠制)의 운영이 잘못되었다는 것을 문제삼았다. 특히 비총에 의하여 정한 총 세수액은 직접 현지에서 자세하게 검사하여 결정한 것이 아니기 때문에 재해로 인한 부족량을 감면해 주는 급재와 큰 차이가 남으로써 그만큼 농민들이 부담을 떠안게 된다는 것이다.

이에 대한 대책으로 이삼환은 매년 가을 성숙기가 돌아오면 군읍의 수령들에게 각처를 순회하여 피해 정도를 파악하게 한 다음, 문서로 작성하여 군에서는 도에, 도에서는 조정에 올려, 조정에서는 그것을 토대로 감면액을 결정할 것을 주장하였다. 사전에 현장을 답사하지 않은 정부의 일방적인 비총제의 강행을 중단하고 먼저 농촌의 실정을 파악한 다음 수입 총량을 결정하자는 취지라 하겠다.

〈제3장 성호학파 재기 활동과 호서지방 성호학통〉 이삼환은 호서지방 성호학파의 종장의 위치에서 쇠미해진 성호학파를 재기하기 위한 노력에 소홀하지 않았다. 첫째로 1795년 정약용이 주선하고 이삼환과 그의 문인들이 참여한 서암강학을 들 수 있다. 서암강학은 1차적으로 성호 유고 정리가 주된 목적이기는 하지만, 이 강학 자체가 성호학파의 일원으로 성호학통을 계승한다는 의식과 쇠미해진 성호학파의 재기를 염두에 두고 추진 실행되었다는 데에 큰 의미를 둘 수 있다. 서암강학을 통하여 18세기 말 호서지역에서 이삼환을 중심으로 유지되어 가는 성호학파의 존재와 활동을 확인할 수 있다.

이 시기 성호학파는 안으로는 이미 분열된 상황에서 성호학파로서의 기능을 상실한 상태이고, 밖으로는 점차 조여오는 정부의 천주교 탄압으로 재기의 여력이 어려운 형편에 놓여 있었다. 이와 같은 상황에서 권철신 문인이던 정약용이 안정복 문인으로 후학 양성에 매진하던 심유나 황덕길 등에게 성호학파 재기에 앞장 서야 한다는 의견을 이삼환에게 나타낸 것은 주목해야 할 대목이다. 정약용의 관점으로는 권철신에게 성호학파의 재기를 기대할 형편이 못된다고 판단하였던 것으로 보인다. 그리고 한 때는 천주교에 호의적인 태도를 보이며 접근하였던 정약용이, 강한 벽위 성향을 보이며 보수적인 안정복 문인으로 지금도 강한 벽위 성향을 보이고 있는 황덕길에게 성호학파 재기에 기대를 보였다는 점은 매우 흥미롭다. 어쨌든 당시 이삼환이나 황덕길, 그리고 정약용 모두 성호학파의 재기를 추구하는 공통점이 있었다.

둘째로 1799년 성호의 영정 봉안을 이삼환이 앞장서서 추진하였다. 성호 영정은 1780년 경 제작되고도 재정적 여건 때문에 영당이 건립되지 못하여 바로 봉안되지 못하였다. 19년이란 세월을 보낸 뒤, 이 지역 유림들이 이삼환을 앞세워 영당 건립을 추진하였던 것인데, 이삼환은 이들을 대신하여 건립의 필요성과 재정적 협조를 구하는 통문을 썼던 것이다. 비록 영당 건립의 추진을 호서지방 유림들 중심으로 하였다 하더라도, 경기도 양천에 거주하던 안정복의 수제자 황덕일 등이 통문 발기인에 들어 있는 것을 보면 당시 영당 건립은 서울, 경기, 충청도를 망라한 전국을 대상으로 하였던 것으로 생각된다.

영당이 과연 설립되어 성호 영정이 봉안되었는지는 확인할 수 없다. 설사 영당 건립이 성사되지 않았다 하더라도 이 지방 성호학파 사림들에 의하여 영당 건립이 추진되어 성호 영정을 봉안하려 했다는 사실이 중요하다. 1795년 서암강학처럼 1800년 전후 덕산지역 성호학파의 존재와 활동을 알려주는 것이고, 호서지방 성호학통이 이 지역을 중심으로 확산 전승되어 가는 근거지였다는 확신을 갖게 된다.

끝으로 이삼환이 활동하던 19세기 초 이후 호서지방 성호학통의 존재를 19세기 말 성호문집 재편과 간행의 진행 과정을 통하여 확인할 수 있다. 1890년 이명익(李明翊) 이하 호서지방 사림 90명이 동원되어 성호문집의 대대적인 편교가 이루어졌다. 교정에 참여한 90명의 출신지 혹은 거주지가 모두 호서지방, 지금의 충청남북도에 걸치는 대대적인 작업이었다. 이어 문집 발간을 계획하고 1891년 9월 간행을 발의하는 통문을 발송하였는데, 호서지방 성호학통이 주된 멤버였다. 이렇게 성호문집 간행을 호서지방의 성호학통 사림들이 추진하였다는 사실만으로도 이삼환 이후 이곳 호서지방 성호학통의 맥이 끊이지 않고 전승되어 오고 있었다는 것을 말해 준다. 그러나 이렇게 대대적으로 추진된 성호문집 간행계획은 어떤 이유에서인지 흐지부지 되고 말았다.

그 후 1916년 성호문집 목판 간행이 경남 밀양 퇴로리 서고정사에서 이루어졌는데, 이 간행에 사용된 원고본이 예산의 이남규가

272

교정한 27책으로서 1890년 이명익 등 호서지방 사림들을 대대적으로 동원하여 편교한 수정본이다. 밀양 간행소에서 간행을 주관한 노상직·이병희 등이 간행 고본을 청하자, 1916년 이장직과 이삼환의 후손 이덕구가 이 편교본을 직접 가지고 밀양에 가서 전달하였다. 밀양 간소의 성호문집 간행 사업에 호서지방 사림들이 다수 참여하여 통문 발기인과 간소 계안 명단에 이름을 올렸다.

호서지방 성호학파는 예산 향천산방을 중심으로 활동하였던 것으로 보인다. 아마도 이 지역의 성호학파의 본거지 역할을 하던 곳이 아니었을까 짐작된다. 이 향천산방 소속 사람들은 간행 사업을 위한 기금을 갹출하는 등 재정적인 협조도 하였다. 이러한 사실들은 호서지방의 성호학통이 향천산방을 중심으로 존재해 왔다는 사실을 말해 주는 것이다.

이삼환이 덕산에서 성호학파의 종장으로서 후학을 양성하였고, 그가 죽은 뒤 이 지역 성호학통은 이삼환 가문의 가승 내지 사승을 통하여 이어왔을 가능성이 높다. 이삼환이 학문하며 후학을 양성하던 아미산 아래 소미산방이라든가, 성호문집 간행을 도운 향천산방이 성호학통의 전승과 깊은 관련이 있을 것으로 확신은 가지만, 지금으로써는 앞으로 더 많은 자료가 발굴되어 구체적인 내용이 보완되기를 바랄 뿐이다.

19세기 후반 허전이 성호학파의 종사로서 활동하던 시기에 서울과 영남에서 문인을 많이 양성하였지만, 호서지방 출신 허전 문인들도 적지 않게 배출되었다. 따라서 이 시기에는 호서와 근기지역, 그리고 영남의 성호학통은 지역을 떠나 학문과 사상에 있어 공통점을 지니며 상호 교류가 이루어졌다. 또한 호서지방 성호학통은 충청도 아산·예산 일대에 거주하던 여주 이씨 가문과 예산 일대에 거주하던 한산 이씨 가문이 상호 학문적으로 밀접한 관계를 맺으면서 성호학통의 성장에 크게 기여하였다는 사실도 주목된다.

〈호서지방 성호학통 존재의 연구사적 의의〉 필자는 호서지방 성호학파가 이삼환 계열 성호학통을 중심으로 1900년 전후까지 전승되어 왔다는 사실을 어느 정도 확신하게 되었다. 18세기 성호학파는 성호문인이나 그 후학들에 의하여 전국으로 확산되어 갔을 것으로 생각된다. 1900년 무렵까지 사승내지 가승으로 전승되어 온 성호학통은 안산을 본거지로 한 서울과 경기를 포함한 근기지방을 비롯하여, 안정복 계열 성호학통이 19세기 후엽에 크게 확산시킨 영남지방, 그리고 지금까지 살펴 본 이삼환 계열 성호학통의 근거지인 호서지방 등을 들 수 있다. 나아가 정약용이 강진 유배지에서 육성했다는 문인들에 의한 성호학통의 전승 과정과 활동도 좀 더 연구 결과를 지켜보면서 주목해야 할 부분으로 생각된다. 그 밖에 학계에 알려지지 않은 성호학통이 일정한 지역에서 전승되었을 가능성도 배제할 수 없다.

사실 성호 사후 그동안 성호 문인들에 의하여 전승되어 온 성호학통은 여러 계열이 있는 것으로 전해 온다.[1] 그 가운데

---

1) 필자의 저서, 『성호학통 연구』「제1장 성호학파의 계보」참조.

지금까지 보다 구체적으로 연구되고 있는 계열은 안정복 계열 성호학통과 권철신 계열 성호학통에 제한되어 있었던 것이 현실이다. 그나마 권철신 계열 성호학통은 정약용 대에서 거의 중단된 느낌을 받는다. 권철신 계열은 권철신이 이병휴의 문하라 하여 이병휴 계열로 보기도 한다. 그리하여 이병휴가 덕산에 거주하였기 때문에 이병휴 계열을 호서지방 성호학통의 대표적인 계열로 볼 수도 있겠으나, 본문에서 고찰하였듯이, 실제 호서지방에서 전개되어 20세기 초까지 이어 온 성호학통은 성호의 종손이요 직제자인 이삼환의 후학들이 중심이 되었다. 이병휴와 이삼환은 양부 양자 관계이지만 학문적 계승이나 성호학통의 승계와는 거리가 있다고 보여진다. 그리고 권철신이 이병휴의 직제자라 하더라도 이들의 후학들이 이 지역에서 성호학통을 전승하였다는 사료가 나타나지 않는 이상 호서지방 성호학통을 이병휴-권철신 계열과 연결시키는 것은 현재로서는 무리가 있다고 생각된다. 따라서 18세기 말 덕산을 중심으로 후대로 전승되는 호서지방 성호학통의 전개는 성호→ 이삼환으로 승계되는 성호학통으로 보아야 한다는 것이 필자의 소견이다.

늦었지만 이삼환 계열 성호학통의 존재와 활동에 관한 실체가 어느 정도 드러나게 됨으로써 앞으로 성호학통 연구에 도움이 될 것으로 믿는다. 그것도 덕산이 성호 사후 사실상 성호학파의 제2 본거지 역할을 해 온 지역이라는 점에서 더욱 의미가 있다고 생각된다. 19세기 성호학파가 주로 안정복 계열 성호학통 중심으로 이어져 오면서 19세기 후반에는 허전이 성호학통의 사실상

종장 역할을 하자 근기는 물론 영남지방, 나아가 호서지방 성호학
통까지 그의 문인들이 주도적인 역할을 하였다. 그런 과정에서
이삼환 계열의 호서지방 성호학통이 다른 지역 성호학통과 어떻
게 협력 관계를 맺으면서 성장해 오는가도 면밀하게 조사 분석해
볼 필요성을 느낀다.

　그리고 근래에는 근기지방 출신의 성호 문인 가운데 수제자
윤동규와 신후담에 관한 연구도 계속되고 있지만, 대체로 윤동규
와 신후담 본인 중심으로 연구가 이루어져 이들의 후학들로 이어
지는 성호학통에 관한 연구는 찾아보기 힘든 실정이다. 이들
후학에 관한 사료가 부족하기도 하지만, 여러 관련 자료를 면밀히
분석해 보면 불가능한 일도 아니라고 생각된다.

　성호의 직제자 가운데에서도 윤동규·신후담·이병휴·안정복
은 제각기 개성이 뚜렷한 문인들이기 때문에, 이들로부터 교육받
은 후학들 역시 같은 성호학통이지만 개성이 다른 특성을 지녔을
것으로 판단된다. 그런 면에서 적어도 이들 사인방 계열의 성호학
통에 관한 연구는 좀 더 심도있게 이루어져야 한다고 생각된다.

　더불어 성호학파 안에서도 신사조에 관심이 많고 천주교의
평등사상을 수용하여 한국 역사의 근대화에 선구적 역할을 하였
던 권철신 계열 성호학통의 연구가 더욱 확대되었으면 좋겠다는
바램도 있다. 교회사와 관련한 연구는 각지의 교회사연구소를
중심으로 비교적 자세하게 이루어지고 있다고 판단되지만, 성호
학파가 낳은 이들의 혁신적 사상과 조선 후기 한국 실학사의
흐름과 관련한 연구가 좀 더 심도있게 이루어지기를 바란다.

참고문헌

1. 자료

『朝鮮王朝實錄』, 『承政院日記』, 『六寓堂遺稿』(李夏鎭), 『記言』(許穆)
『星湖先生文集』(李秉休 編), 『星湖先生文集』(退老里本), 『星湖僿說』(李瀷),
『星湖先生全集』(慕濂堂本), 『星湖先生禮式』(李秉休), 『慕賢錄』(朴海徹),
『少眉山房藏』(李森煥), 『星湖先生言行錄』(李森煥), 『百家衣』(李森煥),
『星湖李先生狀草』(李森煥), 『小眉山房汲古綆』(李森煥), 『木齋謏言』(李森煥),
『修堂集』(李南珪), 『惠寰雜著』(李用休), 『久菴遺稿』(韓百謙), 『藿憂錄』(李瀷),
『與猶堂全書』(丁若鏞), 『剡社編』(李嘉煥), 『豹菴遺稿』(姜世晃), 『司馬榜目』,
『邵南先生文集』(尹東奎), 『貞山雜著』(李秉休), 『詩經』, 『孟子』,
『順菴集』(安鼎福), 『性齋先生文集』(許傳), 『拱白堂先生文集』(黃德壹),
『下廬先生文集』(黃德吉), 『六悔堂遺稿』(李是鈺), 『小訥先生文集』(盧相稷),
『家學鬪異淵源錄』(李鳴煥)

2. 저서 및 논문

姜世求, 『성호학통연구』, 혜안, 1999.
姜世求, 『순암 안정복의 동사강목 연구』, 성균관대학교출판부, 2012.
姜世求, 『순암 안정복의 사상과 학문세계』, 성균관대학교출판부, 2012.
국립중앙도서관, 『선본해제 Ⅹ』, 2008.
안산시 성호기념관, 『소장유물 명품선』, 2013.
柳鐸一, 『星湖學脈의 文集刊行研究』, 부산대학교출판부, 2000.
원재린, 『조선후기 성호학파의 학풍 연구』, 혜안, 2003.
柳洪烈, 『한국천주교회사』, 가톨릭출판사, 1962.
재단법인 실시학사 고전문학연구회 옮김, 『정산 이병휴의 시와 철학』, 2013.

차기진, 『조선후기의 서학과 척사론 연구』, 한국교회사연구소, 2002.
韓㳓劤, 『星湖李瀷研究』, 서울대출판부, 1980.

3. 논문

강관식, 「驪州李氏 星湖家門 肖像畵−조선후기 초상화의 사회적·정치적·사상적 맥락」 『성호학보』 제11호, 성호학회, 2012.

강문식, 「論語疾書를 통해 본 李瀷의 학문관과 정치관」 『성호학보』 제8호, 성호학회, 2010.

강세구, 「星湖學派의 理氣論爭과 그 영향−公喜怒論爭을 중심으로−」 『龜泉 元裕漢교수 정년기념논총(하)』, 혜안, 2000.

강세구, 「丁若鏞의 星湖學派 再起 試圖에 관한 一考察」 『京畿史學』 제4호, 京畿史學會, 2000.

강세구, 「李森煥의 〈洋學辨〉 저술과 湖西지방 星湖學統」 『실학사상연구』 19·20합집, 무악실학회, 2001.

강세구, 「湖西地方 星湖學統의 展開」 『경기사학』 제5호, 경기사학회, 2001.

강세구, 「성호학파와 성호문인 윤동규」 『실학사상연구』 제28집, 무악실학회, 2005.

강세구, 「성호문집 편찬과정과 성호선생문집」 『성호학보』 제5호, 성호학회, 2008.

강세구, 「성호 사후 성호학파 후계 논의와 육성에 관한 일고찰」 『성호학보』 제8호, 성호학회, 2010.

강세구, 「19세기 星湖學統의 嶺南擴散 一考−端磎 金麟燮을 중심으로−」 『성호학보』 제10호, 성호학회, 2011.

강세구, 「성호학파의 분화와 안정복·이삼환 계열 성호학통」 『성호학보』 제14호, 성호학회, 2014.

강세구, 「木齋 李森煥의 湖西地方 星湖學統 嫡統性」 『역사와 실학』 제56호, 역사실학회, 2015.

김엘리, 「星湖僿說을 통해서 본 星湖 李瀷의 救恤觀」 『성호학보』 제9호, 성호학회, 2011.

김학수, 「星湖 李瀷의 學問淵源−家學의 淵源과 師友관계를 중심으로−」 『성호학보』 제5호, 성호학회, 2005.

박용만, 「剡社編의 자료적 특징과 문학사적 의의」 『성호학보』 제11호, 2012.

徐鍾泰, 「鹿菴 權哲身의 陽明學 수용과 그 영향」 『國史館論叢』 제34집, 국사편
　　　찬위원회, 1992.

신항수, 「성호 이익 가문의 학문」 『성호학보』 제4호, 성호학회, 2007.

李佑成, 「鹿菴 權哲身의 思想과 그 經典 비판-近畿學派에 있어서의 退溪學의
　　　계승과 전개-」 『한국의 歷史像』, 창작과 비평사, 1986.

이근호, 「驪州李氏 星湖家門의 거주지 변천」 『성호학보』 제5호, 성호학회,
　　　2008.

이문종, 「여주이씨의 두 근거지-황해도 金川과 충청도 古德-」 『성호학보』
　　　제7호, 성호학회, 2010.

임선빈, 「星湖家學의 內浦地域 확산배경」 『성호학보』 제3호, 성호학회, 2006.

임선빈, 「內浦地域 星湖家學의 정착과 발전」 『성호학보』 제14호, 성호학회,
　　　2013.

정만조, 「성호 이익의 학문 탐구와 정치적 위상」 『성호학보』 제10호, 성호학
　　　회, 2011.

정순우, 「성호학맥과 영남 유림」 『성호학보』 제14호, 성호학회, 2013.

정호훈, 「성호학파의 정치사상 연구 성과와 전망」 『성호학보』 제16·17호,
　　　성호학회, 2015.

조광, 「조선후기 實學史에서 星湖學의 위치」 『성호학보』 제10호, 성호학회,
　　　2011.

찾아보기

286

강세구

학력

대전사범학교, 동국대학교 경영학과, 연세대학교교육대학원(역사교육전공), 홍익대학교 대학원 사학과, 서강대학교 대학원 사학과 졸업(문학박사).

저서 및 번역서

『東史綱目硏究』(民族文化社, 1994), 『순암 안정복의 학문과 사상 연구』(혜안, 1996), 『성호학통 연구』(혜안, 1999), 『염소가 밭을 갈고 쌀을 심으면 싹이 난다』(혜안, 2003), 『廣州와 實學』(편저, 광주문화원, 2005), 『만언봉사, 목숨을 건 미학』(번역서, 꿈이있는세상, 2007), 『忠烈公 沙月亭 姜壽男』(진주강씨충렬공파종회, 2010), 『순암 안정복의 동사강목 연구』(성균관대학교출판부, 2012), 『순암 안정복의 사상과 학문의 세계』(성균관대학교출판부, 2012)

목재 이삼환과 호서지방 성호학통

강세구 지음

초판 1쇄 발행 2016년 4월 11일

펴낸이 오일주
펴낸곳 도서출판 혜안

등록번호 제22-471호
등록일자 1993년 7월 30일

주소 ⓦ 04052 서울시 마포구 와우산로 35길 3(서교동) 102호
전화 3141-3711~2 / 팩스 3141-3710
E-Mail hyeanpub@hanmail.net

ISBN 978-89-8494-553-1 93150

값 24,000 원